# SEHR GUT
### ODER
# NICHT
# GENÜGEND?

Heidi Schrodt

# SEHR GUT ODER NICHT GENÜGEND?

Schule und Migration
in Österreich

molden verlag

# Inhalt

# Zu diesem Buch

Eigentlich sollte es dieses Buch nicht geben. Eigentlich sollte man als Kind, als Jugendlicher in Österreich gleiche Voraussetzungen in der Schule haben, egal, woher man kommt, egal, ob die Eltern arm oder reich, gebildet oder ungebildet sind, ob sie hier geboren sind oder nicht, ob man selber erst vor Kurzem ins Land gekommen oder seit Generationen hier ansässig ist, egal auch, ob man Deutsch spricht oder Türkisch oder Romanes oder welche Sprache auch immer. Das sollte keine Rolle spielen. Wenn das so wäre, hätte ich das Buch nicht geschrieben.

Leider sind in unserem Schulsystem nicht alle gleich, das wissen wir inzwischen auch aus wissenschaftlichen Studien. Wenn man das Pech hat, arme Eltern zu haben, die noch dazu ungebildet sind und wenn man darüber hinaus noch eine andere Erstsprache als Deutsch spricht, dann hat man es besonders schwer. So sagen es uns jedenfalls die Studien. Aber wie sieht das alles in der schulischen Praxis aus? Wie äußert sich die Benachteiligung im Alltag, im Kindergarten, in der Schule? Ist sie tatsächlich spürbarer oder ist das gemischte Klassenzimmer nicht ohnehin längst Normalität? Haben wir nicht schon seit nunmehr 40 Jahren immer mehr Schülerinnen und Schüler in unseren Klassen, die nicht hier geboren wurden? Warum reden wir dann also noch so viel darüber?

Die Fragen sind zahlreich, die Thematik ist komplex. Manches konnte nicht behandelt werden, da es der Umfang nicht erlaubt hat. Dazu zählt etwa die Erwachsenenbildung, die ja vieles nachholen muss, was in der Schule verabsäumt wurde, und in der in den letzten Jahren wichtige Weichenstellungen erfolgt sind. Nur ganz am Rande konnten auch die zahlreichen Initiativen und Projekte in ganz Österreich behandelt werden, die sich mit Kindern und Jugendlichen aus Zuwandererfamilien beschäftigen und der Schule zuarbeiten. Sei es „Mama lernt Deutsch", seien es KulturdolmetscherInnen, seien es gemeinnützige Nachhilfedienste wie beispielsweise die „Lerntafel" in Wien: Ohne all diese Zusatz-leistungen sähe es noch viel schlechter aus. Gerade deshalb ersu-che ich um Nachsicht, dass sie nicht erwähnt werden konnten. Obwohl die Zuwanderung längst ländliche Gebiete erreicht hat, ist sie dennoch in den Städten viel größer. Da Wien in manchen Bereichen bereits mindestens genauso viele MigrantInnen wie autochthone ÖsterreicherInnen hat und da das gerade im Bereich der Schule besonders zum Tragen kommt, liegt der Fokus in die-sem Buch auf Wien.

Ich habe mich also auf die Spurensuche gemacht, um Antworten zu finden: bei Forscherinnen und Forschern ebenso wie bei Lehre-rinnen und Lehrern, Kindern, Jugendlichen und deren Eltern. Ich war in Kindergärten ebenso wie in Jugendzentren, ich war auch an Schulen im Ausland, um Vergleiche ziehen zu können. Ich wollte wissen, wieso es unsere Schule insgesamt so schlecht schafft, mit ih-ren migrantischen Kindern und Jugendlichen umzugehen. Gleich-zeitig aber wollte ich herausfinden, wieso es trotzdem gelingen kann, wieso manche es zuwege bringen, trotz widriger Ausgangs-bedingungen hervorragende Arbeit zu leisten. Ich wollte auch die Institutionen ausfindig machen, in denen das gemischte Klassen-zimmer bereits gelebte Normalität ist. Das Herzstück des Buchs sind daher die Schulporträts, und wiederum muss ich all diejeni-gen um Nachsicht bitten, die nicht erwähnt werden konnten und ebenso gute Arbeit leisten. Es gibt in ganz Österreich viele solcher Good-Practice-Beispiele, und sie alle würden verdienen, vor den Vor-hang geholt zu werden – dafür, dass sie sich trotz der ungünstigen Voraussetzungen im Interesse der ihnen anvertrauten Schülerin-nen und Schüler nicht unterkriegen lassen.

Ich danke all denen, die sich für Interviews zur Verfügung ge-stellt haben ebenso wie den Leiterinnen und Leitern, die mir groß-zügig ihre Institutionen geöffnet haben. In den meisten Interviews im Buch habe ich die Namen anonymisiert (das ist immer dort der Fall, wo nur der Vorname und Anfangsbuchstabe des Familienna-mens angeführt sind).

Ich bedanke mich bei Marie Holm, der Bildungsdirektorin aus Örebro in Schweden, ihrem Team, den leitenden BeamtInnen im Örebroer Rathaus sowie den Lehrerinnen und Lehrern nicht nur für die großzügige Gastfreundschaft, sondern für die Offenheit, mit der sie mir Einblick in ihre Schulen gewährt haben.

Dieses Buch ist den vielen Lehrerinnen und Lehrern, den KindergartenpädagogInnen sowie den Leiterinnen und Leitern gewidmet, ohne deren Engagement so manches an unseren Schulen gar nicht mehr funktionieren würde. Vor allem aber ist es den jungen Österreicherinnen und Österreichern gewidmet, die es aufgrund ihrer Herkunft hierzulande nicht immer leicht haben. Möge sie bald niemand mehr nach ihrem Migrationshintergrund fragen, weil es keinen Grund mehr dafür gibt!

*Heidi Schrodt*

# −EINS−
# Migrationsland Österreich

## Migration in der globalisierten Welt

*Ich komme aus Aserbaidschan und bin mit zwölf Jahren mit meinen Eltern und meinem Bruder hergeflüchtet. Eigentlich haben wir nicht gewusst, wohin es geht, Hauptsache, weg aus Aserbaidschan ... Ich habe einen Monat nach unserer Ankunft anfangen können mit der Schule und habe mich sehr gefreut, dass ich vielleicht mit Österreichern in Kontakt komme und dass ich die Sprache lernen kann. Aber es waren nur Ausländer in der Klasse. Das war eine Hauptschule, und sie haben extra für die Flüchtlinge eine Klasse gemacht. Alle waren drinnen, egal, welches Niveau sie gehabt haben. Es sind acht Monate vergangen, dann habe ich halbwegs Deutsch verstehen können. Ich kann einiges Gute und viel Schlechtes erzählen, das ich erlebt habe.*

Akifa W., inzwischen 19, hat es geschafft. Leicht wurde es ihr nicht gemacht. Jetzt besucht sie die letzte Klasse einer niederösterreichischen Handelsakademie und gilt dort als Ausnahmeschülerin mit hervorragenden schulischen Leistungen. Hüseyin Özcelik hat es auch geschafft. Als Kind einfacher Gastarbeiter aus der Türkei, deren Bildung mit der Volksschule endete, hat er 2005 seine Bildung mit der höchstmöglichen österreichischen Auszeichnung abgeschlossen: *sub auspiciis praesidentis*. Dafür müssen alle Oberstufenklassen und die Matura mit Auszeichnung bestanden werden, ebenso alle Prüfungen an der Universität mit „Sehr gut", einschließlich Diplomarbeit und Dissertation. Obwohl seine Eltern als bildungsfern gelten, haben sie ihre drei Kinder sehr gefördert. Hüseyin schaffte es mühelos in die AHS, seinem Bruder traute das die Volksschullehrerin nicht zu. Dieser Bruder sollte später an der renommierten ETH Zürich promovieren. Im Laufe meiner Recherchen für dieses

Buch habe ich viele Schicksale junger Menschen kennengelernt, die nach Österreich zugewandert sind, spektakuläre und weniger spektakuläre, geglückte Integration, aber auch das Gegenteil. Österreich ist ein Integrationsland geworden, und zahlreiche junge Österreicherinnen und Österreicher sind nicht in diesem Land geboren.

Durch die rasante Entwicklung von Verkehrstechnologien sowie vor allem durch die modernen Kommunikationstechnologien sind wir weltweit näher aneinandergerückt, zumindest virtuell. Grenzen verschwimmen immer mehr, sowohl räumliche als auch kulturelle. Sitzungen und Tagungen können mit TeilnehmerInnen aus aller Welt simultan abgehalten werden, wir können die Antrittsrede des amerikanischen Präsidenten ebenso live mitverfolgen wie die Hochzeit des englischen Thronfolgers, aber auch Bürgerkriegsszenen überall dort, wo sie gerade stattfinden. Die Social Media wiederum haben neue Möglichkeiten der politischen Betätigung eröffnet, und zwar über die Grenzen des jeweiligen Landes hinaus, weltweit. Die neuen Informationstechnologien haben aber auch das Wissen darum, wo man besser leben kann, statt bestenfalls zu überleben, in alle Teile der Welt getragen, und so machen sich weltweit Millionen Menschen auf der Suche nach einem besseren Leben auf den Weg. Die eindringlichen Bilder der Verzweiflung von Menschen vom afrikanischen Kontinent, die wir fast täglich zu Gesicht bekommen, sind der markanteste Ausdruck dieser Suche nach einem besseren Leben, die selten erfolgreich verläuft. Die „Festung Europa" war und ist nicht eingestellt auf diese Dimension der Migrationsbewegung, und der Rest der Welt sieht derzeit auch eher hilflos zu. Nicht nur Flüchtlingsströme charakterisieren also heute die weltweite Migrationsbewegung, die übrigens in den letzten Jahren stagniert, sondern auch die unterschiedlichsten Formen von Arbeitsmigration. Menschen kommen, um wieder zu gehen; andere gehen und kehren nicht wieder; wieder andere gehen weg, um zu einem späteren Zeitpunkt wiederzukehren; andere wiederum verlassen das Land, um nicht mehr zurückzukehren. Schließlich gibt es auch solche, die, wie die SaisonarbeiterInnen, nur einmal pro Jahr für eine begrenzte Zeit wiederkehren. Die ArbeitsmigrantInnen sind keineswegs eine einheitliche Gruppe, die Palette reicht von der Universitätsprofessorin, die in Patchwork-Arrangements weltweit an mehreren Orten während eines Jahres sein kann bis zum ungelernten, analphabetischen Hilfsarbeiter, der am Ort seiner Zuwanderung verbleibt. Aber auch er wird häufig die Verbindung zu seiner alten Heimat aufrechterhalten und sich zwischen dem Ort der Herkunft und der Ankunft hin- und her bewegen. Das einzige, was sie alle verbindet, ist die Eigenschaft „Mobilität". MigrantInnen leben an mehreren Orten zugleich, auch wenn sie nicht, wie zum Beispiel die Universitätsprofessorin, dies auch tatsächlich in Form von regelmäßigen Ortswechseln tun. ZuwandererInnen bewegen sich in ihrer Herkunftskultur ebenso wie in der Kultur des Landes, in das sie gekommen sind, wenngleich in unterschiedlich intensivem Ausmaß. Das Leben in einer Migrationsgesellschaft macht es notwendig, sich immer wieder in neuen Zusammenhängen zu orientieren, neue Lebensformen kennenzulernen und über die eigenen Grenzen hinaus zu denken, vor allem auch über die im Kopf. Migration hat also viel mit Grenzen und Grenzziehungen zu tun, vor allem auch im übertragenen Sinn.

Durch diese weltweiten Migrationsströme, ebenso wie durch Vernetzungen unterschiedlichster Art, entstehen neue transnationale Räume, in denen sich verschiedene Kulturen verflechten, real wie auch virtuell. Gleichzeitig und damit zusammenhängend werden Nationalstaaten zunehmend infrage gestellt. Das wiederum bewirkt, quasi als Gegenbewegung, das neue Entstehen von Nationalstaaten und das Wiedererstarken des Nationalismus. Die internationale Mobilität in wirtschaftlicher, sozialer, demografischer und kultureller Hinsicht stellt also eine gewaltige Herausforderung auf internationaler und auf nationaler Ebene dar, sie ist aber auch eine große Chance. Sie bietet uns eine Öffnung zur Welt und in die Welt, die wir in diesem Ausmaß bis jetzt nicht hatten: Es ist nun viel leichter geworden, das zu bekommen, was wir brauchen – dafür freilich müssen wir im Gegenzug denen etwas geben, von denen wir etwas nehmen, wenn gesellschaftliche Stabilität und Ausgleich der Interessen wichtig sind.

In Österreich war der Diskurs um Migration bislang mehrheitlich defizitorientiert, ausgehend von Bedrohungs- und Gefährdungsszenarien, die durch rechtspopulistische Parteien noch angeheizt wurden und werden – durchaus auch mit nationalistischen Tönen. Wenn der Blick vorwiegend auf die Probleme mit Migrantinnen und Migranten gerichtet ist, wird die Wahrnehmung der Realität verzerrt, in der Migration mit allen ihren Facetten gelebt wird und in der ständig Neues in Verbindung mit dem Alten entsteht. Der Migrationsdiskurs scheint sich in Österreich offensichtlich von der rechtspopulistischen Vereinnahmung noch nicht emanzipiert zu haben – sieht man von der einschlägigen Wissenschaft und Forschung ab. Von Wien einmal abgesehen scheint die Grundlage, auf der Migration abgehandelt und politisch behandelt wird, noch immer die Idee einer homogenen Gesellschaft zu sein, die sich innerhalb der Kategorien „Heimat", „Volk" oder „Nation" bewegt und auf der Vorstellung einer einheitlichen Kultur gründet. Die Einheitlichkeit einer Kultur wird aber heute nicht mehr in erster Linie durch Herkunft und Wohnort hergestellt, sondern durch die Bereitschaft, ethische Grundwerte sinnvoll zu vermitteln und gegebenenfalls neu auszuverhandeln.

Auch den Kulturbegriff gilt es in diesem Zusammenhang zu hinterfragen. Ein Grundverständnis über eine gemeinsame kulturelle Tradition kann es etwa dort nicht mehr geben, wo die Hälfte der Bevölkerung aus einem anderen Kulturkreis kommt. Migration bedeutet auch, die Grundlagen und Einstellungen für das Zusammenleben immer neu auszuhandeln. Und eines ist klar: Migration ist keine gemütliche Angelegenheit, sondern erfordert viel Anstrengung von allen Seiten. Aber so ist das mit Herausforderungen: Erst wer sie erfolgreich bewältigt hat, weiß die Mühen und Stolpersteine zu schätzen, die bis dahin zu bewältigen waren und zum Erfolg geführt haben. Die Reife einer demokratischen Gesellschaft zeigt sich schließlich heute vor allem auch darin, wie sie die Probleme der Integration bewältigt. Je gerechter etwa das Bildungssystem eines Landes ist, je größer die Chancen auf dem Arbeitsmarkt und je höher die Partizipation für neue Bürgerinnen und Bürger insgesamt sind, desto selbstverständlicher werden sich die ZuwandererInnen auch akzeptiert fühlen und am Leben der Gesellschaft, in die sie gekommen sind, teilnehmen. Ein so ungerechtes Bildungssystem wie das österreichische ist also gewiss kein Erfolgsfaktor für gelingende Migration.

## Geschichte der Zuwanderung in Österreich seit 1945

In der niederösterreichischen Kleinstadt, in der ich in den 1950er-Jahren aufwuchs, könnte man die Bevölkerungsstruktur von damals keineswegs als homogen bezeichnen, im Gegenteil: Sie war im Wesentlichen stark ständisch geprägt. Da gab es die Hilfsarbeiterinnen und Hilfsarbeiter, die unter anderem in den drei Fabriken des Orts arbeiteten; die FacharbeiterInnen, die Geschäftsleute und schließlich die lokale „Oberschicht", bestehend aus Ärzten, Anwälten, dem Apotheker, dem Notar, den Fabriksbesitzern. Die Kinder dieser Oberschicht besuchten Gymnasien, die Kinder der Geschäftsleute den ersten Klassenzug der Hauptschule, die Kinder der Hilfsarbeiter im Regelfall den zweiten Klassenzug der Hauptschule. Eines aber war allen BürgerInnen dieser kleinen, herkömmlich geprägten Welt gemeinsam: Sie sprachen Deutsch. Es gab nur einen schlecht Deutsch sprechenden Mann namens Jaroslav, genannt Jaro, der von vielen für diverse Hilfsarbeiten herangezogen wurde und mit einer ortsansässigen Frau zusammenlebte. Vielleicht war er im Zusammenhang mit dem Zweiten Weltkrieg gekommen, vielleicht aus anderen Gründen – niemand wusste es, niemand fragte danach. Jaro war der einzige Fremde im Ort meiner Kindheit. Typisch für die Zeit nach dem Zweiten Weltkrieg war das allerdings nicht. Denn gerade der Zweite Weltkrieg sowie Vertreibungen und Zwangsmigration unmittelbar nach dessen Ende lösten umfangreiche Wanderungsbewegungen in ganz Europa aus. Gleich nach dem Ende des Zweiten Weltkriegs befanden sich 1,4 Millionen AusländerInnen auf österreichischem Territorium – eine sehr heterogene Gruppe von sogenannten „displaced persons", bestehend aus ZwangsarbeiterInnen, Kriegsflüchtlingen, Vertriebenen, befreiten

KZ-Überlebenden, ehemaligen Kriegsgefangenen und sogenannten „Volksdeutschen" aus Mittel- und Osteuropa.

Österreich war immer schon ein Migrationsland, und so gesehen ist die Situation, die wir derzeit erleben, nichts Neues. Allerdings, und das dürfen wir im Zusammenhang mit unseren Fragestellungen nie vergessen, konzentrierten sich diese Wanderungsbewegungen in hohem Maße auf Wien sowie in eingeschränkterem Ausmaß auf andere österreichische Großstädte. Besonders ab dem Beginn des 19. Jahrhunderts wurde Wien zu einer Art Schmelztiegel Mitteleuropas, wohin es immer mehr Menschen aus Böhmen, Mähren, Galizien oder der Bukowina zog. Unter WissenschaftlerInnen wird diskutiert, ob die Situation der Migration zu Zeiten der österreichisch-ungarischen Monarchie mit der heutigen Situation vergleichbar ist oder nicht, zumal es sich damals ja eigentlich um eine Binnenmigration handelte, während die Migrationsbewegungen, die wir heute erleben, nicht einmal auf den EU-Raum beschränkt sind. Die Debatte kann zwar hier nur am Rande interessieren, doch gilt es festzuhalten, dass sowohl damals als auch heute Menschen aus ärmlichen Verhältnissen kamen, in der Hoffnung auf ein besseres Leben in der neuen Heimat. Auch damals war der Anpassungsdruck groß, insbesondere unter der harten Assimilierungspolitik des Wiener Bürgermeister Karl Lueger. Nach dem Ende des Ersten Weltkriegs remigrierten vor allem viele Tschechen in die neugegründete Tschechoslowakische Republik. Viele blieben aber in Österreich und assimilierten sich. Selbst in den 1960er-Jahren sprachen in Wien viele ältere Menschen mit einem ausgeprägt tschechischen Akzent, im Arbeiterbezirk Favoriten gab und gibt es noch heute den „Böhmischen Prater", und bis in die 1970er-Jahre hinein wurde dort eine tschechische Zeitung vertrieben.

Nach 1945 wurde Österreich ein wichtiges Transitland für Flüchtlinge aus ganz Osteuropa. Wie viele von den insgesamt 1,7 Millionen Ausländern (1,4 Millionen „displaced persons" und 300.000 deutschsprachige Vertriebene) in Österreich blieben, ist nicht bekannt, doch waren es 1948 noch eine halbe Million. Politische

Umwälzungen in Ungarn (1956), der Tschechoslowakei (1968) und auch in Polen (1981) lösten Flüchtlingsströme aus, die in großem Maße auch Österreich betrafen. Insgesamt fanden zwischen 1945 und 1989 mindestens zwei Millionen Menschen vorübergehend Asyl in Österreich, nicht wenige blieben auch ganz im Land, vor allem die Ungarnflüchtlinge, die im Winter 1956/57 kamen. Dennoch war Österreich in dieser Phase noch eindeutig Transitland. Das änderte sich seit den 1990er-Jahren sukzessive und hatte verschiedene Ursachen. Zum einen waren es die großen politischen Umwälzungen ab 1988, im Zuge derer sich zahlreiche Menschen aus Rumänien, dem ehemaligen Jugoslawien und anderen kommunistischen Staaten auf den Weg in ganz Europa wie auch nach Übersee machten. Der Bosnienkrieg 1992 wiederum brachte eine große Zahl an Flüchtenden nach Österreich. Zum anderen aber waren es die seit den 1960er-Jahren ins Land geholten GastarbeiterInnen, die eigentlich nur vorübergehend bleiben hätten sollen. Die meisten blieben schließlich. Österreich war spätestens zu diesem Zeitpunkt zum Zielland geworden. Wer die heutige Situation verstehen will, vor allem die der sogenannten zweiten und dritten Generation, der kommt nicht umhin, einen Blick auf die Situation Anfang der 1960er-Jahre und die anschließende Entwicklung zu werfen.

Wie in Deutschland und in der Schweiz herrschte auch in Österreich Anfang der 1960er-Jahre Arbeitskräftemangel, und so kam es zu ersten Anwerbeabkommen mit Spanien (1962), der Türkei (1966) und dem ehemaligen Jugoslawien (1966). Man brauchte und holte vor allem männliche und billige Arbeitskräfte, die in erster Linie für Hilfsarbeitertätigkeiten eingesetzt wurden. Es war nie geplant, dass sich diese „GastarbeiterInnen" mittel- oder gar längerfristig im Lande aufhalten. Auch Integration war damals keine Kategorie, die eine Rolle spielte. Von Arbeitsmigration im heutigen Sinn konnte noch keine Rede sein. Wenn wir uns rückblickend die Zahlen von 1961 ansehen, wird uns das Ausmaß der Veränderungen erst so richtig bewusst, die sich seit damals vollzogen haben. 1961 nämlich betrug der Anteil ausländischer Personen insgesamt nur 100.200 beziehungsweise 1,4 Prozent der gesamtösterreichischen Bevölkerung. Etwa zehn Jahre später war ein deutlicher Anstieg zu verzeichnen, und 1973 hatte die Beschäftigung von Gastarbeitern ihren Höhepunkt erreicht: 300.000 Ausländer wurden in Österreich gezählt, beziehungsweise 4,1 Prozent der Bevölkerung. Die politische Ausrichtung folgte von da an dem Ziel der Rückführung der GastarbeiterInnen in ihre Herkunftsländer, ein Anwerbestopp stand, wie zuvor auch schon in der Schweiz und in Deutschland, 1974 am Beginn dieser Trendwende. Etwa 40 Prozent kehrten tatsächlich in ihre Ursprungsländer zurück, doch die gewünschte Wirkung der neuen politischen Linie blieb weitgehend aus. Die fehlende Aussicht auf eine Rückkehrmöglichkeit führte dazu, dass viele ihre Aufenthaltsdauer verlängerten und nach und nach ihre Familien nachholten.

Schließlich führte der Zusammenbruch des jugoslawischen Staates zu einer der größten Fluchtbewegungen innerhalb Europas nach dem Zweiten Weltkrieg; auch Österreich war davon in erheblichem Ausmaß betroffen. Der Bosnienkrieg schließlich brachte weitere 80.000 Menschen nach Österreich, der Kosovo-Krieg 1998 und 1999 nochmals 13.000. Ab der Jahrtausendwende zeichnete sich erstmals eine deutliche Änderung in der Zusammensetzung der Asylpopulation in Österreich ab. Während bis dahin vor allem AsylwerberInnen aus europäischen Ländern kamen, stieg ab dem Jahr 2000 die Zahl derjenigen, die aus nichteuropäischen Ländern kamen, kontinuierlich an. Zusammenfassend lässt sich sagen: Aus den GastarbeiterInnen wurden ArbeitsmigrantInnen, die im Lande blieben und ihre Familien nachholten; die Zahl der Asylwerbenden stieg sprunghaft an. 2001 waren bereits 12,5 Prozent der österreichischen Wohnbevölkerung im Ausland geboren. Die Gesetzgebung, auf die hier nicht im Detail eingegangen werden kann, hinkte der Entwicklung immer etwas hinten nach und kann insgesamt durch zunehmende Verschärfung charakterisiert werden. Insbesondere trifft das den Bereich der Asylgesetzgebung.

Das Asylwesen, das bis vor Kurzem im Innenministerium angesiedelt war, war immer vom Gedanken des Missbrauchs und der Kriminalität geprägt. Auch der Zugang zur Migration insgesamt ist vom Missbrauchsgedanken durchdrungen und folgt bis heute einem Defizitansatz. Der Migrationsforscher August Gächter bezeichnet die österreichische Grundhaltung gegenüber der Zuwanderung als „Diskurs der Abwehr" und sieht ein Grundproblem der österreichischen Migrationspolitik darin begründet, dass immer wieder unrealistische Ziele gesetzt wurden. Es sei illusorisch gewesen, anzunehmen, die Niederlassung von Gastarbeiterinnen und Gastarbeitern zu verhindern, genausowenig wie der Versuch glücken konnte, ab 1993 die Neuzuwanderung völlig zu steuern. Die Flüchtlingsbewegungen vornehmlich aus dem ehemaligen Jugoslawien abzuwehren wiederum wäre nur in einer Diktatur möglich gewesen, unter Einsatz von Polizei und Militär, und somit faktisch für Österreich auch nicht möglich.

Jedenfalls hat auch 2014 die österreichische Migrationspolitik noch immer nicht berücksichtigt, dass hier nicht nur Zuwanderer und ZuwandererInnen leben, sondern jeden Tag neu dazukommen. Das ist Realität, und wer glaubt, dass sich Österreich aussuchen kann, wer in den nächsten fünfzig oder hundert Jahren zu uns kommt, irrt gewaltig. Eine Fokussierung auf die Eingliederung der Hinzugekommenen sowie auf die Vielgestaltigkeit, die unsere Gesellschaft durch sie erhalten hat beziehungsweise kann, wäre ein wichtiger Paradigmenwechsel. Diese Vielgestaltigkeit bringt es auch mit sich, dass ein gewisses Maß an Gleichheit der Lebenschancen (vielleicht auch der materiellen) möglich sein muss. Nur durch gegenseitiges Verständnis und durch offene Begegnungen ist es möglich, unser Ideal einer freien und egalitären Gesellschaft erfolgreich zu vermitteln und die Grundwerte der europäischen Demokratie als Grundlage gesellschaftlicher Handlungsfelder einzusetzen. Wie sieht es also aktuell aus? Von 1961 bis 2010 nahm die österreichische Bevölkerung durch Zuwanderung insgesamt um 865.000 Personen zu. Mit 1. Jänner 2013 lebten insgesamt 8,5 Millionen Menschen in Österreich, davon waren 1,004 Millionen ausländische Staatsangehörige, also Personen ohne österreichische Staatsbürgerschaft. Das sind insgesamt 11,9 Prozent der österreichischen Bevölkerung. 18,9 Prozent der Gesamtbevölkerung oder nicht ganz 1,6 Millionen Personen hatten 2012 einen Migrationshintergrund, damit gemeint sind Personen, deren Elternteile beide im Ausland geboren wurden. Nicht ganz 42 Prozent der Personen mit ausländischer Herkunft (ausländische Staatsangehörige oder ÖsterreicherInnen, die im Ausland geboren wurden) kamen aus einem EU-Land, einem EWR-Mitgliedsstaat oder aus der Schweiz. 44 Prozent kamen aus anderen europäischen Ländern, vor allem aus dem ehemaligen Jugoslawien und aus der Türkei. Etwa 14 Prozent der Gesamtbevölkerung kam aus Übersee. Interessant und für manche vielleicht überraschend ist die Tatsache, dass 2012 die größte ausländische Gruppe in Österreich deutsche StaatsbürgerInnen waren, die in Österreich die Chance auf einen Arbeitsplatz sahen – etwa in der Tourismusbranche. Gefolgt werden die Deutschen von Personen aus Serbien, Montenegro und dem Kosovo und, auf Platz drei, der Türkei. Die viertgrößte Gruppe stellen Zuwanderer aus Bosnien und der Herzegowina dar. Ein Drittel der Personen mit ausländischer Herkunft hatte zu jenem Zeitpunkt bereits die österreichische Staatsbürgerschaft erhalten. Da jedes Jahr auch eine Reihe von Menschen aus Österreich abwandern, ist die Anzahl der Nettozuwanderung von Interesse und ausschlaggebend. Diese betrug 2012 insgesamt 43.797 Personen. Laut *Statistik Austria* war zu Beginn 2014 die Bevölkerung Österreichs auf mehr als 8,5 Millionen angewachsen.

Soweit zu den Zahlen. Faktum ist jedenfalls: Die Zuwanderung ist längst Realität geworden in Österreich. Von einer gelebten Normalität sind wir dennoch noch sehr weit entfernt, nicht nur in der Schule.

## Die Hauptstadt Wien – eine internationale Stadt?

Wien ist nach dem Fall des Eisernen Vorhangs vom Rand wieder mehr ins Zentrum Europas gerückt und präsentiert sich heute mehr denn je als Schmelztiegel der Nationen. Außerdem wächst die Stadt, und neuere Prognosen gehen davon aus, dass bereits 2030 die Zwei-Millionen-Grenze erreicht sein wird.

Wie alle Städte war Wien immer von Fluktuation in der Zu- und Abwanderung geprägt, als Metropole eines Vielvölkerreiches ganz besonders. Seit 1754 gibt es Zählungen, für die Zeit davor ist man lediglich auf Schätzungen angewiesen. Mitte des 17. Jahrhunderts lebten etwa 50.000 Menschen in Wien, um 1700 waren es bereits mehr als doppelt so viele. 1754 schließlich zählte man bereits 175.460 Einwohner Der große Bevölkerungszuwachs fand dann bekanntlich im 19. Jahrhundert mit der beginnenden Industrialisierung und der Stellung Wiens als Hauptstadt des Vielvölkerstaats Österreich-Ungarn statt. Kurz vor Ausbruch des Ersten Weltkriegs lebten mehr als zwei Millionen Menschen in Wien. Nach dem Ende des Ersten Weltkriegs verringerte sich die Einwohnerzahl vorübergehend, doch bereits 1934 war die Zwei-Millionen-Grenze fast wieder erreicht. Durch die Vertreibung und Ermordung der jüdischen Bevölkerung sowie durch die Verluste durch Gefallene und Vermisste war 1945 die Bevölkerung auf 1.616.125 Menschen gesunken. 1987 war ein Tiefststand von unter 1.500.000 erreicht, doch ab 1990 stieg die Bevölkerung durch Flüchtlinge und Arbeitsmigration kontinuierlich an. In der Bundeshauptstadt stieg die Bevölkerungszahl im Jahr 2012 dreimal so stark (1,5 Prozent) wie im Durchschnitt Österreichs. Mit Stand 1. Jänner 2013 machte die Einwohnerzahl Wiens 1.757.353 aus, davon 400.911 Personen mit fremder Staatsangehörigkeit und 602.881 Personen mit Migrationshintergrund. Die größte Gruppe kam aus Serbien (81.348), gefolgt von der Türkei (66.695), Deutschland (43.980), Bosnien und Herzegowina (42.135) und Polen (41.217).

Wien wächst also, und einen erheblichen Anteil daran haben die Zuwanderer und Zuwanderinnen. Mit dieser Entwicklung befindet sich Wien in einem weltweiten Trend, denn die Urbanisierung ist ein weltweites Phänomen. Wien ist eine internationale Stadt geworden, von einer weltoffenen Stadt hingegen kann man noch nicht sprechen, wenngleich gerade in Wien in den letzten Jahren seitens der politisch Verantwortlichen deutliche Bemühungen nach Versachlichung und Entemotionalisierung der Migrationsthematik stattgefunden haben. Bereits zweimal hat Wien einen Integrationsmonitor herausgegeben, der als Grundlage für integrationspolitische Maßnahmen und Strategien dient.

## Migration als urbanes Phänomen

Städte sind durch Zuwanderung entstanden, zwischen Migrationsbewegungen und Stadtentwicklung besteht also ein konstitutiver Zusammenhang. Dieser Zusammenhang ist im Zeitalter von Globalisierung und Internationalisierung mehr denn je von Bedeutung. Städte erleben derzeit weltweit einen enormen Wandel, sie wachsen rapide, oder sie schrumpfen. Vielfach wird bereits von einem „Urban Age" gesprochen, in dem sich das 21. Jahrhundert befindet. Wenn wir von Migrationsgesellschaften reden, müssen wir vor allem die Städte in den Blick nehmen, da Einwanderung überwiegend ein urbanes Phänomen ist. Die Wissenschaft hat das Thema längst aufgegriffen, überall wird zur Stadt geforscht.

In den Städten leben heute zunehmend Menschen, die sich in einem uneindeutigen Zustand befinden, das heißt, viele leben an mehreren Orten zugleich. Da finden sich StudentInnen neben PendlerInnen aus aller Welt, AusländerInnen, ArbeitsmigrantInnen, VertreterInnen von Konzernen, transnationalen Unternehmen. Der Migrationsforscher Mark Terkessidis nennt dieses neue urbane Gebilde „Parapolis". Die Polis sei längst auseinandergefallen, die bürgerlichen Eliten hätten die Souveränität über die Stadt mittlerweile verloren. Das „Wir" einer urbanen Gesellschaft muss sich heute immer wieder aufs Neue definieren, ist noch weniger konstant als früher. Die Steuerung eines so komplexen Gebildes ist schwierig geworden. Terkessidis schlägt als Programm statt Integration den interkulturellen Ansatz vor, der vor allem die Institutionen betrifft und fordert. Sie müssen sich die Frage stellen, ob sie allen Individuen den gleichen Zugang ermöglichen. Am Beispiel der Bildungseinrichtungen würde das etwa heißen: Sind unsere Curricula der aktuellen Situation angemessen, in der mehr als die Hälfte der Wiener Volksschulkinder eine andere Erstsprache als Deutsch haben? Ist das Personal entsprechend vertreten? Das ist derzeit nicht der Fall, weder in Österreich noch in Deutschland. Hier wie dort kommen etwa nur sehr wenige LehrerInnen aus Familien, die in der letzten Zeit neu zugewandert sind. „Das Lehrerzimmer ist heute die Parallelgesellschaft" sagt Terkessidis (im Interview in der Tageszeitung *Der Standard* vom 12.3.2013) treffend.

Häufig konzentrieren sich Migrationsdebatten ja auf sogenannte „Parallelgesellschaften", Gettobildungen oder religiösen Fundamentalismus, wodurch die diverse Realität in unseren Städten, insbesondere in der Hauptstadt, selten in den Blick gerät. Verschiedenheit ist Realität, ist Alltag, geprägt von Kommen und Gehen. Städte sind immer auf Zuwanderung angewiesen. Das wird aus historischen Gründen (Geschichte und Art der Zuwanderung in Wien und anderswo) bei uns kaum gesehen, jedenfalls nicht von der Mehrheit der alteingesessenen Wienerinnen und Wiener. Wir schätzen zwar die Vielfalt in New York, Paris oder London, sehen gerade darin einen besonderen Reiz, doch wenn es um Wien geht, richtet sich der Blick tendenziell auf die mit der Zuwanderung verbundenen Probleme, die es natürlich genauso gibt wie in London oder New York. Dabei ist Wien eine genauso internationale Stadt wie London, wenngleich durch den Größenunterschied in bescheidenerem Ausmaß. Doch was die Zahl der in Wien gesprochenen Sprachen oder die vielen Ethnien, aus denen die Wienerinnen und Wiener kommen, betrifft, können wir es durchaus mit London aufnehmen. Ein gewaltiger Unterschied besteht jedoch: London ist stolz auf seine Internationalität, ja, stellt sich diesbezüglich sogar einer Art Wettbewerb mit New York, nach dem Motto: „Wir sind die internationalste Stadt der Welt!" Auf der Homepage der Stadt ist das eindrucksvoll dokumentiert. Interessant in diesem Zusammenhang sind auch die Resultate der Regionalwahlen in Großbritannien im Mai 2014. Während im ganzen Land die nationalpopulistische Partei UKIP stark zulegte, lief sie in London fast unter „ferner liefen", 5,7 Prozent etwa im Londoner Bezirk Tower Hamlets, der einen hohen Anteil von MigrantInnen aufweist. In Wien ist derzeit eine solche Tendenz noch nicht zu bemerken, was vielleicht auch damit zusammenhängen könnte, dass hierzulande viele MigrantInnen vom Wahlrecht ausgeschlossen sind. Diversität ist weltweit oft Teil des Brandings einer Stadt. Wien muss da erst aufholen, wenngleich in den letzten Jahren immerhin deutliche Ansätze in diese Richtung zu vermerken waren. Dabei könnten wir es durchaus mit den Großen aufnehmen: Immerhin kam Wien in einem internationalen Ranking von „Global Cities" auf Platz 13 von insgesamt 66 Städten weltweit (Platz 1: New York City, Platz 2: London; Platz 3: Paris), weit vor Berlin oder Zürich.

In der Tat ist das Wien zu Beginn des 21. Jahrhunderts international, Ziel vieler ZuwandererInnen, ökonomisch mit europäischen, aber auch weltweiten Märkten verflochten. Nicht zu vergessen: Wie erwähnt ist durch die politischen Umwälzungen am Ende des 20. Jahrhunderts Wien wieder in die Mitte Europas zurückgekehrt. Nicht nur der Sitz internationaler Organisationen macht die Internationalität der Stadt aus, sondern viel mehr als das sind es die Menschen, die hier leben. Wenn wir die sogenannte „Zweite Generation" dazurechnen, so hat die Hälfte aller Wienerinnen und Wiener Migrationshintergrund, bei Kindern und Jugendlichen macht der Prozentsatz fast 70 Prozent aus. Die Zahlen sprechen für sich, und so wäre es im Grunde auch nutzlos und wenig zielführend, von den „alten" und „neuen" WienerInnen zu sprechen, genauso wenig wie von Menschen mit Migrationshintergrund oder nicht. Diese Kategorien ergeben allerdings im Zusammenhang mit Forschungsarbeiten Sinn, wenn es darum geht, Diskriminierungen festzumachen, die mit der Herkunft oder der Erstsprache in Zusammenhang stehen. Sehr bedenklich, ja, demokratiepolitisch gefährlich ist auch die Tatsache, dass so vielen Wienerinnen und Wienern eine politische Partizipation verwehrt wird. Man stelle sich vor: Rund ein Viertel der Wiener Bevölkerung ist von Gemeinderats- und Landtagswahlen ausgeschlossen. Mit dieser rigiden Haltung ist Österreich auf EU-Ebene mittlerweile in der Minderheit. Die Menschen, die in Wien leben, sind als Wienerinnen und Wiener zu betrachten – egal, woher sie kommen mögen. Und die überwiegende Mehrzahl der Neuen fühlt sich auch so. Ich erlebe jedenfalls immer wieder, dass sich Schülerinnen und Schüler in erster Linie mit der Stadt identifizieren – sei es in London, Hamburg oder eben in Wien –, dann erst kommen das Land und die Nation. Die Kinder und Jugendlichen fühlen sich als Bürgerinnen und Bürger der Stadt, in der sie leben, und die meisten sind durchwegs sehr stolz darauf. Manche identifizieren sich auch über den Bezirk, in dem sie wohnen. Die Kinder und Jugendlichen hätten meist keine Probleme mit ihren Mehrfachidentitäten, meint Ernst Schmiederer, Journalist und Autor. Er hat in einem interessanten Projekt namens „Wir. Berichte aus dem neuen OE" in mehreren Bundesländern Schreibworkshops an Schulen durchgeführt, bei denen 2000 in Österreich lebende Jugendliche ihre Texte handschriftlich in Schulheften niederschrieben. Die Resultate sind inzwischen in Buchform erhältlich. Wer einen Einblick in die Lebenswelten Jugendlicher, nicht nur aus migrantischen Familien, erhalten will, dem sei die Lektüre dieser Reihe ans Herz gelegt. Gerade in den Texten, die Jugendliche aus Wiener Schulen verfasst haben, zeigt sich, was uns WissenschaftlerInnen schon längst sagen, dass die Kategorien „Alteingesessene" versus „Zugewanderte" in der Stadt des 21. Jahrhunderts sachlich gesehen obsolet sind.

## Wir sind gelandet – in Wien

Wien ist also in der Migrationsgesellschaft gelandet. Gleichzeitig haben sich urbane Kulturen entwickelt, die unübersehbar eine internationale Dimension in die Stadt gebracht haben, die nicht mehr wegzudenken ist. Außerdem hat die Stadtpolitik in den letzten Jahren ihre Migrationspolitik neu positioniert. Wien war übrigens innerhalb der Städte im deutschsprachigen Raum eine der ersten, die eine eigenständige Integrationspolitik entwickelte. Nach Berlin und Frankfurt war Wien mit der Gründung des „Wiener Integrationsfonds" im Jahr 1992 die dritte deutsche Großstadt, die das Thema Zuwanderung und Integration institutionalisierte. Bis dahin war man davon ausgegangen, dass die „GastarbeiterInnen" wieder in ihre Herkunftsländer zurückkehren würden und hatte die jeweiligen integrationspolitischen Maßnahmen auch dahingehend konzipiert. Wie Kenan Güngor und Bernhard Perchinig in der Festschrift der Wiener Beratungsstelle „Interface" herausarbeiten, war der Wiener Integrationsfonds von Beginn an stark auf die Arbeit auf lokaler Ebene fokussiert, also auf die Arbeit in den Bezirken und kleineren Stadtteilen, in Wien „Grätzel" genannt. Schon damals war Bildungsberatung eines der zentralen Themen, wenngleich alle Maßnahmen zunächst dem vorherrschenden Defizitansatz folgten. 1996 gab es mit Renate Brauner in Wien erstmals eine Integrationsstadträtin, und diese beauftragte 2001 einen breit angelegten Entwicklungsprozess. Im Zuge dessen wurde entschieden, eine neue Magistratsabteilung zu gründen, und seit dem 1.7.2004 gibt es die Abteilung „Integration und Diversität". Der Name der Abteilung sei zugleich deren Programm, meint die derzeitige Abteilungsleiterin Ursula Struppe. Man wolle einerseits für neu zuwandernde Menschen wichtige Integrationsunterstützung leisten und andererseits den Diversitätsgedanken sowie das Diversitätsmanagement auf allen Ebenen der Stadt Wien verankern. Seit 2004 wurden schwerpunktmäßig Maßnahmen entwickelt, die die Ankunft in Wien unterstützen und erleichtern sollen. Dazu zählen Startbegleitungen für Asylberechtigte und subsidiär Schutzberechtigte, also Personen, deren Asylantrag zwar abgewiesen wurde, aber deren Leben oder Gesundheit im Herkunftsland bedroht wird. Es gibt auch Startcoachings in der Muttersprache oder das inzwischen mehrfach ausgezeichnete Programm „Mama lernt Deutsch".

Die Stadt Wien hat also vor allem in den letzten Jahren versucht, eine neue Willkommenskultur zu finden und ihre Maßnahmen und Institutionen anzupassen. Was dabei herausgekommen ist, heißt „Start Wien". Wer in Wien landet, wird dabei begleitet, erhält ein Startcoaching und einen Wiener Bildungspass. Die Zielgruppe sind Personen, die eine Erstniederlassungbewilligung bekommen, insgesamt circa 3500 Personen pro Jahr. Das Startcoaching gibt es in mehr als 23 Erstsprachen. Man erfährt dabei unter anderem, was die Integrationsvereinbarung ist und was die ersten notwendigen Schritte sind, die es zu setzen gilt. Es wird nicht nur ein Deutschkurs empfohlen, dafür gibt es auch Gutscheine im Wert von 300 Euro, die bei jedem Anbieter von Sprachkursen eingelöst werden können. Eine Erstinformation zur Schuleinschreibung gehört ebenso zum Angebot wie Informationen zu Wohnen, Gesundheit oder die Anerkennung von Qualifikationen. In einem gleich nach der Ankunft ausgegebenen Bildungspass müssen die von den NeuzuwandererInnen besuchten Kurse eingetragen werden. Gute Vernetzungen und Kooperationen mit dem Arbeitsmarktservice, Vereinen und den Volkshochschulen sollen dafür sorgen, dass man gut landet, wenn man neu in Wien ist. Bei „Interface", ursprünglich auf Vereinsbasis tätig, jetzt eine GmbH der Stadt Wien, laufen viele dieser Aktivitäten zusammen: Jugendbasiskurse, Elternkurse, Sprachkurse, spezielle Angebote für Frauen sowie, in bescheidenem Ausmaß, auch Lernhilfe für Kinder. Die Büchereien Wien haben vorbildliche Programme zur Leseförderung entwickelt und arbeiten in Kooperation mit Kindergärten und Schulen. Auch in den Bundesländern oder in den österreichischen Großstädten gibt es inzwischen ähnliche Willkommensangebote für NeuzuwandererInnen.

Nun kommen aber nicht nur Erwachsene, sondern auch deren Kinder, und für die sieht es nicht so gut aus. Daran ist allerdings nicht die Stadt Wien schuld, sondern unser starres Schulsystem, das sich diesen – gar nicht mehr so neuen – Gegebenheiten noch nicht angepasst hat. Auch wenn Kinder in ihren Herkunftsländern Gymnasien oder vergleichbare Schulen besucht haben, landen sie bei uns in den allermeisten Fällen in Neuen Mittelschulen oder in Hauptschulen, vor allem dann, wenn sie die Unterrichtssprache Deutsch nicht oder nicht ausreichend beherrschen. Zwar gibt es in allen Bundesländern und gerade auch in Wien SprachförderlehrerInnen, doch reicht weder das Angebot noch können im Rahmen von schulautonomen Schwerpunkten zusätzliche Ressourcen gezielt für die betreffenden Kinder eingesetzt werden. Die Ressourcen decken also den Bedarf nicht einmal annähernd ab, und gleichzeitig schränken zentrale Regelungen einen gezielten Einsatz sehr ein. Gerade im Bereich Bildung und Schule, wo zugegebenermaßen Wien besonders viele Herausforderungen zu bewältigen hat, können wir uns also keineswegs beruhigt zurücklehnen. Die 2014 für alle Wiener Schulen beschlossene Gratis-Nachhilfe zeigt die Grundproblematik besonders deutlich auf. Die Maßnahme ist angesichts des immensen Bedarfs an Nachhilfe begrüßenswert, gleichzeitig aber Ausdruck eines grundlegenden Versagens unseres Schulsystems. Wenn die NeuzuwandererInnen nicht mehr schulpflichtig sind, sieht es für sie besonders schlecht aus. Selbst wenn sie in ihren Herkunftsländern eine hochqualitative Ausbildung erhalten haben, nützt ihnen das in Österreich wenig. Sie haben kein Recht auf einen ihrer bisherigen Qualifikation entsprechenden Schulplatz, sondern sind vom guten Willen von SchuldirektorInnen abhängig, die sie im Status von sogenannten „außerordentlichen SchülerInnen" aufnehmen und ihnen so die Chance geben, ihre begonnene Ausbildung fortzusetzen. Bekanntlich kommt das recht selten vor. Und so hinken die Schulgesetze den gesellschaftlichen Realitäten immer weiter hinterher, und gerade in den Städten stoßen viele Schulen immer häufiger an ihre Grenzen.

# −ZWEI−
# Die österreichische Schule
# in der Migrationsgesellschaft

## Zahlen und Fakten

Angesichts der enormen demografischen Umwälzungen der letzten Jahre sollte man meinen, dass sich in der Folge das österreichische Schulsystem entsprechend gewandelt hat. Davon kann keine Rede sein. Pessimisten, wie etwa der frühere steirische Landesschulratspräsident und Mitinitiator des Bildungsvolksbegehrens Bernd Schilcher (in seinem Buch „Bildung nervt"), meinen gar, die österreichische Schule habe in ihren Grundzügen noch immer Merkmale aus der Zeit der Einführung der allgemeinen Schulpflicht unter Maria Theresia 1774, die wiederum der preußischen Schulordnung folgte. Ganz so negativ muss man unser Schulsystem nicht sehen, doch Tatsache ist, dass die österreichische Schule in ihren Grundzügen nach wie vor ständisch geprägt ist, und diese Ausrichtung zieht sich strukturell durch das ganze System. Nach wie vor gibt es Schulen (Hauptschulen, Neue Mittelschulen, Polytechnische Schulen, Sonderschulen), die vorwiegend von Kindern aus bildungsfernen und armen Elternhäusern besucht werden, während Kinder von Akademikereltern zu einem überwiegenden Teil in die Allgemeinbildenden Höheren Schulen gehen. In der Lehrerschaft wiederum gibt es unterschiedlich ausgebildete und auch unterschiedlich bezahlte Berufsgruppen. Diejenigen, die an den höheren Schulen zum Einsatz kommen, haben auch eine „höhere" Ausbildung, nämlich an den Universitäten, während die LehrerInnen an den Hauptschulen und Neuen Mittelschulen kürzer ausgebildet werden und nach wie vor Gegenstände unterrichten müssen, für die sie nicht ausgebildet sind. Unterschiedlich ist auch die Bezahlung, selbst dort, wo sie gemeinsam im Team unterrichten, in der Neuen Mittelschule. Hartnäckig hält das System am ständischen Charakter fest. Erst die 2013 beschlossene neue PädagogInnenbildung wird diesem unwürdigen Zustand ein Ende setzen.

Tatsache ist, dass große Schulreformen in Österreich schon seit Langem nicht mehr auszumachen sind und in manchen Bereichen immer schon langsam vor sich gingen. Große Veränderungen gab es im 19. Jahrhundert, vor allem im Bereich der Mädchenbildung. 1892 wurde mit der Eröffnung des ersten Gymnasiums für Mädchen auf dem Gebiet des heutigen Österreich Mädchen der Hochschulzugang eröffnet. Die wegweisenden Schulreformen von Otto Glöckel in der Ersten Republik konnten nach seinem kurzen Zwischenspiel als erster Unterrichtsminister der Ersten Österreichischen Republik (1918–1920) nur auf Wiener Ebene fortgesetzt werden und fanden nach der Herrschaft der Nationalsozialisten keine Fortsetzung. In Wahrheit haben wir es immer noch nicht geschafft, an die Reformbewegung Otto Glöckels anzuknüpfen, was meines Erachtens auch mit dem nicht aufgearbeiteten Erbe des Ständestaats zusammenhängt, der konträre Ziele zu den egalitären und antiklerikalen Grundsätzen Glöckels verfolgte. Die erste Schulnovelle der Nachkriegszeit gab es 1962, die die Unterrichtspflicht auf neun Jahre verlängerte und die Lehrerbildung von Lehrerbildungsanstalten an Pädagogische Akademien verlegte, für deren Besuch die Matura Voraussetzung war. 1974 folgte die zweite Schulnovelle, mit der das noch heute gültige Schulunterrichtsgesetz in Kraft trat. Relativ spät, nämlich 1975, wurde die verpflichtende Koedukation eingeführt. Die Schulreformen unter Bruno Kreisky brachten eine Anhebung des Bildungsniveaus aller sozialen Schichten und durch massive Investitionen in den Schulbau auch einen besseren Zugang breiterer Bevölkerungsschichten zu höherer Bildung. Vor allem Mädchen und die ländliche Jugend sind langfristige Gewinner dieser Schulreform. Nicht gelungen hingegen ist der Abbau sozialer Ungleichheiten im Bildungssystem, weder durch die Reformen der 1970er-Jahre noch durch die immer von Kompromissen getragenen Änderungen seither. Zu Beginn des 21. Jahrhunderts brachten internationale Bildungsvergleichsstudien Bewegung in die österreichische Schullandschaft, indem sie unerfreuliche Befunde zutage förderten. Die PISA-Studien etwa zeigten auf, dass wir weder im Bereich der Lesefähigkeit noch in der Mathematik, aber auch nicht in den Naturwissenschaften das Mittelmaß der beteiligten OECD-Staaten übertrafen. Schlimmer noch: Diese und ähnliche Studien wie die OECD-Studie „Bildung auf einen Blick" attestierten uns, dass die soziale Herkunft durch das Bildungssystem verfestigt wird und Aufstieg durch Bildung besonders schwer zu erreichen ist. Daran hat sich bis heute nichts geändert, und ich behaupte, solange wir bei unseren Bildungsreformen immer nur an kleinen Schrauben drehen, wird sich daran auch nicht so schnell etwas ändern. Am Beispiel der verzögerten, zögerlichen und flickwerkartigen Reaktionen auf die völlig neu zusammengesetzte österreichische Schülerschaft, die sich in den letzten Jahrzehnten durch europäische sowie internationale Migrationsbewegungen ergeben hat, lässt sich das Dilemma besonders gut zeigen.

Sicher, in den 1960er- und 1970er-Jahren waren weder diejenigen, die kamen, noch der österreichische Staat, der sie geholt hatte, davon ausgegangen, dass sie bleiben würden. Doch als bereits klar war, dass die GastarbeiterInnen nicht nur vorübergehende Gäste sein würden und als zu Beginn der 1990er-Jahre erste große Flüchtlingsströme unterwegs waren, ging – von kleinen legistischen Anpassungen abgesehen – die österreichische Schule ihren gewohnten Gang. Und auch heute, im zweiten Jahrzehnt des 21. Jahrhunderts, haben sich die großen demografischen Veränderungen nicht wesentlich auf die österreichischen Schulgesetze ausgewirkt. Natürlich hat es Änderungen und gesetzliche Adaptierungen gegeben, doch hatten und haben diese immer eher den Charakter von Reparaturmaßnahmen und waren nie auf eine grundsätzliche Neuorientierung des gesamten Systems angelegt. Manche Bundesländer haben hier sehr viele Akzente gesetzt, andere weniger, die Übersicht fällt bisweilen schwer. Ich will hier auch gar nicht kleinreden, was etwa in den letzten Jahren in Wien alles daran gesetzt wurde, um den neuen Wienerinnen und Wienern gerecht zu werden. Nur: In einer Schule, die bisher nicht bereit war, sich als Ganzes neu zu definieren, kann auch ein einzelnes Bundesland keine Wunder bewirken, auch nicht die unzähligen Initiativen und ehrenamtlichen Tätigkeiten wie „Mama lernt Deutsch", „Teach for Austria", „LesepatInnen", „Nachbarinnen in Wien", um nur einige ganz wenige von den zahllosen in ganz Österreich zu nennen. Sie zu beschreiben würde ein eigenes Buch füllen. Gar nicht auszudenken, was mit den Kindern und Jugendlichen sowie deren neu zugewanderten Eltern passieren würde, gäbe es diese Initiativen nicht. Das österreichische Schulsystem muss sich von Grund auf erneuern, um den neuen Herausforderungen auch nur ansatzweise gerecht werden zu können. Kurzum: Die österreichische Schule ist in der Migrationsgesellschaft noch nicht angekommen.

## Die heterogene Schülerschaft in der homogen ausgerichteten Schule

Meine Unterrichtstätigkeit als Englisch- und Deutschlehrerin begann ich 1974 in einer neu gebauten AHS im Süden von Wien. In unmittelbarer Nähe befand sich eine riesige Satellitensiedlung von fast furchterregenden Ausmaßen, die „Per-Albin-Hansson-Siedlung Ost" im Süden des Arbeiterbezirks Favoriten. Ein erheblicher Teil der SchülerInnen dieser Schule kam aus dieser sowie den angrenzenden Siedlungen, manche aus Niederösterreich. Während meiner ersten drei Unterrichtsjahre gab es keine Kinder mit ausländischer Herkunft in meinen Klassen, alle hatten Deutsch als Erstsprache. An die erste Schülerin aus Jugoslawien erinnere ich mich heute noch ganz genau. Sie hieß Irina und war für uns LehrerInnen aus heutiger Sicht fast eine Art Exotin, eigentlich nur aufgrund ihrer Herkunft. Sie war eine ausgezeichnete, ehrgeizige Schülerin aus sehr einfachen Verhältnissen, wie auch sonst Teile der übrigen Schülerschaft dieser Schule. Nichts hatte sie an sich, das nicht andere auch gehabt hätten, mit einer Ausnahme: Sie war Ausländerin, und das stellte in den Gymnasien der späten 1970er-Jahre durchaus noch die Ausnahme dar. Bald gesellten sich türkische Schüler dazu – seltsamerweise waren die ersten allesamt männlich. Gut gemeint, aber aus heutiger Sicht völlig verfehlt, wurden diese ersten türkischen Schüler alle in einer Klasse zusammengefasst und von den besten LehrerInnen unterrichtet und betreut. Auch zu Beginn der 1980er-Jahre blieben Kinder aus Gastarbeiterfamilien weiterhin die Ausnahme in der AHS am Rande der Per-Albin-Hansson-Siedlung. In anderen Teilen desselben Wiener Gemeindebezirks hingegen besuchten bereits relativ viele Gastarbeiterkinder Schulen – ihre Eltern hatten sich dort angesiedelt. Es handelte sich um weniger schöne Teile des 10. Bezirks, vornehmlich um Gegenden mit einem hohen Anteil an Gründerzeitbauten mit Substandardwohnungen. Diese Kinder waren aber fast durchgehend in den Hauptschulen anzutreffen, in der AHS blieben sie auch dort, wo sie wohnten, noch länger in der Minderheit.

Zehn Jahre später, Ende der 1980er-Jahre, selber Wiener Gemeindebezirk: Die Migration war im Bezirk schon deutlich zu sehen, noch immer aber lebten die meisten der NeuzuwandererInnen in Mietskasernen aus dem 19. Jahrhundert, und ihre Kinder besuchten dort die Schulen. Auch in den AHS in der Umgebung dieser Gründerzeitwohnungen fanden sich nun durchaus Kinder von MigrantInnen ein, wenngleich keineswegs in der Relation ihres Anteils an der Bevölkerung. Am Stadtrand hingegen hatte sich nicht allzu viel verändert. Mein eigener Sohn besuchte damals eine der ersten „echten" Wiener Ganztagsvolksschulen in der Siedlung Wienerfeld – im 19. Jahrhundert Arbeits- und Wohnstätte der Wiener ZiegelarbeiterInnen. Wenngleich die SchülerInnen dieser Schule durchgehend aus bescheidenen Familienverhältnissen stammten, so fanden sich dennoch fast gar keine Kinder aus Familien mit Migrationshintergrund darunter. Ich war stellvertretende Klassenelternvertreterin, der Klassenelternvertreter Herbert O. war Lehrer an einer Hauptschule im Zentrum der Zuwanderung des Bezirks, dem Reumannplatz. Seine Arbeitssituation änderte sich schon damals grundlegend, und ich sollte mich bald davon persönlich überzeugen. Beide unterrichteten wir eine erste Klasse im Fach Deutsch und wir wollten gegenseitig unseren Unterricht besuchen und dann jeweils die Klassen des anderen unterrichten. Mein Kollege behauptete, er würde in meiner ersten Gymnasialklasse die Situation vorfinden, die er fünfzehn Jahre davor in seinen Hauptschulklassen gehabt hätte. Bei seinem ersten Unterrichtsbesuch in meiner Klasse fand er seine Hypothese bestätigt. Mich hingegen, universitär ausgebildete Gymnasiallehrerin mit immerhin auch fünfzehn Jahren Berufserfahrung, verließ beim ersten Besuch in seiner Klasse der Mut. Was ich vorfand, war eine äußerst heterogen zusammengesetzte Schülerschaft, von denen einige sehr gut Deutsch sprachen, andere noch kein Wort verstanden, dazu Kinder mit Erstsprache Deutsch aus zerrütteten Familienverhältnissen, die starke Verhaltensauffälligkeiten aufwiesen. Mit großem Geschick und je nach Schülerbedarf differenziertem Unterrichtsmaterial wurde die Deutschstunde gestaltet. Ich wusste, ich musste mein Gesicht wahren und konnte da nicht mehr aus, und so bereitete ich mich tage- und nächtelang auf meine Unterrichtsstunde in dieser Wiener Hauptschule vor, die dann auch aus damaliger Sicht halbwegs gut über die Bühne ging. Aus heutiger Sicht würde ich sagen: mehr schlecht als recht. Für mich stellte diese Erfahrung eine entscheidende Wende in meinem beruflichen Verständnis dar. Immerhin hatte ich zu dem betreffenden Zeitpunkt bereits fünfzehn Jahre lang unterrichtet, und mir war fast völlig entgangen, wie sich, zumindest in Wien, die Schullandschaft während dieser Zeit entwickelt hatte. Damals – wie übrigens auch heute – ist es in Österreich möglich, sich als Lehrerin in Paralleluniversen aufzuhalten.

Ich erzähle diese Episode aus meinem Lehrerleben aber auch deshalb, weil bereits Ende der 1980er-Jahre zumindest in den Städten eine Situation entstanden war, die dringend schulpolitischen Handlungsbedarf erfordert hätte. Doch es passierte nichts. Die LehrerInnen waren vielerorts auf sich alleine gestellt, auch Fortbildungsmaßnahmen wurden mit Zeitverzögerung angeboten, von zusätzlichen Ressourcen ganz zu schweigen. Stattdessen wurde – das sage ich nicht ohne Bitternis – viel schöngeredet, auch von damals politisch

Verantwortlichen. Sicher, die Angst vor erstarkenden rechtspopulistischen Strömungen und die Unsicherheit im Umgang damit mag dabei eine Rolle gespielt haben – Entschuldigung ist das keine. Und so wurde Teilen einer ganzen Generation von Kindern und Jugendlichen nicht das geboten, was ihnen zusteht, nämlich gleiche Chancen im Zugang zu Bildung und Ausbildung. Und leider geschieht das in gewisser Hinsicht auch heute noch, fast ein Vierteljahrhundert später.

Mit dem Bosnienkrieg kamen 1992 erstmals sehr viele Kinder und Jugendliche nach Österreich, die überhaupt keine Deutschkenntnisse hatten. Die Wiener Schulpolitik unter dem damaligen Stadtschulratspräsidenten Kurt Scholz reagierte vorbildlich. Den Kindern wurden an Schulen Intensivsprachkurse geboten, bevor sie in Regelklassen aufgenommen wurden. Ich selber hatte im September 1992 die Schulleitung eines Wiener Traditionsgymnasiums übernommen, und auch wir nahmen bosnische Schülerinnen und Schüler als „QuereinsteigerInnen" auf; die meisten von ihnen hatten in ihrer Heimat Gymnasien besucht und mussten von einem Tag auf den anderen das Land verlassen. Deutschlehrerinnen der Schule bildeten sich in Eigeninitiative in „Deutsch als Zweitsprache" fort und lernten, auch in ihrer Freizeit, mit diesen Kindern. Der Erfolg konnte sich sehen lassen. Allerdings: Was ich damals nicht beachtete und was bestimmt erheblich zum Schulerfolg dieser Kinder beitrug: Viele von ihnen kamen aus sehr bildungsaffinen Familien. An die größte Erfolgsstory von damals denken die Beteiligten auch heute noch gerne zurück: Eine bosnische Schülerin, die ohne Deutsch- und Englischkenntnisse in der 6. Klasse zu uns an die Schule kam, maturierte mit nur einem Semester Zeitverlust drei Jahre später. Solche Erfolgsgeschichten dürfen nicht darüber hinwegtäuschen, dass zur selben Zeit Kinder und Jugendliche nach Österreich kamen, für die unsere Schule nicht ausgerüstet war. Ende des 20. Jahrhunderts und im ersten Jahrzehnt des 21. Jahrhunderts änderte sich die Zusammensetzung der österreichischen Schülerschaft nachhaltig. Das schwerfällige österreichische Schulsystem hat erst mit Verspätung reagiert, und auch das nur punktuell und zögerlich.

Ein Blick auf aktuelle Daten der *Statistik Austria* (Statistisches Jahrbuch 2013) macht das Ausmaß der Veränderungen deutlich. Im Schuljahr 2011/12 besuchten insgesamt 1.119.009 Schülerinnen und Schüler Österreichs Schulen, ein Zehntel davon waren AusländerInnen, besaßen also keine österreichische Staatsbürgerschaft. An Sonderschulen war diese Gruppe mit insgesamt mehr als 18 Prozent fast doppelt so hoch vertreten. Kinder, die aus nicht-deutschsprachigen Familien stammten, also auch österreichische StaatsbürgerInnen, die eine andere Erstsprache als Deutsch hatten, machten im Schuljahr 2011/12 insgesamt 29 Prozent aus. Das Bildungsministerium gibt jedes Jahr Informationsblätter heraus, die unter anderem auch eine statistische Übersicht über SchülerInnen mit anderen Erstsprachen als Deutsch enthalten. Erstmals fand die Erhebung der Anzahl von SchülerInnen mit anderen Erstsprachen als Deutsch im Schuljahr 1991/92 statt, damals noch unter dem Begriff „SchülerInnen mit vorwiegend nicht-deutscher Umgangssprache". Im Schuljahr 1993/94 machte der Anteil von SchülerInnen mit einer anderen Erstsprache als Deutsch österreichweit an den Volksschulen 11,3 Prozent aus, an den Sonderschulen 18,4 Prozent, an den AHS (Unterstufe und Oberstufe zusammen) 4,2 Prozent. In Wien waren sie schon damals an den Volksschulen mit 27,7 Prozent vertreten, an den Sonderschulen mit 34,2 Prozent, an den AHS mit 11,1 Prozent. Bis zum Schuljahr 2002/03 wurden die Angehörigen der österreichischen Volksgruppen (wie Slowenen in Kärnten oder Kroaten und Ungarn im Burgenland) nicht berücksichtigt. Seit dem Inkrafttreten des Bildungsdokumentationsgesetzes ab dem Schuljahr 2003/04 werden alle SchülerInnen erfasst, deren Primärsprache nicht Deutsch ist. Die Terminologie änderte sich mit dem Bildungsdokumentationsgesetz von „SchülerInnen mit nicht-deutscher Muttersprache" zu „im Alltag gebrauchte Sprachen"; die Mitteilungsblätter des Bildungsministeriums sprechen von „SchülerInnen mit anderen Erstsprachen als Deutsch" – eine Terminologie, die auch in diesem Buch verwendet wird. Im Schuljahr 2004/05 betrug der Anteil von SchülerInnen mit anderen Erstsprachen als Deutsch österreichweit an den Volksschulen 17,4 Prozent, an den

Sonderschulen 24 Prozent, an den AHS-Unterstufen 10,3 Prozent. In Wiener Volksschulen betrug der Anteil von Kindern mit anderen Erstsprachen als Deutsch im selben Schuljahr immerhin bereits 43,4 Prozent. Im Schuljahr 2012/13 hatte österreichweit insgesamt ein Fünftel der Schülerinnen und Schüler eine andere Erstsprache als Deutsch (20,3 Prozent), das betrifft alle Schultypen zusammen. In den Volksschulen machten diese Kinder bereits mehr als ein Viertel aus (25,6 Prozent), und in den Sonderschulen sogar fast ein Drittel der Schülerschaft (30,3 Prozent). Darauf sollte besonderes Augenmerk gelegt werden, denn dass die Kinder mit anderen Erstsprachen als Deutsch begabungsmäßig den Kindern mit Deutsch als Erstsprache derartig hinterherhinken, werden höchstens ein paar uneinsichtige Rechtsextreme glauben. Hier kommt das Versagen des Systems am deutlichsten zum Ausdruck – eine Schande für Österreich. Über Österreich ist diese Schülerpopulation extrem ungleich verteilt. Im 5. Wiener Gemeindebezirk waren SchülerInnen mit anderen Erstsprachen mit fast 90 Prozent vertreten, im Bezirk Zwettl im nördlichen Niederösterreich mit 1 Prozent.

Ein Blick auf die Statistiken macht leider auch deutlich, dass Kinder mit anderen Primärsprachen als Deutsch noch immer den Weg in die AHS-Oberstufe nicht in dem Ausmaß finden, in dem sie prozentuell in der Bevölkerung vertreten sind. Ihr Anteil in der AHS-Oberstufe betrug im Schuljahr 2012/13 österreichweit nur 15,2 Prozent, in der AHS-Unterstufe waren sie mit 17,0 Prozent vertreten. An Hauptschulen und Neuen Mittelschulen zusammen waren sie im selben Schuljahr mit 49,6 Prozent vertreten. Die Schülerschaft an Polytechnischen Schulen wiederum setzt sich zu 30 Prozent aus SchülerInnen mit anderen Erstsprachen als Deutsch zusammen. Die Annahme, dass die Berufsbildenden Höheren Schulen (BHS), also die Schulen, die mit der 9. Schulstufe beginnen, in der Regel fünf Jahre dauern und mit Matura enden, den sozialen Aufstieg zur Matura erleichtern, lässt sich zumindest österreichweit aus den Statistiken nicht ablesen. Auch hier bildet sich die Herkunft im Schulbesuch ab. Insgesamt besuchten im Schuljahr 2012/13 nur 14,7 Prozent BHS, wie Handelsakademien oder Höhere Technische Lehranstalten, noch weniger als die AHS-Oberstufen. In die Bildungsanstalten für Kindergartenpädagogik, wo wir diese SchülerInnen besonders dringend brauchen, haben im Schuljahr 2012/13 gar nur 3,6 Prozent Eingang gefunden. Das ist nur 1 Prozent mehr als im Schuljahr 2006/07. Warum hat eigentlich niemand von den politisch Verantwortlichen diese erschreckende Tatsache aufgegriffen, und warum wurden keine Maßnahmen gesetzt? Vermutlich nicht nur aufgrund der komplexen Zuständigkeiten und schwierigen Finanzierung im Kindergartenwesen, sondern auch, weil es von keinem besonderen Interesse war. Auch heute, 2014, ist der Kindergarten ein sträflich vernachlässigter, unrühmlicher Bereich im österreichischen Bildungssystem.

Zurück zu den aktuellen Statistiken. Die statistischen Daten zur Verteilung von Schülerinnen und Schülern mit anderen Erstsprachen als Deutsch auf Österreichs Schulen unterscheiden sich in einzelnen Bundesländern deutlich vom österreichweiten Schnitt. Wien zeigt besonders deutliche Abweichungen – solche, die man positiv interpretieren kann und andere, die Anlass zur allergrößten Besorgnis geben sollten. Insgesamt betrug wienweit der Anteil von SchülerInnen mit anderen Primärsprachen als Deutsch im Schuljahr 2012/13 beachtliche 45,4 Prozent. In den Volksschulen war bereits die 50-Prozent-Marke überschritten. Besser könnte nicht zum Ausdruck kommen, dass das weltweite Phänomen von Städten als Zentren der Migration Wien längst erreicht hat. Zur Normalität ist diese Situation gerade im Bildungsbereich allerdings noch nicht geworden. Wenn wir uns die Daten von Wien näher ansehen, fällt auf, dass weitaus mehr Schülerinnen und Schüler die AHS-Oberstufe besuchen als österreichweit, nämlich 31,7 Prozent im Schuljahr 2012/13. Im gleichen Zeitraum machten in den Wiener BHS die SchülerInnen mit anderen Erstsprachen als Deutsch immerhin mehr als ein Drittel aus, nämlich 34 Prozent. Das ist eine erfreuliche Entwicklung und stellt eine deutliche Steigerung im Vergleich zum Schuljahr 2006/07 dar (AHS-Oberstufe: 23,7 Prozent; BHS: 25,7 Prozent). Andererseits zeigt die Zusammensetzung in der Polytechnischen Schule, dass wir von einem sozialen Ausgleich gerade auch in Wien noch weit entfernt sind. 66,2 Prozent der Schülerinnen und Schüler in den Wiener Polytechnischen Schulen sprechen eine andere Erstsprache als Deutsch. Offenbar finden aber viele dieser Jugendlichen nicht den Weg in die Berufsschulen, denn dort machen sie in Wien mit 35,5 Prozent nur einen Anteil von etwas mehr als einem Drittel aus (österreichweit 11,6 Prozent). Ausgerechnet in den Sonderschulen ist der Anteil von SchülerInnen mit anderen Erstsprachen als Deutsch mit 55,6 Prozent unverhältnismäßig hoch. In der AHS-Unterstufe sind sie im Vergleich dazu im selben Schuljahr 2012/13 nur mit 33,6 Prozent vertreten, insgesamt machen sie, an allen Wiener Schulen, 45,4 Prozent der Schülerschaft aus. Kinder, die die Unterrichtssprache nicht ausreichend beherrschen, scheinen insgesamt sehr schnell in der Sonderschule zu landen beziehungsweise „sonderpädagogischen Förderbedarf" attestiert zu bekommen. Von der Situation überforderte LehrerInnen, mit zu wenig Unterstützungspersonal und SprachförderlehrerInnen in ihrem schwierigen Berufsalltag, greifen bestimmt nicht aus Böswilligkeit zu dieser Maßnahme. In Vorarlberger Sonderschulen machen diese SchülerInnen immerhin auch mehr als ein Drittel aus (34,4 Prozent), während sie insgesamt an Vorarlberger Schulen mit 21,3 Prozent vertreten sind. In Tirol ist der Prozentsatz von SchülerInnen mit anderen Primärsprachen als Deutsch an allen Schulen 13,4 Prozent, in den Sonderschulen hingegen fast doppelt so hoch, während die AHS-Unterstufe in Tirol lediglich von 8,2 Prozent der betreffenden Gruppe besucht wird. Wenn man den Prozentsatz der Überrepräsentation in diesem Schultyp heranzieht, so sind diese Kinder österreichweit in Sonderschulen um 52,3 Prozent überrepräsentiert, in Tirol sogar um 89,5 Prozent! (Referenzwert ist der durchschnittliche Anteil von SchülerInnen mit nichtdeutscher Erstsprache im gesamten Bildungssystem). In den AHS wiederum sind sie fast um ein Viertel unterrepräsentiert. In Vorarlberg macht dieser Anteil sogar 60,4 Prozent aus. Die Zahlen sprechen für sich. Bildungspolitisch gesehen sind das höchst unerfreuliche Tatsachen, da gibt es nichts zu beschönigen.

# Unangenehme Einsichten: Was uns Bildungsstudien sagen

## *PISA I und PISA II und die Folgen*

Im Frühjahr 2014 ist die Aufregung groß, als die amtierende Bildungsministerin Gabriele Heinisch-Hosek die nächste PISA-Studie aufgrund eines bis dato nicht geklärten Datenlecks aussetzt. Als im Jahr 2000 die erste PISA-Studie präsentiert wurde, war die Aufregung mindestens so groß. Österreichs Schulwesen musste sich erstmals einem internationalen Vergleich stellen. Vergleichende Erziehungswissenschaft hatte es an Österreichs Universitäten bis dahin zwar gegeben, doch wurde diese von einer überschaubaren Anzahl an Personen ausgeübt. Nun also PISA! Die Abkürzung steht für „Programme for International Student Assessment", also „Programm zur internationalen Schülerbewertung" und wird von der OECD seit dem Jahr 2000 in dreijährigen Abständen in ihren Mitgliedsstaaten und zunehmend in weiteren Partnerstaaten durchgeführt. Die OECD („Organization for Economic and Cultural Development" – „Organisation für wirtschaftliche Zusammenarbeit und Entwicklung") ist ein Forum von dreißig demokratischen Staaten, das die gemeinsame Bewältigung ökonomischer, gesellschaftlicher und ökologischer Herausforderungen der Globalisierung zur Zielsetzung hat. PISA selbst wurde 1998 als gemeinsames Projekt aller OECD-Staaten gestartet, um in einem dreijährigen Rhythmus verlässliche Daten zur Effektivität der verschiedenen Schulsysteme zu erlangen. Adressat der Ergebnisse war in erster Linie die Bildungspolitik. Die einzelnen Länder sollten sich nicht nur mit den anderen Mitgliedsstaaten vergleichen können, sondern aus den Resultaten neue Anstöße für Bildungsreformen und Qualitätssicherung in den Schulen erhalten.

PISA testet keine Lehrplaninhalte, sondern Grundkompetenzen und Fähigkeiten von SchülerInnen („literacy"), die erforderlich sind, um reale Lebenssituationen zu bewältigen. Die in anonymen Stichproben getesteten Kompetenzbereiche sind Mathematik, Naturwissenschaft und Lesen. In der letzten Zeit ist die ökonomische

Ausrichtung in manchen Ländern, allen voran Deutschland, heftig in die Kritik geraten. Hauptkritikpunkte sind dabei die Bologna-Reform, die Kompetenzorientierung, kurz die Funktionalisierung von Bildung insgesamt. Die OECD vertrete ein verengtes, utilitaristisches Bildungsverständnis, meinen die KritikerInnen. Diese Kritik ist sehr ernst zu nehmen und sollte auch in Österreich offen und auf breiter Basis geführt werden. Das ändert aber nichts daran, dass diese Vergleichsstudien nicht nur die internationale Perspektive in die österreichische Bildungslandschaft gebracht haben, sondern nachhaltige Impulse für die österreichische Bildungsforschung gesetzt haben.

Kehren wir also noch kurz ins Jahr 2001 zurück, als die ersten PISA-Ergebnisse präsentiert wurden. Sie schienen für Österreich nicht so schlecht zu sein – ein (Rechen)Irrtum, wie sich später herausstellen sollte. Schon damals wurde eines ganz deutlich: Wie in den wenigsten anderen teilnehmenden Staaten, aber genau wie in Deutschland, setzte in Österreich eine (Un-)Kultur des Messens und Rankings ein, das vor allem medial, und zwar bis heute, beinahe hysterische Ausmaße annahm. Beliebtestes Vergleichsobjekt war Deutschland, das so viel schlechter abzuschneiden schien als Österreich – ein Irrtum, wie sich drei Jahre später herausstellen sollte, als es zum „Absturz" Österreichs in allen Kompetenzfeldern kam. Wie 2006 festgestellt und auch von der OECD bestätigt wurde, waren die 2000 erhobenen Befunde bereits ähnlich schlecht gewesen und nur aufgrund eines Stichprobenfehlers bei den Berufsschülern vermeintlich gut ausgefallen. *„Jetzt kommt es darauf an, sich nicht auf den Lorbeeren auszuruhen, damit wir beim nächsten PISA-Vergleich von einem der besten Plätze Europas zur Weltklasse aufrücken"* konstatierte die damals zuständige Bundesministerin Gehrer kurz nach dem Publikwerden der Ergebnisse von PISA I im Jahr 2001.

Davon konnte drei Jahre später keine Rede mehr sein, als die ernüchternde Tatsache bekannt wurde, dass die gute österreichische Schule nicht so gut war, wie von ihren Verteidigern und Bewahrern bis dahin immer gern behauptet wurde. Die Phrase „Wir lassen uns die österreichische Schule nicht schlechtreden", mit der Kritik am österreichischen Schulsystem jahrzehntelang abgetan wurden, wird vielen meiner Jahrgangsgenossen noch heute im Ohr nachklingen. Nun sollte sich nämlich herausstellen, dass es in Österreich einen erschreckend hohen Anteil an SchülerInnen gab, die mit 15, also mit dem Erreichen des Endes der Schulpflicht, die Grundkompetenzen nicht erreicht hatten. 20 Prozent der Schülerschaft in dieser Altersgruppe waren in den Bereichen Lesen und Mathematik als RisikoschülerInnen einzustufen. Doch auch im Feld der Spitzenleistungen gab es enttäuschende Resultate. In den Berufsschulen befanden sich bis zu 40 Prozent RisikoschülerInnen, in den Polytechnischen Schulen waren es sogar 57 Prozent der männlichen Schüler, die die Grundkompetenzen in Lesen und Mathematik verfehlt hatten. In Hinblick auf sehr gute Leistungen lagen wir ebenfalls weit hinter den internationalen Spitzenwerten; das hoch selektive österreichische Schulsystem schaffte es also nicht, vergleichbar viele Spitzenleistungen hervorzubringen wie etwa Kanada, die Niederlande oder Finnland. Erstmals wurde auch der Zusammenhang zwischen Herkunft und schulischen Leistungen sowie dem Bildungszugang ausgewiesen und Österreich dabei ein denkbar schlechtes und beschämendes Zeugnis ausgestellt. An den PISA-Resultaten ließ sich eindeutig nachweisen, dass die soziale Herkunft zu einem hohen Ausmaß Einfluss auf den weiteren Bildungsverlauf sowie auf die schulischen Leistungen hat. Bekanntlich hat sich leider daran auch zehn Jahre später nicht viel geändert.

Das „PISA-Debakel" wurde in einer breiten medialen Debatte abgehandelt, und die unterschiedlichen AkteurInnen ergingen sich zunächst in gegenseitigen Schuldzuschreibungen. Die Eltern seien Schuld, hieß es da, vornehmlich von Lehrerseite, aber auch insgesamt aus konservativen Kreisen. Stimmt nicht, wurde seitens der Elternverbände gekontert. Der emotional geführte Diskurs machte schließlich auch die LehrerInnen für das schlechte Ergebnis verantwortlich, interessanterweise zeitversetzt, nachdem eine Personalvertretungswahl der LehrerInnen stattgefunden hatte. Sogar die Migrantenkinder wurden als Schuldige festgemacht, kaum zu glauben! Tatsächlich zeigte sich ja, dass diese Gruppe besonders benachteiligt war, doch sie dann noch zum Sündenbock zu machen, dazu gehörte zumindest ein großes Quantum an Hilflosigkeit, um es freundlich auszudrücken. Jedenfalls wurden auch wieder die alten, ideologisch besetzten Kampfbegriffe ausgegraben, die da lauten „Zwangstagsschule" (für Ganztagsschule) und „Einheitsbrei" (für Gesamtschule). Und die AHS erging sich in Eigenlob angesichts ihres verhältnismäßig guten Abschneidens, was einer indirekten Schuldzuschreibung an die Lehrerinnen und Lehrer der Hauptschulen gleichkam. Immerhin, und das ist im Nachhinein als sehr positiv zu bewerten: Die verantwortliche Ministerin setzte eine Expertenkommission – die „Zukunftskommission" – ein, die sich aus renommierten österreichischen BildungsforscherInnen zusammensetzte und die der Politik Vorschläge zur Neugestaltung des österreichischen Bildungssystems machen sollte. Diese Vorschläge wurden im April 2005 der Öffentlichkeit präsentiert und enthielten schon damals die wichtigsten Eckpunkte für eine Reform des österreichischen Schulwesens. Lediglich die gemeinsame Schule durfte offenbar nicht vorkommen. Spätere Expertenkommissionen des Unterrichtsministeriums nahmen diese dann doch in ihre Vorschläge auf, die übrigens in großen Teilen mit den Empfehlungen der Zukunftskommission deckungsgleich waren. 2005 fand auch ein erster großer Bildungsgipfel statt. Die Reaktionen der Politik auf dieses erste Expertenpapier wie auch auf spätere waren zögerlich. Es gab vage Zusagen, aber keine weiteren Ressourcen, und schon gar nicht ein großes, umfassendes Gesamtkonzept.

Die empirische Bildungsforschung setzte jedenfalls von da an auch in Österreich kräftige Signale, sodass wir inzwischen auf ein umfangreiches Datenmaterial und wertvolle Forschungsergebnisse zurückgreifen können, das teils aus österreichischen, teils aus internationalen Bildungsstudien stammt. Auf österreichischer Ebene wurden Bildungsstandardtestungen in der 8. Schulstufe eingeführt, bei denen man leider auf die Definition von Mindeststandards verzichtet hat, dem Vernehmen nach aufgrund eines Kompromisses mit der Lehrergewerkschaft. Während die Bildungsstandardtestungen auf nationaler Ebene von der Intention her eine Rückmeldung an das System darstellen, ist die ebenfalls neue Zentralmatura ein Versuch, auch die Leistungen der einzelnen SchülerInnen national vergleichbar zu machen. Ein weiteres Resultat der Spätfolgen von PISA und Co. ist die Einführung einer neuen Lehrerbildung, die zwar als wichtiger Schritt in Richtung Professionalisierung der österreichischen Schule gesehen werden kann, doch mit dem Wermutstropfen versehen ist, dass sie die gesamte Elementarpädagogik ausgespart hat, was Österreich zu einem Unikum innerhalb aller vergleichbaren Länder macht. Internationale Studien geben uns immer wieder auch wertvolle Rückmeldungen zu unserem Schulsystem beziehungsweise zu Teilaspekten davon, die leider oft wenig Erfreuliches zutage bringen. Wie ein roter Faden zieht sich durch viele dieser Studien: Österreich gelingt es unter vergleichbaren Ländern besonders schlecht, mittels Bildung einen sozialen Ausgleich zu schaffen. Im Gegenteil: Die Zukunft wird in einem hohen Ausmaß von der Herkunft bestimmt. Was auch konstatiert werden muss: Bereits 2001 lagen Daten vor, die zumindest bei den Hellhörigen die Alarmglocken schrillen lassen hätten müssen. Sämtliche Studien seither haben den dringenden Bedarf nach einer Gesamtreform des österreichischen Schulsystems aufgezeigt. Auch die Sozialpartner fordern diese mittlerweile unisono ein. Ein Bildungsvolksbegehren rund um den Industriellen und ehemaligen österreichischen Finanzminister Hannes Androsch hat schließlich eine solche Gesamtreform vehement eingefordert und dafür 400.000 UnterstützerInnen gefunden. Viele wissen also, was zu tun wäre, dennoch gibt es auch 2014 nicht die geringsten Anzeichen, die darauf hinweisen würden, dass eine Bildungsreform in Angriff genommen wird, die diesen Namen auch verdient. Im Gegenteil: Die Regierungserklärung 2013 stellt einen Minimalkonsens dar, und in der Tagespolitik wird wieder entlang altbekannter Schützengräben diskutiert, wie „Gymnasium bleibt" versus „Gesamtschule für alle". Dass das nicht mehr lange gut gehen kann, wissen auch alle, die eine große Reform einmahnen, und dass es gerade im Zusammenhang mit dem Thema

„Migration und Bildung" mit Einzelmaßnahmen nicht getan sein kann, ebenfalls. Sehen wir uns im Folgenden einige Detailergebnisse an.

## Mittelmäßige Leistungen und soziale Schieflagen

Vor PISA hatte sich Österreich an zwei internationalen Vergleichsstudien zu Computern im Unterricht beteiligt, sowie im Jahr 1995 an der Mathematik- und Naturwissenschaftsstudie TIMSS, die die Mathematik- und Naturwissenschaftskenntnisse in der 4. Schulstufe testet. PIRLS, das die Lesefähigkeit derselben Altersgruppe testet, kam etwas später hinzu, ebenso die OECD-Studien TALIS (2008), eine Lehrerbefragung, und PIAAC (2012), die die Kompetenzen von Erwachsenen testet. Aus den OECD-Studien „Education at a Glance" („Bildung auf einen Blick") erhielten wir ebenso wichtige Befunde wie aus den weiteren PISA-Studien, zuletzt aus den 2013 veröffentlichten Ergebnissen von PISA 2012, wo schwerpunktmäßig die Mathematikkompetenzen getestet wurden. Im Dezember 2009 erschien eine OECD-Länderprüfung zum Thema „Migration und Bildung", die eine Analyse des österreichischen Schulsystems unter dem Fokus der Migration darstellt und Empfehlungen für eine Weiterentwicklung in den untersuchten Handlungsfeldern gibt. Auf nationaler Ebene gibt es Bildungsstandardüberprüfungen zum Ende der 4. Schulstufe in Mathematik und in Deutsch/Lesen/Schreiben und zum Ende der 8. Schulstufe in Mathematik, Englisch und Deutsch. Im Mai 2012 wurden erstmals Schülerinnen und Schüler der 8. Schulstufe in Mathematik getestet. 2013 folgte Englisch. Die Ergebnisse werden auch den betroffenen SchülerInnen zugänglich gemacht, den restlichen AkteurInnen jeweils nur in verschlüsselter Form. Aus den Bildungsstandardtestungen wird mit der Erhebung wichtiger Hintergrundmerkmale, wie sozialer Status der Familie, Bildungshintergrund der Eltern, Migrationshintergrund oder Motivation der Bildungsforschung, wertvolles Datenmaterial zur Verfügung gestellt.

Das ist übrigens mit ein Grund, warum der Aufschrei unter dieser Gruppe so groß war, als die Bildungsministerin 2014 aus Datensicherheitsgründen nicht nur die PISA-Testung aussetzte, sondern auch die nächste Bildungsstandarderhebung in Deutsch. Die Ergebnisse der bisherigen Bildungsstandardtestungen haben nämlich die Befunde aus anderen Studien bestätigt. In der letzten Mathematiktestung (4. Klasse Volksschule) haben circa 10 Prozent der SchülerInnen den vorgegebenen Mathematikstandard nicht erreicht, von den Kindern mit Migrationshintergrund waren es gar 19 Prozent, die komplett gescheitert sind. Bei der Mathematiktestung aus der 8. Schulstufe im Jahr 2012 haben 27 Prozent die Bildungsstandards nur teilweise erreicht, 17 Prozent haben sie völlig verfehlt, wobei große Unterschiede zwischen der AHS und den Hauptschulen bestehen. Wiederum zeigen sich hier die negativen Auswirkungen der Selektivität des österreichischen Schulsystems besonders krass. Faktoren, die für das Übertreffen beziehungsweise Nichterreichen der Bildungsstandards maßgeblich sind, sind der Bildungsgrad der Eltern, der Sozialstatus sowie ein Migrationshintergrund. Von den SchülerInnen, die die Bildungsstandards übertreffen, haben 95 Prozent keinen und 5 Prozent einen Migrationshintergrund. Nicht hoch genug eingeschätzt werden können auch die zwei nationalen Bildungsberichte, die inzwischen (2009 und 2013) erschienen sind. Sie enthalten neben Daten und Statistiken zehn fokussierte Analysen zu bildungspolitischen Schwerpunktthemen des österreichischen Schulsystems wie zu ganztägigen Schulformen, zu Chancengleichheit und garantiertem Bildungsminimum und auch zur Situation mehrsprachiger SchülerInnen – für uns besonders interessant. Neben diesen nationalen und internationalen Testungen gibt es regelmäßig empirische Bildungsforschung an den Universitäten, aber auch an Institutionen wie der Arbeiterkammer oder der Wirtschaftskammer.

Zusammenfassend kann gesagt werden, dass wir 2014 über ausreichend wissenschaftliches Material verfügen und dass dieses für die Politik eine ausgezeichnete Grundlage für eine groß angelegte Bildungsreform wäre. Es bedarf im Grunde keiner neuen Expertenkommissionen und Arbeitsgruppen und dergleichen mehr, es braucht vielmehr einen politischen Willen und einen nationalen

Grundkonsens für eine Neugestaltung der österreichischen Schule von Grund auf. „Neu aufsetzen" hat es, in Anlehnung an die Computersprache, der Schulkritiker, Buchautor und Lehrer Niki Glattauer einmal genannt. Um im Bild zu bleiben: Wir befinden uns noch im Stadium der Virenbekämpfung.

Österreich ist ein Land der Bildungsungerechtigkeit. Diese Tatsache lässt sich inzwischen nicht mehr schönreden, und so wäre es höchst an der Zeit, wenn sich auch die Politik, vor allem auf nationaler Ebene, damit ernsthaft auseinandersetzt und sich parteiübergreifend zu einer großen Lösung durchringt.

Im Frühjahr 2014 behandelte der Österreichische Rundfunk in verschiedenen Fernsehserien schwerpunktmäßig das Thema „Migration und Schule". Mit einer sich über mehrere Monate erstreckenden Reportage in der Sendereihe „Thema" ist dem ORF dabei eine journalistische Meisterleistung gelungen. Schülerinnen und Schüler von zwei Wiener Schulen aus fast dem gleichen Einzugsgebiet, aber mit unterschiedlichem sozialen Hintergrund, wurden mehrere Monate lang in ihrem schulischen und privaten Umfeld begleitet. Die einen besuchten das Gymnasium in der Rahlgasse in der Wiener Innenstadt, eine Traditionsschule in der Nähe der großen Museen und der Wiener Staatsoper, deren Publikum vornehmlich aus den urbanen Milieus der benachbarten Bezirke stammt. Die anderen wiederum kamen aus der Neuen Mittelschule Gassergasse im benachbarten Gemeindebezirk, in dessen Gründerzeitbauten sich viele ZuwandererInnen angesiedelt haben. Wer die berührende, sensibel gestaltete Sendung gesehen hat, wird sie so schnell nicht vergessen. Warum die einen im Gymnasium gelandet sind, die anderen aber nicht, hängt nicht in erster Linie mit ihrer Intelligenz zusammen, sondern mit ihrer Herkunft. Was uns all die Bildungsstudien sagen, hier wurden Daten und Fakten am Beispiel von Jugendlichen fassbare Realität – zutreffender ausgedrückt: unfassbare Realität. Wer das Unglück hat, in eine falsche Familie geboren zu werden, hat nicht nur häufig bereits traumatische Erfahrungen mit Flucht, Folter oder Todeserfahrungen von nahen Angehörigen hinter sich, sondern erheblich schlechtere Ausgangsbedingungen für die Zukunft. Im Alter von zehn Jahren reichen häufig die Deutschkenntnisse noch nicht, um den strengen Anforderungsbedingungen zu genügen, die für die Aufnahme in ein Gymnasium benötigt werden. Mindestens ein „Gut" in Deutsch muss es sein, und dass man in einigen wenigen Jahren vielleicht gar nicht so weit kommen konnte, spielt da keine Rolle, ist aber vielleicht auch unerheblich für die Devise „Das Gymnasium bleibt!". Dabei würden sie dort in der Gruppe von MitschülerInnen mit Erstsprache Deutsch vermutlich schneller und müheloser Deutsch erlernen als in der Gruppe derer, die wie sie zu fast 100 Prozent aus Familien kommen, deren Erstsprache eine andere als Deutsch ist.

Kaum haben sie ihre Defizite aufgeholt und würden noch ein, zwei Jahre brauchen, sieht das System schon wieder einen radikalen Schnitt vor, denn im Alter von 14 Jahren werden entscheidende Weichen Richtung Berufsausbildung gestellt. Für ihre Schülerinnen und Schüler sei diese Nahtstelle mit 14 die schrecklichste Hürde im österreichischen Schulsystem, meint die Direktorin der Neuen Mittelschule in der Gassergasse im 5. Wiener Gemeindebezirk, aus der wir einige über ein halbes Jahr lang im Fernsehen erleben konnten. Sie sollten noch zwei Jahre Zeit haben, um ausreichend gut Deutsch zu erlernen beziehungsweise überhaupt die Voraussetzungen zu erfüllen, um eine ihnen entsprechende Ausbildung zu beginnen. Derzeit schaffe es ein Drittel ihrer AbsolventInnen an eine weiterführende Schule, ein weiteres Drittel beginne eine Lehre, doch ein Drittel habe so schlechte Noten, dass sie nirgends eine Chance hätten, aufgenommen zu werden. Viele schaffen das nicht, können das nicht schaffen, und so manche fallen dann bekanntlich ganz aus dem System. „Early School Leavers" heißen diese Jugendlichen in der Fachterminologie. Dabei sind im Frühjahr 2014 die Aspirationen mancher dieser Kinder durchaus hoch gesteckt: Ärztin etwa wollen sie werden oder Flugbegleiter, erzählen sie dem Reporter der Sendereihe. Diesen Traum wird Sam begraben müssen, der mit seinen Eltern vor vier Jahren aus dem Irak gekommen ist. Zwar hat er in nur vier Jahren erstaunlich gut Deutsch gelernt, doch reicht das

„Befriedigend" in Deutsch in der zweiten Leistungsgruppe nicht für eine Aufnahme in die Tourismusschule, die ihn seinem Berufsziel Flugbegleiter näher bringen würde. Ähnlich verhält es sich bei Nabaa, die selbst schon viele verfolgte Menschen erlebt hat, mehrere Sprachen spricht und daher meint, gute Voraussetzungen zu haben, einmal Anwältin oder Dolmetscherin für solche Menschen zu werden. Doch ihre Noten reichen nicht aus, um ihr die Aufnahme in eine Handelsschule zu ermöglichen.

Ein enormer Druck lastet bereits auf diesen Kindern und Jugendlichen, das habe ich auch bei meinen zahlreichen Gesprächen und Schulbesuchen feststellen können. Entgegen landläufiger Annahmen kommen sie recht gut mit ihren verschiedenen Identitäten zurecht und bewegen sich im Allgemeinen sicher zwischen den Kulturen des Herkunfts- und des Aufnahmelandes. Ihre Probleme sind anderer Art: Angst vor schulischem Versagen, Angst, ihre Eltern zu enttäuschen, Angst vor der Zukunft. Aber auch die LehrerInnen an diesen Schulen stehen unter gewaltigem Druck. Sie sei in ihrer Ausbildung überhaupt nicht auf das vorbereitet worden, womit sie täglich zu tun habe, sagt in der Reportage eine junge Lehrerin, deren Ausbildung noch nicht lange zurückliegen kann. Die Aufgaben gingen weit über das Unterrichten hinaus, bestätigt auch ihre Kollegin. Sie seien Seelsorgerinnen, Psychologinnen, Sozialarbeiterinnen und vieles mehr, daneben auch noch Vermittlerinnen von Unterrichtsstoff, niemand habe ihnen gesagt, welche Kinderschicksale sie einmal erwarten würden, noch weniger, wie damit umzugehen sei. Dass internationale Bildungsstudien Österreich als das Land ausweisen, das im gesamten EU/OECD-Vergleich an letzter Stelle liegt, was Stützpersonal anbelangt, dürfte diesen Lehrerinnen auch nicht weiterhelfen.

Diverse Bildungsstudien sowie die Ergebnisse der Bildungsstandardtestungen haben unserer Schule einerseits Mittelmäßigkeit attestiert, zumindest was den Output betrifft, und andererseits eine enorme soziale Schieflage im gesamten System aufgezeigt. Nach den ersten eher hilflosen Abwehr- und Beschönigungsreaktionen vor zwölf Jahren wurden sowohl auf nationaler Ebene als auch auf

Länderebene unterschiedliche Maßnahmen gesetzt, um die Situation zu verbessern, doch handelte und handelt es sich immer nur um punktuelle Maßnahmen. Das führt dazu, dass der Eindruck entsteht, es bewege sich gar nichts. In der Tat zeichnet sich Österreich nicht nur auf dem Gebiet der Bildung, sondern auch in anderen Bereichen wie den Pensionen oder der Verwaltung durch ein sehr schleppendes Reformtempo aus. Eine Anfang April erschienene Studie der Bertelsmann-Stiftung attestiert uns das auch erneut. Besonders in der Pensions-, Bildungs- und Migrationspolitik hinke Österreich vielen EU-Ländern hinterher. Von 41 untersuchten EU- und OECD-Ländern kam Österreich in Hinblick auf Zukunftskompetenz nur auf Platz 19, wobei als Hauptgrund die Reformunfähigkeit des Landes angeführt wird. Weder bei den Pensionen noch bei den Defiziten im Bildungssystem noch in Fragen der Migration sei es gelungen, die erforderlichen Änderungen einzuleiten. Daher kommen wir in der Kategorie „Steuerungsfähigkeit der Regierung" nur auf Platz 26. Interessant ist die Diagnose dafür: „Vetospiele" paralysieren das politische System des Landes. Da sich bekanntlich diese gegenseitigen Blockaden gerade im Bereich Bildung und Migration abspielen, ist es daher nicht erstaunlich, dass in dieser Studie Österreich bei der Performance des Bildungssystems nur auf Platz 29 aller 41 untersuchten Länder gereiht wird. Mängel werden bei der frühkindlichen Bildung ebenso festgestellt wie bei der frühen Selektion der Kinder im mehrgliedrigen Schulsystem. In der Migrationspolitik hinkt Österreich mit Platz 32 noch weiter hinterher, vor allem, da Menschen mit Migrationshintergrund weit schlechtere Chancen auf dem Arbeitsmarkt haben als in vielen anderen untersuchten Ländern wie Schweden, das in dieser Studie am besten abschneidet. Und dass die Handlungsfelder Bildung und Migration eng miteinander verzahnt sind, ist auch nicht weiter erstaunlich.

Was wir hier wieder vor Augen geführt bekommen, ist im Grunde nicht neu. „Der Outcome des österreichischen Schulsystems im Bereich Lesen entspricht nicht den Erwartungen an eine Kultur- und moderne Wirtschaftsnation", heißt es im Nationalen Bildungsbericht 2012. Jedes dritte österreichische Kind der 4. Schulstufe gehört zu einer sozialen Gruppe mit erhöhtem Bildungsrisiko: nichtdeutsche Alltagssprache, bildungsferner Haushalt, niedriger Berufsstand der Eltern. Der Migrationshintergrund per se ist also noch kein Risikofaktor, wenngleich Defizite in der Unterrichtssprache Deutsch sich sehr wohl negativ auswirken können, systembedingt, oder genauer gesagt: durch das Schulsystem bedingt. Die Kombination von Sprachdefiziten und Herkunft aus einer sozioökonomisch schwachen Familie stellt in Österreich eine sehr ungünstige Voraussetzung für den weiteren Lebensweg eines Kindes dar. SchülerInnen mit türkischen Wurzeln etwa haben zu 55 Prozent Eltern mit maximal Pflichtschulabschluss, während das in Familien aus dem ehemaligen Jugoslawien nur bei 17 Prozent zutrifft. In der Logik der österreichischen Schule ist es nicht verwunderlich, dass Jugendliche mit türkischer Erstsprache rund 17,6 Prozent derjenigen ausmachen, die nach Ende der Schulpflicht nicht mehr im Bildungssystem sind. Absolut gesehen haben aber zwei Drittel der SchulabbrecherInnen Deutsch als Erstsprache. Mit der Trennung der Kinder zu Beginn der Sekundarstufe I, also mit zehn Jahren, nimmt die Segregation von Kindern mit Erstsprache Deutsch und Kindern mit anderen Erstsprachen zu. Ihr Anteil ist an der AHS-Unterstufe mit 17 Prozent unterdurchschnittlich, wenngleich vor allem in den Städten in letzter Zeit eine Aufwärtsbewegung festzustellen war. Je größer der Wohnort, desto höher ist insgesamt die Wahrscheinlichkeit, nach der Volksschule in eine AHS überzutreten. In Wien, Graz, Linz und Salzburg ist das inzwischen fast die Hälfte eines Jahrgangs. In den Hauptschulen und Neuen Mittelschulen machen diese SchülerInnen 21 Prozent beziehungsweise 28 Prozent der Schülerpopulation aus. Sonderpädagogischen Förderbedarf haben österreichweit 4 Prozent der SchülerInnen. Laut Nationalem Bildungsbericht hat eine Entscheidung für die AHS wenig mit Leistung zu tun. Obwohl SchülerInnen mit anderen Erstsprachen als Deutsch österreichweit 20,3 Prozent der Schülerpopulation ausmachen, sind sie in den Sonderschulen wie erwähnt mit 30,1 Prozent vertreten. Besonders in den Hauptschulen, Neuen Mittelschulen und Polytechnischen Schulen ist der Anteil an Schülerinnen und Schülern mit anderen

Erstsprachen unverhältnismäßig hoch. Hier zeigt sich besonders deutlich, wie schlecht das österreichische Schulsystem mit den Herausforderungen der Migrationsgesellschaft zurechtkommt: ein Versagen, dessen Leidtragende unsere Kinder und Jugendlichen sind.

Der Bildungshintergrund der Eltern ist in Österreich wie nur in wenigen anderen Ländern für die weitere Bildungswegentscheidung von zentraler Bedeutung. Das zeigen uns seit Jahren unterschiedliche Bildungsstudien. Die Zahlen sprechen für sich. 70 Prozent der angehenden AHS-SchülerInnen haben Eltern mit mindestens Matura. Bei den Kindern, die in die NMS wechseln, sind das hingegen nur 30 Prozent. Chancenungleichheit durchzieht das ganze österreichische Schulsystem. Weder das Ziel der herkunftsunabhängigen Chancengerechtigkeit noch das der Vermittlung eines garantierten Bildungsminimums am Ende der Schulpflicht, das allen AbsolventInnen die Teilhabe am wirtschaftlichen und gesellschaftlichen Leben ermöglicht, wird in Österreich nur annähernd erreicht. Alles entscheidend ist dabei der sozioökonomische Hintergrund der Eltern. Der Migrationshintergrund spielt nur dann eine wesentliche Rolle, wenn er gleichzeitig mit Bildungsferne und genereller Armut gekoppelt ist. Man muss sich das einmal vorstellen. Bereits am Ende der Volksschule liegen Kinder von Eltern mit maximal Volksschulabschluss in der Leseentwicklung mehr als ein Jahr hinter Kindern gut ausgebildeter Eltern zurück. In der Sekundarstufe II (10 bis 14) setzt sich der Trend fort, der ein wenig durch die berufsbildenden Schulen ausgeglichen wird. Dennoch: Drei Viertel der 17-Jährigen, deren Eltern eine Matura besitzen und sogar 90 Prozent (!), deren Eltern eine Hochschule abgeschlossen haben, besuchen eine maturaführende Schule, also eine AHS oder BHS. Hingegen finden sich nur 40 Prozent Kinder von Eltern mit Lehrabschluss in den Oberstufen maturaführender Schulen, Kinder von Eltern mit maximal Pflichtschulabschluss sind dort gar nur mit 20 Prozent vertreten. An den Universitäten setzt sich dieser Trend wenig überraschend fort – aktuell haben nur 7 Prozent der Studienanfänger einen Vater mit maximal Pflichtschulabschluss.

Wer also behauptet, der Migrationshintergrund per se führe zu Benachteiligung, irrt nachweislich. Wer aber meint, Kinder mit anderen Erstsprachen als Deutsch hätten in unseren Schulen keine Probleme, irrt ebenfalls. Aus diversen Bildungsstudien geht hervor, dass diese Schülerinnen und Schüler im derzeitigen Schulsystem schlechtere Chancen haben, ihre Defizite auszugleichen, insbesondere, wenn sie aus sozioökonomisch benachteiligten Familien kommen. Die Benachteiligungen sind strukturell und lassen sich nicht durch einen oder zwei Faktoren erklären. Mehrsprachigkeit etwa ist hierzulande ein Startnachteil, da das österreichische Schulsystem grundsätzlich auf Einsprachigkeit ausgerichtet ist. Andere Faktoren sind Ausbildung und Herkunftsland der Eltern, Migrationshintergrund und Einkommen der Eltern. Wenngleich in den letzten Jahren viel getan wurde, um dem entgegenzusteuern, so steht doch die fehlende nationale Gesamtstrategie einerseits, wie aber auch eine zwischen Bund, Ländern und Gemeinden zersplitterte Zuständigkeit einer erfolgreichen Umsetzung entgegen. Ein Beispiel zur Illustration des Kompetenzwirrwarrs: In Wien gibt es ein hervorragendes Sprachförderzentrum, das in enger Kooperation mit den Schulen SprachförderlehrerInnen zur Verfügung stellt, Maßnahmen koordiniert und dergleichen mehr. Allerdings: Nur Pflichtschulen werden erfasst. Die AHS-Unterstufe kommt als Bundesschule nicht in den Genuss dieser Institution. Weit mehr muss geschehen als nur eine Kompetenzbereinigung zwischen Bund und Land, um uns international in eine Reihe mit den Ländern zu stellen, die den sozialen Ausgleich durch Bildung um ein Vielfaches besser schaffen.

## Arme Kinder

Kinder von armen Eltern haben es schwerer in der Schule, das ist empirisch gut erforscht. Österreich schafft, wie auch Deutschland, den sozialen Ausgleich wesentlich schlechter als die skandinavischen Länder. 8,7 Prozent der Kinder und Jugendlichen wachsen bei uns in sozialer Armut auf (Deutschland: 8,8 Prozent), während es in Schweden nur 1,3 Prozent sind und in Island gar nur 0,9 Prozent. Andererseits brechen bei uns erheblich weniger Jugendliche die Schule ohne Abschlüsse ab als etwa in den skandinavischen Ländern oder in Deutschland. Und auch die Jugendarbeitslosigkeit ist im internationalen Vergleich relativ niedrig. Bis zum Erreichen des 20. Lebensjahres schaffen hierzulande 13 Prozent keinen über die Schulpflicht hinausgehenden Schulabschluss, in Norwegen sind es immerhin 29 Prozent. Von Jugendarbeitslosigkeit betroffen waren im Februar 2014 8,9 Prozent unter 25-jährige junge Österreicherinnen und Österreicher, in Italien hingegen zum selben Zeitpunkt 41,6 Prozent (Quelle: Eurostat-Datenbank). Eine durchwachsene Bilanz könnte man sagen.

Natürlich gibt es – Gott sei Dank – unzählige Kinder und Jugendliche aus Migrantenfamilien, die von all diesen Problemen nicht betroffen sind, in Österreich geboren werden oder neu nach Österreich kommen, hier problemlos und erfolgreich zur Schule gehen, oder auch weniger erfolgreich, wie eben alle österreichischen Schülerinnen und Schüler. Das ist die Mehrheit. Wir wollen uns in diesem Kapitel aber denen zuwenden, die aufgrund ihrer Herkunft in die Armut hineingeboren werden und so aufwachsen müssen. Tatsache ist nämlich: Kinder und Jugendliche aus Familien mit Migrationshintergrund sind höher armutsgefährdet, wenn sie aus einem sozioökonomisch schwachen Elternhaus kommen. Laut *Statistik Austria* erreichten ausländische Staatsangehörige, die ganzjährig erwerbstätig waren, im Jahr 2011 nur rund 84 Prozent des durchschnittlichen Netto-Jahreseinkommens in Österreich von 22.346 Euro. Wenn man sich allerdings die Netto-Jahreseinkommen von Angehörigen aus der Türkei ansieht, so lagen diese fast ein Fünftel unter dem Durchschnitt, ähnlich bei Angehörigen aus den seit 2004 beigetretenen Mitgliedsstaaten. Am niedrigsten waren im Schnitt die Einkommen von Angehörigen von Drittstaaten, 19 Prozent hatten einen Netto-Jahresverdienst von unter 9723 Euro. Dazu kommt, dass sich seit 2005 die Schere zwischen den Einkommen von inländischen und ausländischen Staatsangehörigen weit geöffnet hat. Von 2005 bis 2011 haben sich im Schnitt die Einkommen der ÖsterreicherInnen um 15 Prozent erhöht, bei den AusländerInnen nur um knapp 9 Prozent, bei Angehörigen aus der Türkei nur um 6 Prozent, bei Drittstaatsangehörigen gar nur um 4 Prozent. Ähnliche Diskrepanzen lassen sich bei der Armutsgefährdung feststellen. Im österreichischen Schnitt waren 2009 bis 2011 12 Prozent der Bevölkerung armutsgefährdet und 6 Prozent von manifester Armut betroffen. Menschen mit ausländischer Staatangehörigkeit hingegen waren im selben Zeitraum mit 26 Prozent deutlich höher armutsgefährdet, bei türkischen Staatsangehörigen und Angehörigen aus Drittstaaten waren mit 44 Prozent und 47 Prozent nochmals deutlich mehr Menschen betroffen. Und was die manifeste Armut betrifft, so war diese im Zeitraum von 2009 bis 2011 bei ausländischen Staatsangehörigen mit 16 Prozent gleich dreimal so hoch wie bei österreichischen Staatsangehörigen mit 5 Prozent. Die höchsten Anteile darunter hatten wiederum Angehörige der Türkei (27 Prozent) und Angehörige aus Drittstaaten (36 Prozent). Zwar konnte durch Sozialleitungen das Armutsrisiko von 2009 bis 2011 deutlich reduziert werden, bei türkischen Staatsangehörigen sogar von 74 Prozent auf 44 Prozent, doch sind die Zahlen immer noch erschreckend hoch. Kinder, die in diese Familien hineingeboren werden, haben jedenfalls schlechtere Startchancen, und unser Schulsystem trägt wenig zum Ausgleich dieser schlechteren Ausgangssituation bei, sondern verschärft sie vielfach noch.

Kindergärten und Schulen in Wohngebieten, in denen viele dieser Menschen leben, lernen Formen von Kinderarmut kennen, wie wir sie heute in unserem wohlhabenden Land nicht mehr für möglich halten würden. Bei meinen Schulbesuchen und Interviews war die Armut dieser Kinder und Jugendlichen oft Thema. Leo F., langjähriger und seit Kurzem pensionierter Direktor einer Hauptschule in einem Wiener Gründerzeitviertel, hat vieles erlebt, das er nie für möglich gehalten hätte:

*Ich hatte viele Eltern, die, obwohl sie beide berufstätig waren, mit Ach und Weh so viel verdient haben, dass sie ihre Familie gerade noch durchgebracht haben. Der Vater den ganzen Tag auf der Baustelle und kommt hundsmüde heim. Die Mutter geht dann putzen.*

Aber er erhielt auch noch schlimmere Einblicke in die Lebenswelt mancher seiner SchülerInnen:

*Ich habe Sachen erlebt, die man kaum glauben kann. Wir sind draufgekommen, dass ein Schüler keine Schulsachen, keine Bleistifte, keine Füllfeder, also gar nichts, hatte. Da haben wir beim Vater nachgefragt: „Wie schaut's aus?" – „Wir haben nix Geld." „Und was zahlen Sie für die Wohnung?", wollte ich von ihm wissen. 34 Quadratmeter, 680 Euro kalt. Das kann's ja nicht sein. Ich gehe in das Haus, ein Abbruchhaus, Klo am Gang, also ärgste Wohnsituation. Und dann habe ich den Bezirksvorsteher verständigt. Die haben eine Ersatzwohnung bekommen, und der Vermieter ist bestraft worden.*

Ganz ähnliche Erfahrungen machte Margit B., Volksschuldirektorin in einer vergleichbaren Wiener Wohngegend, wenngleich ihre Intervention kein so positives Ende fand.

*Ich habe immer wieder versucht, den Eltern die Hemmschwelle, in die Schule zu kommen, zu nehmen, und habe sie zu Gesprächen eingeladen ... und da habe ich sehr, sehr viel erfahren, wo ich mir gedacht habe, das kann nicht wahr sein. Da haben sie mir zum Beispiel erzählt, sie wohnen zu fünfzehnt oder zwanzigst in einer Zimmer-Küche-Wohnung, und sie zahlen pro Person Preise, als wenn das ein Hotel wäre. Und die legen nur Matratzen auf, und die Kinder haben am Bauch liegend die Aufgaben gemacht. Das war auch einer meiner Impulse, eine ganztägige Schule zu machen, dass die Kinder aus diesem fürchterlichen Umfeld rauskommen. Wie diese Leute ausgenommen wurden und wie sie betrogen wurden von diversen Vermietern und Hausleuten!*

Auch diese Schulleiterin nimmt mit der Bezirksvorstehung Kontakt auf und findet dort Gehör. Am Elternsprechtag sollten Listen aufgelegt werden, in die sich diejenigen eintragen sollten, die in derart beengten und unwürdigen Verhältnissen lebten. Die Bezirksvorstehung hätte somit Informationen zur Verfügung gehabt, um weitere Schritte einzuleiten und vor allem den Vermietern einen Strich durch die Rechnung zu machen. Aber:

*Sie (Anm. die Eltern) haben gesagt, wenn ich Ihnen das jetzt unterschreibe, muss ich ja hinschreiben, wo ich wohne, muss meine Adresse hinschreiben und meinen Namen. Und wenn der Hausherr oder der Vermieter das erfährt, stehe ich auf der Straße. Also, es hat sich niemand getraut, das zu unterschreiben.*

Ähnlich verhält es sich in der Umgebung eines Kindergartens, über die die Leiterin Gabriele Kernstock berichtet:

*Es gibt hier in der Umgebung zirka 6000 Wohnungen, die Einzimmerwohnungen ohne Wasser und Klo sind ... Nach dem Ende der Monarchie sind Häuser gebaut worden mit nur einem Zimmer. Und die gibt's jetzt noch. Ich hab durch Zufall davon erfahren, weil eine Kollegin mich gebeten hat, mit einer Mama zu sprechen, die immer wieder gesagt hat, die Kleine soll da (Anm. im Kindergarten) essen ... Es hat sich herausgestellt, sie waren aus Traiskirchen und haben sich dann frei gemacht, weil sie nicht wollten, dass die Kinder in einer solchen Institution aufwachsen. Die Mama wollte, dass die Kleine da isst, da sie zu fünft in einem Zimmer wohnten, das sie sich irgendwie mit Freunden haben leisten können. Da sie aus der Bundesversorgung rausgefallen sind, sind sie immer von Freunden zum Essen eingeladen worden, oder auch nicht. Und dann habe ich recherchiert und herausgefunden: 6000 Wohnungen gibt's da noch.*

Aber auch, wenn man in Gemeindebauten lebe und sich in prekären Verhältnissen befinde, würden die Kinder die Auswirkungen zu spüren bekommen: *Alle vier Wochen Waschtag ... Und dann müssen sich mitunter Kinder beschämen lassen: „Du, deine Wäsche riecht nicht gut!" Also, ich habe allen, allen, allen gegenüber Respekt, dass sie überhaupt den Alltag schaffen."*

Dass dies dennoch oft nicht mehr zu schaffen ist, hat der oben erwähnte Wiener Hauptschuldirektor auch immer wieder erleben müssen und schildert ein besonders eindringliches Beispiel.

*Etwas, das ich mir in unserem Sozialstaat nicht gedacht habe, dass wir das noch haben, aber wir haben's: Wir haben Bettgeher. Da ist ein Schüler in die Schule gekommen, mit 38,5 Grad Fieber, schwer krank. Habe die Eltern organisiert, und die Kinder haben gesagt: „Kann nicht, Vater muss sich im Bett ausschlafen. Das ist mein Bett." Der Vater hat Nachtdienst, und wenn der in der Früh heimkommt, oder der Bruder, dann schlaft er da. Und du gehst in der Früh in die Schule ... Und das gibt's wieder ... Ganz arme Kinder, und dafür kriegen noch die Schulen mit den ganz armen Kindern die wenigsten Ressourcen.*

Die Bemessung von Armut ist eine hochkomplexe Materie und kann in diesem Buch nur angedeutet werden. Eine gute Hintergrundinformation zur ganzen Armutsproblematik in Österreich findet man in dem soeben in zweiter, stark erweiterter Auflage erschienenen „Handbuch Armut Österreich", das aus insgesamt 57 Beiträgen zu den unterschiedlichsten Aspekten von Armut besteht und 1000 Seiten umfasst. Die insgesamt leicht lesbaren Texte von ForscherInnen aus den verschiedensten Disziplinen zeigen auf, welche Mechanismen in die Armut führen, wer betroffen ist, aber auch, welche Auswege aus der Armut es gibt. Jedenfalls werden in der EU zur Gruppe der von Armut und sozialer Ausgrenzung bedrohten Personen all jene gerechnet, die zumindest eines der folgenden Merkmale erfüllen:

- in Haushalten mit sehr niedriger Erwerbsquote lebende Personen,
- von Armut bedrohte Personen (nach Sozialleistungen),
- unter erheblicher materieller Deprivation leidende Personen.

Der Schwellenwert wird jedes Jahr für jedes Mitgliedsland neu festgelegt. So beträgt beispielsweise die Armutsgefährdungsschwelle für Österreich mehr als das Doppelte als die für die Slowakei.

Die Menschen, die unter den von den zitierten SchuldirektorInnen und der Kindergartenleiterin beschriebenen Umständen leben, gehören laut EU-Definition zu „Haushalten mit erheblicher materieller Deprivation". Auf EU-Ebene wurden neun Merkmale für erhebliche materielle Deprivation festgelegt:

○ Es bestehen Zahlungsrückstände bei Miete, Betriebskosten oder Krediten.
○ Es ist finanziell nicht möglich, unerwartete Ausgaben zu tätigen.
○ Es ist finanziell nicht möglich, einmal im Jahr auf Urlaub zu fahren.
○ Es ist finanziell nicht möglich, die Wohnung angemessen warm zu halten.
○ Es ist finanziell nicht möglich, jeden zweiten Tag Fleisch, Fisch oder eine vergleichbare vegetarische Speise zu essen.
○ Ein PKW ist finanziell nicht leistbar.
○ Eine Waschmaschine ist finanziell nicht leistbar.
○ Ein Farbfernsehgerät ist finanziell nicht leistbar.
○ Ein Telefon oder Mobiltelefon ist finanziell nicht leistbar.

Im Jahr 2010 lebten in Österreich 4,3 Prozent der Gesamtbevölkerung oder 350.000 Personen in Haushalten in dieser Kategorie. Von einzelnen Deprivationsmerkmalen sind wesentlich mehr Personen betroffen. So gab ein Viertel der Bevölkerung an, sich unerwartete Ausgaben nicht leisten zu können, und immerhin 22 Prozent können nicht einmal pro Jahr auf Urlaub fahren. Wenn mindestens eines der Merkmale zutrifft, spricht man von „Armutsgefährdung" oder „bedroht von Armut und sozialer Ausgrenzung". In Österreich betrug 2011 die Anzahl der Armuts- und Ausgrenzungsgefährdeten 1,4 Millionen Menschen oder 17 Prozent der Gesamtbevölkerung. Wenngleich es in Österreich insgesamt wesentlich weniger Armut als in vielen anderen Ländern gibt, so gilt auch hierzulande, dass Armutsbedrohung und akute Armut inzwischen die Mittelschichten erreicht haben und die Angst vor sozialer Absturzgefahr zunimmt.

Wer im österreichischen Schulsystem tätig ist, wird darüber mehr oder weniger gut Bescheid wissen. In welchem Ausmaß, hängt davon ab, in welchem Schultyp man unterrichtet und in welchem Wohngebiet sich eine Schule befindet. LehrerInnen an Hauptschulen, Neuen Mittelschulen, Polytechnischen Schulen und Berufsbildenden Mittleren Schulen in städtischen Ballungszentren werden tendenziell häufiger mit den Lebenswelten armer Kinder konfrontiert sein als LehrerInnen an Hauptschulen, Neuen Mittelschulen auf dem Land oder gar in Gymnasien in Villenvierteln. Wer über die österreichische Schule spricht und urteilt, muss immer die unerfreuliche Tatsache der armutsgefährdeten oder armen Kinder und Jugendlichen mitdenken. Im öffentlichen Diskurs ist das bis jetzt ebenso wie in der politischen Diskussion viel zu kurz gekommen. Dabei sind ein Viertel der Armutsgefährdeten in Österreich Kinder und Jugendliche, und die Langzeitbeeinträchtigungen können enorm sein, vor allem, wenn nicht ausreichend gegengesteuert wird. Laut *Statistik Austria* waren 2011 insgesamt 15 Prozent Kinder und Jugendliche (0–18) armutsgefährdet. Armut von Minderjährigen tritt besonders in Familien von Alleinerziehenden und Familien mit zwei Eltern und mehr als zwei Kindern auf. Auch MigrantInnen zählen zu den kohärenten Risikogruppen. Darunter sind Kinder mit ausländischer Staatsbürgerschaft besonders oft von Armutsgefährdung betroffen.

Die Armut von Kindern unterscheidet sich substanziell von der Armut Erwachsener, denn Kinder haben nur minimale Möglichkeiten, ihre Lebenslage zu beeinflussen. Kinderarmut bedeutet weit mehr als nur materielle Armut, sondern heißt etwa auch eingeschränkte Teilhabe am kulturellen Leben, soziale Isolierung, schlechter Gesundheitszustand. Eine armutsbedrohte Kindheit bedeutet in vielen Fällen eine lebenslang höhere Gesundheitsgefährdung. Besonders Kinder aus Migranten- und Flüchtlingsfamilien tendieren häufiger zu psychosomatischen Störungen, Infektionskrankheiten und chronischen Erkrankungen. Was in der Forschung bislang noch vergleichsweise wenig beachtet worden ist, ist die Situation von armutsgefährdeten Jugendlichen. Gerade Heranwachsende leiden nicht nur unter den materiellen Einschränkungen bei Essen, Wohnen, der Kleidung, beim (fehlenden) Urlaub, sondern vor allem auch im sozialen Bereich, da ihre materielle Situation sie in signifikant eingeschränktes Freizeitverhalten zwingt. Mögliche Folgen wie Bandenbildungen oder Abgleiten in Alkohol- und Drogenmissbrauch sind bekannt und werden medial gerne breitgetreten, die Ursachen hingegen bleiben oft ausgeblendet.

In Österreich ist es bekanntlich besonders der Bildungsbereich, der die Benachteiligung breiter Bevölkerungsschichten nicht nur nicht ausgleicht, sondern einzementiert. Der Bildungshintergrund der Eltern hat hierzulande größtes Gewicht für die Schulwahlentscheidung der Kinder.

# Barbara Herzog-Punzenberger
Migrationsforscherin

*Frau Herzog-Punzenberger, meine erste Frage betrifft die Begrifflichkeit. Die Kategorie Migrationshintergrund ist auch in der Forschung nicht unumstritten. Welchen Erklärungswert hat diese Kategorie, beziehungsweise brauchen wir sie überhaupt?*

Es ist immer problematisch, Kategorisierungen vorzunehmen. Sobald man benachteiligte Kategorien zu fassen bekommt, sind diese negativ konnotiert. Deshalb ist gerade die Kategorie Migrationshintergrund immer so ambivalent. Dabei handelt es sich ja weder nur um Arme und wenig Gebildete, sondern die sind vielfältig und ganz heterogen. Allerdings haben wir in Österreich eine Überrepräsentation von sozioökonomisch benachteiligten Familien, in denen die Eltern oft auch wenig Schulerfahrung mitbringen bis hin zum Analphabetismus. Solange also das Merkmal „Geburtsland der Eltern" erklärungskräftig ist, nach statistischen Analysemethoden betrachtet, ist es ein valides Kriterium. Insofern muss ich sagen: Solange ich feststellen muss, dass es Benachteiligungen gibt, dass Bildungserfolg weniger vorhanden ist, muss ich das sichtbar machen und kann nicht sagen: Ich will keine solche Kategorisierung. Ein anderer Begriff wird dieselbe Karriere machen, wenn er diese Realität abbildet. Wenn sich die Benachteiligung aufgehört hat, dann stellt sich die Frage, ob es zur Beschreibung von Vielfalt noch Sinn macht, aber vielleicht brauche ich diese Kategorien dann nicht mehr.

Im österreichischen Schulwesen ist das Merkmal des Migrationshintergrunds leider sehr erklärungskräftig. Allerdings plädiere ich immer dafür, sich bestimmte Gruppen anzuschauen. Das heißt, bei den Herkunftsgruppen schaue ich, was das Geburtsland der Eltern ist oder die Familiensprache. Ich sehe nämlich, es gibt darunter welche, denen es gut oder sehr gut geht, oder jedenfalls besser als

dem Durchschnitt der einsprachigen sogenannten „einheimischen"
Bevölkerung. Darunter sind typischerweise bestimmte südostasiati-
sche Gruppen und auch osteuropäische Gruppen, die in der AHS im
Vergleich zur einheimischen Bevölkerung überrepräsentiert sind.
Deshalb ist es relativ sinnlos, von dieser Globalkategorie Migrationshintergrund zu reden. Wenn ich mir aber zum Beispiel den el-
terlichen Bildungshintergrund der türkischen Gruppe ansehe, dann
sehe ich ein radikal anderes Bild als zum Beispiel bei der ex-jugoslawischen Gruppe. 55 Prozent der Eltern haben höchstens einen
Pflichtschulabschluss. Das ist ein ganz hoher Anteil. Und das ist
eine Realität. Jetzt, 2014, in der 4. Klasse Volksschule in Österreich.

*Reden wir über den Zusammenhang zwischen Schule und Migration
in Österreich. Wo sehen Sie denn die neuralgischen Problemfelder?*

Ich würde mit dem Kindergarten anfangen. Die Realität in den
größeren Städten ist ja, dass inzwischen die Hälfte der Kinder
mehrsprachig ist und aus Familien kommt, die einen Migrationshintergrund haben. Das Wesentlichste dabei wäre ja, dass das Kindergartenpersonal ausgebildet ist für diese Realität, aber es ist es
nicht. Es weiß de facto nicht, wie es damit angemessen umgehen
soll. Da rede ich noch nicht einmal von der sprachlichen Förderung,
sondern wie die PädagogInnen dem begegnen, dass Menschen aus
anderen Kontexten kommen und wie sie damit adäquat und respektvoll umgehen. Zweitens haben wir nicht die Kapazitäten, die
notwendig sind. Es geht in erster Linie darum, die notwendigen
Plätze zur Verfügung zu stellen. So sind beispielsweise in Schweden die Teilnahmequoten von Einwanderern aus der Türkei schon
im zweiten Lebensjahr über 30 Prozent. Bei uns? Wir haben inzwischen die Kinder der dritten Generation, bei denen der Kindergarten mit dem dritten Lebensjahr keine Normalität ist. Warum? Weil
das jahrzehntelang überhaupt nicht als Normalität gesehen wurde,
auch nicht in der österreichischen Bevölkerung. Ein weiterer neural-
gischer Punkt ist die Transition vom Kindergarten zur Volksschule.
KindergärtnerInnen und VolksschullehrerInnen sollten miteinan-

der kommunizieren und die VolksschullehrerInnen sollen mit den Informationen, die sie vom Kindergarten bekommen, auch entsprechend umgehen können.

*Welche Rolle spielt denn die Sprache beziehungsweise der Spracherwerb für migrantische Kinder und Jugendliche?*

Das ist eines der wichtigsten Problemfelder, das sich durchzieht und im Kindergarten beginnt. Es geht darum, wie Mehrsprachigkeit entwickelt wird, welchen Platz sie in der Institution hat und wie es mit den Fähigkeiten und Kompetenzen der Lehrerinnen und Lehrer aussieht, damit umzugehen. Dass die Erstsprache da sein darf und Wertschätzung bekommt, heißt nicht notwendigerweise, dass alle in ihrer Erstsprache ein hohes Niveau erreichen müssen. Es braucht unbedingt die durchgängige Sprachförderung in der Unterrichtssprache, denn gerade in Hinblick auf höhere Bildung reicht es nicht, dass ich alltagssprachliches Niveau habe. Es geht darum: Wie können wir die Bildungssprache bis zur Matura fördern. Das ist der Punkt. Das betrifft natürlich vor allem die Kinder, die aus einfachen Familien kommen. Wenn ich aus einer türkischen Akademikerfamilie komme, habe ich nicht das große Problem, denn da bin ich sehr wahrscheinlich mit einer sehr komplexen Bildungssprache in Türkisch vertraut. Wir sehen halt immer wieder, dass der Schichthintergrund der Kinder ein ganz wesentliches Erklärungsmoment ist. Aber es gibt noch einige weitere kritische Punkte im System zu benennen.

*Welche sind das denn?*

Das sind das Ende der Volksschulzeit und die Selektion, die da stattfindet. Es ist überhaupt eines der größten Probleme in Österreich, dass die LehrerInnen selber so selektiv denken. Sie werden so ausgebildet, weil das Schulsystem so ist. Sie denken immer: „Aussortieren! Wer ist wofür geeignet?" Schon mit acht, neun Jahren tun sie das, denn mit zehn Jahren muss es bereits feststehen. Irgendwann kommt es natürlich in jedem System dazu, dass unterschiedliche Wege eingeschlagen werden, die Frage ist nur, wann das sein soll. Weiters haben wir das Problem der Qualität von Hauptschulen und NMS im städtischen Bereich. Man hat statistisch nachweisen können, dass die Qualität des Unterrichts zum Teil nicht gegeben ist. Am besten können wir das am Beispiel der Bildungsstandards in Englisch zeigen. Englisch fängt typischerweise erst mit der Sekundarstufe I an, und so kann man es relativ gut vergleichen, während bei allen anderen Fähigkeiten schon relativ viele Vorläufe vorhanden sind. In Englisch also können wir da enorme Unterschiede feststellen.

Noch problematischer aber wird es mit dem Beginn der Sekundarstufe II. Da haben wir sehr unterschiedliche Teilnahmequoten von mehrsprachigen Schülerinnen und Schülern an den unterschiedlichen Schultypen, zwischen 60 Prozent im Poly und 3 Prozent in den land- und forstwirtschaftlichen Schulen. Das Poly ist eine Restschule. In den großen Städten sind einige Standorte der Hauptschulen schon recht schwierig, aber das Poly scheint noch einmal eine Steigerung zu sein. Da hört man von den LehrerInnen schon sehr viel Verdrossenheit. Und die Handelsschulen! Das ist die totale Überforderung eines Schultyps, innerhalb kürzester Zeit durchschnittlich die Hälfte mehrsprachige SchülerInnen zu haben, weil die Handelsschulen zu einem Auffangbecken für Lehrstellensuchende geworden sind, die keine Lehrstelle gefunden haben. Hier gibt es doch manifeste Benachteiligung, Misstrauen von den Lehrherren vor allem der kleineren Betriebe. Da müsste man Aufklärungsarbeit machen, nicht nur Mentoring für die hoch qualifizierten Leute mit Migrationshintergrund. Lehrstellen sind ganz wichtig, gut dass es zumindest die überbetrieblichen Lehrwerkstätten gibt, da ein beträchtlicher Teil der Familien der angeworbenen Arbeitskräfte, in denen die Eltern Hilfsarbeiter sind, den nächsten Aufstiegsschritt in der Familienbiografie im Facharbeiter sehen. Das ist zu Recht ein großes Ziel. Im österreichischen und deutschsprachigen System ist das ein guter Aufstieg.

Schließlich möchte ich noch die BAKIPs (Bildungsanstalten für Kindergartenpädagogik) nennen, da sie auf ihren irritierend niedrigen Anteil von nur 3 bis 4 Prozent mehrsprachigen Schülerinnen und Schülern reagieren sollten. Da besteht wirklich Handlungsbedarf.

*Kommen wir zu einem weiteren Problemfeld, der Sonderschule. Wie erklären Sie sich die Überrepräsentation von Kindern mit Migrationshintergrund in diesem Schultyp?*

Wenn wir dreißig Jahre zurückblicken – so lange haben wir Daten –, dann können wir sagen: Die Zuweisung zur Sonderschule war damals katastrophal. Wir haben Orte, wo bis zu 90 Prozent in der Sonderschule waren. Jetzt haben wir in manchen Gruppen noch immer eine deutliche Überrepräsentation, anstelle von 2 Prozent eines Jahrgangs 5 Prozent. Das ist tragisch, aber immerhin viel besser als das, was war. Die Zuweisung aus Gründen der Mehrsprachigkeit hat sich vermindert, könnte man sagen, aber die Zuweisung aus Gründen, die das gesetzlich nicht rechtfertigen, ist noch da. Ich glaube, dass die mangelnde Kompetenz von KindergärtnerInnen und LehrerInnen im Umgang mit Mehrsprachigkeit dazu führt. Darin sehe ich die Hauptursache. Es kann schon auch sein, dass zu Hause fallweise weniger Anregungen zum Lernen da sind, keine Bücher, es wird nicht gelesen. Das sollte ich als Lehrerin oder Lehrer aber erkennen und den Kindern alle Chancen geben, die größere Distanz zur Schriftlichkeit zu überwinden, anstatt zu sagen: „Zuerst geht einmal in die Sonderschule, und dann schauen wir weiter." Das verbaut viele Chancen für die Zukunft, das ist definitiv nicht gut.

*In der Forschung trifft man immer wieder auf den Begriff der ethnischen Segmentierung. Was ist eigentlich darunter zu verstehen?*

Ich muss mir immer den Sozialraum in Relation zum Durchschnitt ansehen und immer vom Durchschnittswert im Sozialraum ausgehen. Nehmen wir das Beispiel Wien. In Wien haben wir im Durchschnitt im Alter der Volksschulkinder 55 Prozent mit Migrationshintergrund. Segregation würde da heißen, dass ich wesentlich über 55 Prozent in einer Klasse habe, während ich bei 55 Prozent nicht von Segregation sprechen kann, denn das ist ja der Durchschnitt. In so einem Sozialraum ist auch Segregation gegeben, wenn nur ganz wenige SchülerInnen Migrationshintergrund haben, etwa 10 Prozent oder 20 Prozent, die fehlen dann da und es sind die Kinder ohne Migrationshintergrund segregiert. In St. Pölten oder Innsbruck mit einem Anteil von 33 bis 34 Prozent kann man hingegen sagen, dass die ethnische Segregation schon mit 50 Prozent beginnt, während es in Kleinstädten mit einem durchschnittlichen Anteil von 10 Prozent schon bei 20 Prozent oder 30 Prozent anfängt. Es geht also um Über- und Unterrepräsentation. Was bei all dem eine große Rolle spielt, ist die Wohnraumsegregation. Dazu kommt die Segregation nach Schulen und sogar innerhalb der Schulen nach Klassen. Da habe ich die „Türkenklasse" oder die „ausländerfreie" Klasse. Im Gymnasium ist in der wirtschaftskundlichen Klasse der Anteil meist hoch und im neusprachlichen Zweig niedrig. Und in den Privatschulen ist der Anteil überhaupt wesentlich geringer.

*Kommen wir noch auf Schweden zu sprechen. Sie haben eine große Untersuchung in acht europäischen Ländern zu Schulkarrieren der zweiten Generation türkischer MigrantInnen durchgeführt, in der Schweden besonders gut abgeschnitten hat.*

Erhoben haben wir 2007/08. Die Studie ist 2012 erschienen. Wir haben nicht große Flüchtlingsgruppen wie Somali oder Irakis untersucht, die jetzt in Schweden häufiger anzutreffen sind, sondern ausschließlich junge Erwachsene, deren Eltern aus der Türkei eingewandert sind und die selber in Schweden geboren und aufgewachsen sind. In dieser Gruppe haben wir bei den Schweden die besten Ergebnisse festgestellt. Die Leute, die wir 2007/08 befragt haben, waren da 18 bis 35 Jahre alt und haben ihre Laufbahn durch die Institutionen in den 1970er-, -80er- und frühen -90er-Jahren gemacht. Wir reden also über eine Ära, die schon ein wenig zurückliegt.

*Was hat sich denn in der Zwischenzeit geändert?*

Die Politik hat sich verändert. Alle Eltern wählen jetzt, welche Schule das Kind besucht. Schwedische ForscherInnen haben herausgefunden, dass dieses Gutscheinsystem und das für Schweden neue Konkurrenzdenken zwischen Schulen in den letzten 15 Jahren zu einer kontinuierlichen Erhöhung der Segregation nach sozialer Schicht geführt haben. Man kann ganz klar empirisch feststellen, dass die Leistungen in den Hochleistungsgruppen nicht besser geworden sind, dafür unten immer schlechter. Man kann das Jahr für Jahr empirisch verfolgen. Die Schweden haben es geschafft, ein gutes System zu verschlechtern.

*Zum Schluss: Was würden Sie denn als wichtigste Maßnahme sehen, um die Situation migrantischer Kinder und Jugendlicher an österreichischen Schulen zu verbessern?*

Also, auf jeden Fall muss das Personal entsprechend geschult werden, beginnend beim Kindergartenpersonal. Die Schulstandorte müssen Verantwortung übernehmen und responsiv gegenüber der sprachlichen und kulturellen Vielfalt ihrer Nachbarschaft und Schülerschaft werden, sich selbst evaluieren und sich, als Standort, etwa in den großen Ferien alle gemeinsam mindestens eine Woche lang fortbilden. Das Zweite wäre die Sprachförderung. Die Bildungssprache ist bis hinauf zur Matura entsprechend zu begleiten, und dafür müssen Mittel zur Verfügung gestellt werden. Und schließlich die Transitionen anders zu gestalten, das wäre sehr wichtig. Dass der Übergang vom Kindergarten zur Volksschule oder in die Sekundarstufe I aufhört, ein Bruch zu sein.

*Barbara Herzog-Punzenberger ist Anthropologin und Politikwissenschaftlerin. Zuletzt Leiterin des Forschungsschwerpunkts „Mehrsprachigkeit – Interkulturalität – Mobilität" im BIFIE. Forschungsschwerpunkte sind unter anderem: Migration, Ungleichheit, Diversität/ Heterogenität.*

# −DREI−
# Von Baustellen und unbequemen Erkenntnissen

Das Grundproblem im österreichischen Bildungssystem liegt darin, dass aufgrund von Partikularinteressen und ideologischen Zementierungen groß angelegte Bildungsreformen, die diesen Namen auch verdienen, nicht stattfinden. Gerade im Bildungsbereich trennen die Regierungsparteien traditionell ideologische Welten. Wenngleich die starren Fronten in den letzten Jahren etwas aufgeweicht wurden, so gibt es doch nach wie vor Tabuzonen wie die gemeinsame Schule oder, in bereits abgeschwächter Form, die ganztägige Schule. Kampfbegriffe wie „Zwangstagsschule" oder „Einheitsbrei" kamen auch im letzten Wahlkampf wieder zum Einsatz. Auf diesem Hintergrund erklärt sich, dass Neuerungen immer nur stückhaft erfolgen und nicht im Rahmen eines Gesamtkonzepts verortet sind, denn dieses Gesamtkonzept gibt es nicht.

So ist etwa die Reform der Lehrerbildung, mit der ein wichtiger Meilenstein gesetzt wurde, ohne das zugehörige Fundament geblieben. Künftig wird es zwar eine gemeinsame Ausbildung für alle Lehrerinnen und Lehrer geben, aber die Etablierung einer gemeinsamen Schule für die gemeinsam ausgebildeten LehrerInnen ist mit der Neuen Mittelschule bekanntlich gescheitert. So kommt es, dass man, um des gemeinsamen Regierens willen, auf Visionen und große Zielsetzungen überhaupt verzichtet. Wer sich ein Bild davon machen will, wie dies aussieht, möge einen Blick in das aktuelle Regierungsübereinkommen werfen, wo man sich auf Projekte mit dem kleinsten gemeinsamen Nenner zwischen ÖVP und SPÖ beschränkt hat. Die einzelnen Zielsetzungen darin sind durchaus positiv zu bewerten, wie etwa die Stärkung des Übergangs vom Kindergarten zur Volksschule oder des Kindergartens als Bildungseinrichtung, doch findet sich nicht einmal der Ansatz zu einem Gesamtprogramm, von einer Vision ganz zu schweigen. Weil es seit den Bildungsreformen unter Bruno Kreisky keine groß angelegte Bildungsreform mehr gegeben hat, wird der Stückwerkcharakter der Reformmaßnahmen immer ausgeprägter, und die Problembereiche nehmen zu. Einige dieser „Baustellen" sollen im Folgenden kurz beleuchtet werden, da sie mit der Thematik von Schule und Migration zusammenhängen. Es sei explizit festgehalten, dass die im Folgenden beschriebenen Bereiche nur eine Auswahl darstellen. Aufgrund der großen Zahl von Problemzonen im österreichischen Schulsystem, gerade im Zusammenhang mit der Migrationsthematik, musste eine kleine Auswahl getroffen werden.

## Der Kindergarten und die Crux mit der Elementarpädagogik

Ein Wiener Kindergarten in einer Stadtrandsiedlung im 21. Wiener Gemeindebezirk: Die „Großfeldsiedlung", zu der auch die Siedlung „Rennbahnweg" gehört, hat nicht gerade einen guten Ruf. Der Kindergarten, der an Einfamilienhäuser angrenzt, wirkt wie eine kleine Oase inmitten der Hochhäuser und Gewerbeanlagen ein paar Häuserblocks weiter.

Der Anteil an Zuwanderern ist im Einzugsgebiet relativ hoch. Obwohl viele ihrer Schützlinge aus ökonomisch schwachen Familien kämen, gäbe es doch auch eine ganze Reihe von Mittelschichtfamilien, und so könnten sich die sozialen Schichten gut miteinander verbinden, meint Sylvia Alince, die Leiterin. Der Kindergarten hat auch Integrations-/Hortgruppen sowie eine heilpädagogische Gruppe. Alle Gruppen werden jahrgangsübergreifend und in offener Arbeit geführt, das heißt, die Kinder können sich frei bewegen. Sie dürfen entscheiden, ob sie bei der einen oder anderen Gruppe sind oder am Nachmittag im Hort. Sehr viel wird über Bilder gearbeitet, übrigens nicht nur mit den Kindern, sondern auch mit deren Eltern, falls diese nicht alphabetisiert sind. Die zwei Regelkindergartengruppen werden derzeit integrativ geführt, was eine Reduktion der Kinderanzahl bedeutet. Alle Gruppen sind doppelt besetzt, auch einer der raren männlichen Pädagogen ist hier im Einsatz. Da die Räumlichkeiten des Horts am Vormittag zur Verfügung stehen, können während dieser Zeit diese Gruppenräume für Kleingruppenförderung oder auch Einzelarbeit genützt werden oder aber für einen „Mama-lernt-Deutsch-Kurs". Die Einbeziehung der Eltern steht an vorderster Stelle für Sylvia Alince, die übrigens von ihrer Ausbildung her Sozialanthropologin mit Schwerpunkt Migration ist. Neben den Pädagoginnen und dem Pädagogen gibt es noch eine Sprachförderassistentin mit 20 Wochenstunden.

Es ist Anfang Mai, acht Uhr morgens, und der Kindergarten ist schon seit zwei Stunden geöffnet. Ein Kind kommt immer schon um sechs Uhr früh, um halb sieben folgen dann weitere. Jetzt, um acht Uhr, kommen die Kinder der Sammelgruppen in ihre jeweiligen Gruppen. Vorbereitungen für die „gesunde Jause" beginnen, manche Kinder holen sich Spiele, andere ziehen sich zu zweit oder auch alleine in eine stille Ecke zurück. Selbstständigkeit und soziales Lernen haben hier gleich hohen Wert, und man verfolgt als Besucherin einen Vormittag lang fasziniert, wie das in der Praxis gelebt wird. Aber auch klare Regeln gibt es, die Kinder halten sich daran, und auch das verblüfft mich: Aus dem wilden Toben inmitten der Luftballons, die die Maturantinnen und Maturanten der benachbarten Tourismusschule den Kindern gebracht haben, wird im Nu konzentrierte Ruhe, als der Pädagoge ein Stopp signalisiert.

Kindergärten wie dieser, die trotz im internationalen Vergleich ungünstiger Ausgangsbedingungen großartige Arbeit leisten, finden sich inzwischen in ganz Österreich mehr, als man glauben würde, von öffentlichen Anbietern ebenso wie von privaten. Es gibt Kindergärten, die Mehrsprachigkeitsschwerpunkte haben, mit Schulen kooperieren, auf Elternarbeit spezialisiert sind oder auch alles zusammen anbieten. Das innovative Spektrum ist vorhanden. Das darf aber nicht darüber hinwegtäuschen, dass die meisten Kindergärten noch immer stark monolingual ausgerichtet sind und, vor allem im ländlichen Bereich, recht traditionell arbeiten. Nicht in erster Linie daran aber liegt es, dass der Bereich der Elementarpädagogik zu den größten Baustellen zählt, die wir derzeit in unserem Bildungssystem haben. Viele Probleme, die in späteren Phasen der schulischen Laufbahn auftreten, sind hier begründet.

Dass die frühkindliche Erziehung und die Elementarpädagogik von zentraler Bedeutung für den späteren Bildungsverlauf sind, hat sich inzwischen auch in Österreich herumgesprochen. Lange war es im Land des sehr traditionellen Bilds von Familie und der Rolle der Frau darin verpönt, sein Kind früh in den Kindergarten zu geben, oder, Gott bewahre, gar in eine Kinderkrippe. Wer das dennoch tat, wurde schief angesehen. So musste sich eine befreundete Lehrerin, die in den 1970er-Jahren in Innsbruck vergeblich einen Ganztagskindergartenplatz suchte, vom zuständigen Beamten sagen lassen: „Wir werden auch in Zukunft nicht mehr als einen davon haben, denn das entspricht nicht der Philosophie des Landes." Auch wenn wir diese Phase zum Glück inzwischen hinter uns gelassen haben, so ist eine Grundskepsis gegenüber Betreuungseinrichtungen zumindest für Unter-Dreijährige nach wie vor weit verbreitet. Die Vorstellung, dass ein Kind Schaden erleidet, wenn es eine Kleinkindgruppe besucht, ist häufig anzutreffen. Dazu kommt, dass bis vor relativ kurzer Zeit Kindergärten beziehungsweise Kinderbetreuungseinrichtungen insgesamt in erster Linie unter dem Aspekt der Vereinbarkeit von Beruf und Familie gesehen wurden, was ja auch in der Bezeichnung „Betreuungseinrichtung" zum Ausdruck kommt. Trotz all dem aber hat auch in Österreich in den letzten zwei Jahrzehnten unter anderem aufgrund der Erkenntnisse der Kognitionsforschung ein Umdenken eingesetzt. Gerade von Mittelschichteltern wird auf die Wahl des „richtigen" Kindergartens großer Wert gelegt, und vor allem im urbanen Bereich werden Kleinkindgruppen (Krippen) von immer mehr jungen Eltern vorurteilsfrei in Anspruch genommen. Dass die Kindergärten eigentlich „Bildungsgärten" sind, hat nicht nur die Arbeiterkammer Oberösterreich erkannt, die die flächendeckende Einrichtung von „Bildungsgärten" in ganz Österreich fordert. In manchen Bundesländern, in deren Zuständigkeitsbereich die Kindergärten liegen, finden sich Bildungspläne, die in vielen Bereichen durchaus „State of the Art" sind und in die die Forschungsergebnisse der letzten Jahrzehnte eingeflossen sind.

Die Stadt Wien hat als erstes Bundesland bereits 2005 einen Bildungsplan für Kindergärten herausgegeben, was einen Paradigmenwechsel vom Betreuungsaspekt zum Bildungsaspekt darstellt. Mit dem bundesländerübergreifenden Bildungs-Rahmenplan wurde 2009 ein Meilenstein gesetzt. In diesem Rahmenplan werden die Grundlagen für elementare Bildungsarbeit definiert, und somit wurde eine wertvolle Grundlage für eine bundesweit einheitliche Gesetzgebung geschaffen. Das war's aber dann auch schon. Der Föderalismus lässt grüßen. Die Zuständigkeiten für die Kindergärten sind Länder- und Gemeindesache und so komplex, dass auf ihre detaillierte Darstellung hier verzichtet werden muss. Wer sich darüber im Detail informieren will, dem sei die Website des Vereins „Plattform EduCare" empfohlen (www.plattform-educare.org), wo ein guter Überblick über die Situation in den Bundesländern gegeben wird, ebenso wie ein Einblick in die aktuelle Forschungslage.

Tatsache ist, dass es bis jetzt nicht gelungen ist, auch nur den politischen Willen für eine bundeseinheitliche Gesetzgebung zu erzielen. Wir haben neun Bundesländer und neun verschiedene Regelungen für die Kindergärten. Einzig der verpflichtende (Gratis-)Besuch des letzten Kindergartenjahres gilt in gleicher Weise für ganz Österreich. Ansonsten neunmal Verschiedenes: Bezahlung der PädagogInnen, Beiträge oder Kostenfreiheit, Öffnungszeiten, ganztägige Angebote, Gruppengrößen, Regelungen zur Fortbildung. Die Gruppengrößen für den Kindergarten variieren zwischen 20 (Tirol) und 25 (Wien), die Krippengrößen zwischen 8–9 (Vorarlberg) und 15 (Wien). Die Fortbildungsverpflichtung schwankt von gar keiner Regelung (Wien) bis 40 Stunden pro Jahr (Oberösterreich). Neunmal unterschiedlich sind auch die Regelungen für Ausstattung oder für Fördermaßnahmen. Immerhin, ein kleiner Lichtblick: Die Sparmaßnahmen sparen die Kinderbetreuung aus, und der Bund stellt den Ländern zwischen 2014 und 2017 insgesamt 300 Millionen Euro zur Verfügung. Auch das nur ein Tropfen auf den heißen Stein, aber immerhin. An der grundsätzlichen Strukturmisere ändert das gar nichts.

An dieser Stelle ein Blick in die Daten der Statistik Austria (Zugriff 7.5.2014): 2012/13 gab es in Österreich insgesamt 8322 institutionelle Kinderbetreuungseinrichtungen, darunter 4668 Kindergärten, 1349 Kinderkrippen, 1200 Horte und 1105 altersgemischte Betreuungseinrichtungen. Mit Stichtag 15. Oktober 2012 waren bundesweit insgesamt 326.444 Kinder in Kindertagesheimen eingeschrieben, der Großteil davon (209.615) war in Kindergartengruppen untergebracht, 25.539 besuchten Krippengruppen, 56.002 Hortgruppen, 35.288 altersgemischte Gruppen. Die Akzeptanz der Kinderbetreuungseinrichtungen in breiten Teilen der Bevölkerung lässt sich auch aus den Zahlen der Statistik Austria ablesen. Vor allem im Bereich der 0- bis 2-Jährigen lassen sich große Zuwächse in den letzten fünf Jahren feststellen, in Kärnten etwa plus 36,7 Prozent und in Niederösterreich gar plus 136,7 Prozent. In Wien besuchten im Jahr 2012/13 mehr als ein Drittel der 0- bis 2-Jährigen eine Kindergruppe, in Oberösterreich hingegen waren es nur 11,9 Prozent, wenngleich sich auch dort die Zahl in den letzten fünf Jahren verdoppelt hat. Die Betreuungsquote der 3- bis 5-Jährigen lag gesamtösterreichisch 2012 immerhin bei 91,1 Prozent.

Und wie sieht es mit den Zuständigkeiten aus? Bei knapp 60 Prozent der Kindertagesheime sind öffentliche Gebietskörperschaften (Bund, Länder, Gemeinden) für die Erhaltung zuständig. Der Großteil der privaten Einrichtungen (60,9 Prozent) wird von Vereinen geführt, 28,3 Prozent von kirchlichen Organisationen. Der überwiegende Teil der öffentlichen Einrichtungen wird von den Gemeinden erhalten – insgesamt 98,8 Prozent. Kein Wunder also, dass sich dort der Wunsch nach besser ausgebildeten und damit besser bezahlten Pädagoginnen und Pädagogen in Grenzen hält. Wiederholt hat sich der Vorsitzende des österreichischen Gemeindebunds, Helmut Mödlhammer, gegen eine Akademisierung des Berufs der KindergartenpädagogInnen, wie sie international längst üblich ist, ausgesprochen, zuletzt im Frühjahr 2014. Damals meinte er in einem Interview mit der Tageszeitung Die Presse vom 2.4.2014: „Ich sage es ganz offen. Die öffentliche Hand hat zurzeit unwahrscheinliche Finanzprobleme. Für den Normalbetrieb in einem Kindergarten ist akademisch ausgebildetes Personal nicht notwendig ... Soll die Ausbildung der Kindergartenpädagogen tatsächlich komplett akademisiert werden, dann ist die Konsequenz klar: In diesem Fall muss der Bund die Finanzierung übernehmen."

Und so bleibt also alles beim Alten: Ausbildung in einer fünfjährigen Oberstufenform mit Matura als Abschluss, wider besseres Wissen und entgegen aller internationalen Standards. Immerhin ist Mödlhammer in einem recht zu geben: Der Bund muss zahlen, aber der Bund hat auch die Verantwortung für die Kindergärten zu übernehmen, und zwar als Bildungseinrichtungen. Davon sind wir nach wie vor weit entfernt. Ein großer Sündenfall ist in diesem Zusammenhang mit dem Beschluss der „Pädagogenbildung Neu" geschehen – die Elementarpädagogik wurde nicht berücksichtigt, sie ist auch nicht Teil der akademischen Ausbildung. Weiterhin müssen sich also künftige Kindergartenpädagoginnen und -pädagogen viel zu früh für den Beruf entscheiden, nach wie vor werden viele gar nicht im erlernten Beruf tätig, nach wie vor wird also in Österreich einer der allerwichtigsten Bildungsbereiche sträflich vernachlässigt. Wir können es uns leisten, scheint es.

## Die Fundamente der sprachlichen Bildung und der Kindergarten

In ganz Österreich findet man heute Kindergärten, die ausgezeichnete Arbeit machen, darunter auch eine Reihe, die mit speziellen Projekten und Schwerpunkten den Spracherwerb befördern wollen. Bilinguale Kindergärten erfreuen sich inzwischen unter Eltern großer Beliebtheit, insbesondere, wenn die Zweitsprache Englisch ist, auch Mandarin ist inzwischen schon vertreten. Die weniger prestigeträchtigen Sprachen der großen Gruppen von Zuwanderern wie BKS (Bosnisch/Kroatisch/Serbisch) oder Türkisch können da schon weniger mithalten. In der letzten Zeit hat sich aber auch im Kindergartenwesen die Bedeutung von Mehrsprachigkeit durchgesetzt, und Modellprojekte arbeiten an praktischen Umsetzungen.

Es ist auch höchst an der Zeit, denn die demografische Entwicklung spricht eine deutliche Sprache, immerhin sprechen in Wiener Kindergärten mehr als die Hälfte aller Kinder eine andere Erstsprache als Deutsch. Auch wenn immer mehr PädagogInnen wissen, wie wichtig die Mehrsprachigkeit ist, so klaffen auch bei diesen Theorie und Praxis meist auseinander. Das konnte zumindest für Wien in einer wissenschaftlichen Studie festgestellt werden. Im Forschungsprojekt „Spracherwerb und lebensweltliche Mehrsprachigkeit im Kindergarten", deren Ergebnisse 2013 im Wiener Rathaus präsentiert wurden, wurde ein Jahr lang die Entwicklung von Kindern im Alter von drei bis fünf Jahren untersucht. Das Forscherteam bestand aus PädagogInnen, PsychologInnen und SprachwissenschaftlerInnen. An drei Wiener Kindergärten wurden die Sprachen von insgesamt 280 Kindern sowie deren Eltern sowie auch die Sprachen von 48 MitarbeiterInnen untersucht. Dazu gab es begleitende Elternarbeit sowie vier Einzelfallstudien. Die Ergebnisse deckten sich vielfach mit den Erkenntnissen, die wir aus der Spracherwerbsforschung kennen.

Dass so manches zu kurz kommt, hängt natürlich auch mit ungünstigen Ausgangsbedingungen zusammen – wie zu großen Gruppengrößen oder dem Fehlen von fachlichen Grundkenntnissen im Bereich des Spracherwerbs. Jedenfalls hat sich herausgestellt, dass in der gelebten Praxis einige für den Spracherwerb insgesamt sowie für den Zweitspracherwerb im Besonderen zentrale Faktoren vernachlässigt wurden. Das betrifft vor allem die enorme Bedeutung der Beziehungsebene, die überhaupt die Basis für gelingendes Sprachlernen darstellt. Ebenso wichtig ist es, Impulse der Kinder aufzugreifen und situationsbezogen zu arbeiten. Fast immer gut gemeint, aber kontraproduktiv ist der Druck, (vor allem) Deutsch zu sprechen, den viele PädagogInnen ausüben. Auch in der betreffenden Studie konnte dies festgestellt werden. Das überrascht nicht, da durch Sprachstandsfeststellungen und Sprachförderprogramme bis vor Kurzem die deutsche Sprache beziehungsweise der Zweitspracherwerb im Zentrum der Aufmerksamkeit standen und den Kindern somit oft schon von Beginn an signalisiert wurde, Defizite zu haben. Die Erstsprache erfuhr durch die Fokussierung auf die

Zweitsprache Deutsch zumindest indirekt eine Abwertung. Genau das passiert im Regelfall in vielen österreichischen Kindergärten auch heute noch. Unterstützt wird diese Vorgangsweise durch die vorherrschende politische Linie, die den Erwerb des Deutschen allem anderen voranstellt. Auch die Forderung nach dem zweiten verpflichtenden Kindergartenjahr „für die, die es brauchen", geht genau in diese Richtung. Das zweite Kindergartenjahr würde für die Kinder, die mit fünf noch nicht Deutsch sprechen, einen erheblichen Fortschritt bedeuten und ist daher grundsätzlich zu begrüßen – allerdings nur, wenn es für alle Kinder kommt.

Wie also soll die sprachliche Förderung im Kindergarten nach Meinung der Expertinnen und Experten aussehen? Da im Kindergarten ein Großteil der Sprachförderung in der alltäglichen Kommunikation stattfindet, kommt der täglichen Interaktion des Personals mit den Kindern zentrale Bedeutung zu. Die persönliche sprachlich-kommunikative Zuwendung liegt jedem Spracherwerb zugrunde. Im Wiener Forschungsprojekt wurde festgestellt, dass sich die Kinder mit großer Freude im Spiel forschend mit Sprache auseinandersetzten. Immer wieder wurde deutlich, wie wichtig positive Emotionen für das Gelingen des Spracherwerbs, in diesem Fall vor allem des Zweitspracherwerbs, waren. Pädagoginnen und Pädagogen müssen daher bestrebt sein, Situationen herbeizuführen, in denen Kinder emotional darin bestärkt werden, Deutsch zu sprechen. Nicht die Korrektur des Falschen darf im Vordergrund stehen, nicht der Fehler, nicht das Defizit. Hier besteht unter den derzeit tätigen Pädagoginnen und Pädagogen noch großer Weiterbildungsbedarf. Es wurden und werden jetzt Tools entwickelt, die in einer speziellen Weiterbildung zum Einsatz kommen können. Wichtiger aber als alles andere ist die Wertschätzung, die allen (!) Sprachen gegenüber entgegengebracht wird. Wenn diese Grundvoraussetzung fehlt, steht der Erwerb der Zweitsprache unter ungünstigen Auspizien. Verbote, in der Erstsprache zu sprechen, sollten selbst an oberste Stelle einer Verbotsliste für Kindergärten gesetzt werden. Aber auch demotivierende Korrekturen sollten ebenso vermieden werden wie Zurechtweisungen oder Ermahnungen, wenn ein Kind in seiner Erstsprache statt in Deutsch spricht. Im Gegenteil, die Kinder sollten ermuntert werden, immer auch ihre Erstsprachen zu gebrauchen. Die Leiterin des Kindergartens in der Haberlgasse in Wien-Ottakring beschreibt mir das so: „Schon bei der Einschreibung schaue ich immer, ob es noch mindestens ein zweites Kind gibt, das dieselbe Sprache spricht. Ich schaue immer, dass die dann zusammenkommen, damit sie sehen, ich bin nicht allein, wir sind mehrere."

Zum Abschluss ein kleines Beispiel aus Niederösterreich, das das, was unter einer wertschätzenden Grundhaltung gemeint ist, besonders schön zum Ausdruck bringt. Die Stadtgemeinde Ybbs an der Donau hat einen relativ hohen Anteil an Menschen mit sogenanntem Migrationshintergrund und speziell auch an AsylwerberInnen. An der Handelsschule Ybbs haben die Schülerinnen und Schüler viele unterschiedliche Erstsprachen, was von der Schule als Potenzial erkannt, gefördert und gestärkt wird. Im Frühjahr 2014 führte die Klasse 1A der Handelsschule ein Projekt mit einem Ybbser Kindergarten durch, in dem den Kleinen bewusst gemacht werden sollte, wie wichtig die Pflege der Erstsprache ist. Der betreffende Kindergarten wird von Kindern mit einem Migrationsanteil von 43 Prozent besucht. Die Handelsschülerinnen und -schüler erzählten den Kindergartenkindern in ihren jeweiligen Sprachen Märchen, Geschichten, sie spielten und tanzten und übersetzten bei Bedarf. Die HandelsschülerInnen konnten übrigens einen Großteil der Sprachen selber abdecken: Albanisch, Bosnisch, Erstsprache Deutsch, Kurdisch, niederösterreichische Mundart, Russisch, Tschetschenisch, Türkisch. Und es geht weiter: Das nächste Projekt wird eine Lesepatenschaft zwischen diesen Schülerinnen und Schülern und den Kindergartenkindern sein.

## Dauerbaustelle Sekundarstufe I

„Das Gymnasium bleibt!" „Wir wollen keinen Einheitsbrei!" Nirgends sonst werden hierzulande die ideologischen Grabenkämpfe so heftig ausgetragen wie auf dem Gebiet der Sekundarstufe I. Der große

Schulreformer Otto Glöckel, kurze Zeit Unterrichtsminister in der Ersten Republik, konnte sein Schulreformwerk, zu dem auch die Gemeinschaftsschule zählte, dann auf der Wiener Ebene umsetzen. Doch schon damals konnte der „Allgemeine Mittelschule" genannte Schultyp nach dem Ende der Versuchsphase 1927 nicht flächendeckend eingeführt werden. Als unbefriedigender Kompromiss blieb das Gymnasium unangetastet. Viel hat sich seither nicht geändert. Die in den 1970er-Jahren sowohl in Deutschland als auch in Österreich neu aufgeflammte Debatte um die Gesamtschule führte in keinem der beiden Länder zu einem befriedigenden Ergebnis, im Gegenteil: Als Kompromiss wurden Gesamtschulen als zusätzliche Schulform etabliert (in Deutschland) oder als Schulversuchsschulen eingerichtet (in Österreich). Hier wie dort wurde die Debatte nicht auf sachlicher Ebene geführt, sondern sie war stark ideologisch geprägt. Mitte der 2000er-Jahre lebte die Gesamtschuldiskussion hierzulande neu auf, und die ehemalige Unterrichtsministerin Claudia Schmied setzte sich das hehre Ziel, endlich auch in Österreich eine gemeinsame Schule zu verwirklichen. Die Realität hat sie bald eingeholt, ihr großes Projekt ist gescheitert. Die Widerstände waren gewaltig, alte Kampfbegriffe wurden wieder belebt, und die Lehrergewerkschaft – zumindest ihre konservativen Vertreter – brachten sich in Stellung. Das Ergebnis ist bekannt und kein Grund zur Freude: Die „Neue Mittelschule" ist an die Stelle der Hauptschule getreten und wird gerade flächendeckend in ganz Österreich eingeführt. Das Konzept ist in seinen Grundzügen durchaus attraktiv, wenngleich man grundsätzlich davon abgehen sollte, ein Schulkonzept für ganz Österreich in den kleinsten Details zentral vorzuschreiben, wie dies bei der Neuen Mittelschule der Fall ist. Schon jetzt kann gesagt werden: Die Neue Mittelschule ist, trotz vieler guten Ansätze, kein Erfolgsmodell.

Die Vorstellung, dass mit der Einführung eines attraktiven Schultyps die Schülerströme von der AHS in die Neue Mittelschule umgelenkt würden, sodass à la longue die AHS-Unterstufe durch die Neue Mittelschule ersetzt würde, war von Anfang an naiv. Die Realität: Der Zustrom zu den Gymnasien hält nach wie vor an, in den Städten in weitaus größerem Ausmaß als auf dem Land. Das war aber auch schon so, als die Alternative zum Gymnasium noch Hauptschule hieß. Sobald es einen Schultyp gibt, der höher angesehen ist, wollen Eltern ihre Kinder in diese Schule schicken. Dieser Trend hat sich in den letzten Jahrzehnten noch erheblich verschärft, da der Faktor Bildung für sozialen Aufstieg immer wichtiger geworden ist. „Bildungspanik" nennt der deutsche Soziologe Heinz Bude dieses Phänomen. Die frühe Segregation im Alter von zehn Jahren wirkt sich auf den unterschiedlichsten Ebenen negativ aus. Eltern und Kinder sind schon in der Volksschule einem großen Erwartungs- und Leistungsdruck ausgesetzt, und dieser wird an die Lehrkräfte weitergegeben. Verschenkte Noten sind ein Nebeneffekt dieser unerfreulichen Entwicklung. Kinder mit mangelnden Deutschkenntnissen trifft es besonders hart, und wenn sie aus einem sozioökonomisch benachteiligten Elternhaus kommen, zählen sie auch nicht zu den Nutznießern der verschenkten Noten.

Mit der Festschreibung dieser Trennung mit zehn Jahren werden hierzulande soziale Ungleichheiten und schlechtere Ausgangsbedingungen wie in kaum einem anderen vergleichbaren Land fortgeschrieben. Besonders in den Städten, allen voran in Wien, ist die Situation inzwischen dramatisch. Bis zu 100 Prozent der Schülerinnen und Schüler, die in Wien Hauptschulen / Neue Mittelschulen besuchen, haben eine andere Erstsprache als Deutsch. Der Zusammenhang ergibt sich nicht in erster Linie aus der anderen Erstsprache oder aus dem sogenannten Migrationshintergrund, sondern aus der Kombination dieser Faktoren mit dem sozialen Hintergrund. Im letzten nationalen Bildungsbericht aus dem Jahr 2012 kann man nachlesen, dass österreichweit ein Drittel der Kinder der 4. Schulstufe mindestens einer der drei Gruppen mit erhöhtem Bildungsrisiko angehört: nichtdeutsche Alltagssprache; bildungsferner Haushalt und/oder niedriger Berufsstatus der Eltern. Interessant wird es, wenn man sich die Prozentsätze hinsichtlich Land oder Stadt ansieht. Auf dem Land ist im Schnitt jedes fünfte Kind betroffen, in der Stadt hingegen bereits knapp die Hälfte aller Kinder. Auf dem Hintergrund dieser Kombination von Risikofaktoren ist die Tatsache zu sehen, dass die Leistungen von Kindern von MigrantInnen nach neun Jahren Schule im Durchschnitt zwei Schuljahre hinter die Leistungen der einheimischen Kinder zurückgefallen sind. Diese Tatsache sollte eigentlich alle Alarmglocken schrillen lassen. Es liegt aufgrund des uns zur Verfügung stehenden Datenmaterials auf der Hand, dass sich in urbanen Räumen in Österreich sozial benachteiligte Kinder und Jugendliche zunehmend untereinander wiederfinden. Die Einführung der Neuen Mittelschule hat an diesen Schülerströmen bekanntlich nichts geändert.

Es wäre höchst an der Zeit, dass die sich beharrlichsten Systembewahrer, die in der ÖVP beheimatet sind und zu denen sich auch die FPÖ zählt, von der Idee verabschieden, die Hauptschule aufzuwerten. Es wird nicht gelingen, jedenfalls nicht in den Städten. Mit der Differenzierung auf der Sekundarstufe I nimmt derzeit die Segregation von Kindern mit nichtdeutscher Alltagssprache zwischen den Schulformen zu. In der AHS sind sie mit 16 Prozent unterdurchschnittlich repräsentiert, in den Hauptschulen und Neuen Mittelschulen hingegen mit mehr als einem Viertel überrepräsentiert. In den Sonderschulen sind es gar 30 Prozent. In den Hauptschulen ist jedes dritte Kind mit nichtdeutscher Erstsprache in einem Klassenraum, in dem drei Viertel der Kinder ebenfalls eine andere Alltagssprache/Erstsprache als Deutsch haben. Dass bedeutet, dass diese Kinder sich in einem schulischen Umfeld befinden, in dem die Gruppe der MitschülerInnen zum Erwerb des Deutschen nur in sehr eingeschränktem Maß beitragen kann. Natürlich würde die Abschaffung der Trennung mit zehn Jahren noch nicht bedeuten, dass sich die soziale Durchmischung in der Sekundarstufe I von einem Tag auf den anderen ändert, denn es würde auch städtebauliche und kommunalpolitische Maßnahmen erfordern, um nachhaltig eine bessere Durchmischung der Bevölkerung zu erzielen. Aber sie wäre ein wichtiger Schritt in die richtige Richtung. Unter anderem könnten Kinder mit sprachlichen Defiziten gezielt und länger gefördert werden. Aus der Spracherwerbsforschung wissen wir ja, dass der Erwerb der Zweitsprache/Bildungssprache im Schnitt fünf bis acht Jahre dauert, also mit zehn Jahren in der Regel noch nicht abgeschlossen ist. Wir wissen auch aus diversen empirischen Studien, dass es starke Überschneidungen von Schulnoten und Kompetenzen in Mathematik, Lesen, Naturwissenschaft (PISA, Bildungsstandards etc.) innerhalb der Schulformen AHS und Hauptschule gibt. Sogar die Leistungsverteilungen zwischen den Extremgruppen AHS und Hauptschule 3. Leistungsgruppe überlappen nennenswert. Für die weitere Schulkarriere der Jugendlichen bedeutet das eine ganz große Ungerechtigkeit, zumal es mit einem Abgangszeugnis mit Beurteilungen aus 3. Leistungsgruppen einer Hauptschule ungleich schwieriger ist, Zugang zu höherer Ausbildung zu finden als mit dem positiven Zeugnis einer 4. Klasse AHS. Interessant ist in diesem Zusammenhang, dass sich diese empirischen Tatsachen nicht mit den Einschätzungen mancher Lehrerinnen und Lehrer, mit denen ich gesprochen habe, decken.

In den Hauptschulen / Neuen Mittelschulen in den Städten befinden sich also zunehmend potenzielle BildungsverliererInnen, die dort häufig nicht „ihren Begabungen entsprechend", wie es die ÖVP gerne umschreibt, landen, sondern aufgrund ihrer sozialen Herkunft. Die fehlende Durchmischung der Schülerschaft findet sich in den Hauptschulen / Neuen Mittelschulen in allen Wiener Bezirken. In Schulen in sogenannten Nobelbezirken, falls es dort überhaupt noch diese Schulform gibt, ist der Anteil von Kindern und Jugendlichen mit anderen Erstsprachen als Deutsch ebenso hoch wie in klassischen Arbeiterbezirken. Dementsprechend demotiviert und/oder ausgebrannt sind manche Lehrerinnen und Lehrer in diesen Schulen, die sich nicht selten ebenfalls als VerliererInnen empfinden. Nicht die Tatsache, dass so viele Kinder Migrationshintergrund haben, wird in erster Linie beklagt, sondern die fehlende soziale Durchmischung. Vor allem ältere Lehrerinnen und Lehrer finden, dass das Gesamtniveau an ihren Schulen im Vergleich zu früher enorm abgenommen hat. Das mögen subjektive Empfindungen sein, sie tragen aber mit Sicherheit nicht zur Motivation der Schülerinnen und Schüler bei, sondern dürften den Teufelskreis aus Frustration, geringer Erwartung an Leistung und Resignation aufseiten aller Betroffenen noch verstärken. Sicherlich stellen diese LehrerInnen nicht die Mehrheit dar; ich kann sie aber zu einem gewissen Grad verstehen, schließlich bekommen sie an ihre Schulen zunehmend alle schwierigen Fälle. Sie können sich, im Gegensatz zur AHS, nicht aussuchen, wen sie aufnehmen, behalten oder wieder wegschicken. In den Hauptschulen landen Kinder und Jugendliche, die noch nie eine Schule von innen gesehen haben und noch gar nicht alphabetisiert sind ebenso wie Kinder und Jugendliche aus Kriegs- und Krisengebieten, die schwer traumatisiert sind oder Kinder aus betreuten Wohngemeinschaften. „Unsere deutschsprachigen Kinder sind die Heimkinder", schätzt der bekannte Buchautor Niki Glattauer die Zusammensetzung der Schülerschaft an seiner Schule, einer Hauptschule / Neuer Mittelschule im Nobelbezirk Wien-Währing ein. Wie also mit so einem Mix umgehen in einer im Wesentlichen sehr traditionell organisierten Schule? Sicher, es gibt SprachförderlehrerInnen, BeratungslehrerInnen und zunehmend auch SchulsozialarbeiterInnen, etwa für die Wiener Pflichtschulen. Demnächst wird es in Wien auch Gratis-Nachhilfeunterricht geben, ab Herbst 2014 bereits an den Wiener Volksschulen. Aber das reicht in dieser Form bei Weitem nicht. Gerda P., Beratungslehrerin an einer Wiener Neuen Mittelschule, beschreibt das so:

*Fast bei jedem Kind gibt es eine belastete Familiensituation – Trennung, Gewalt, unsicherer Aufenthaltsstatus. Viele kommen aus Familien, die geflüchtet sind. Es gibt einen Seiteneinsteigerkurs an meiner Schule, aber viele schwänzen die Schule. Ich habe einen Fünfzehnjährigen in Beratung, der in der zweiten Klasse sitzt. Der hat keinerlei Motivation. Die Lehrerinnen und Lehrer an meiner Schule fühlen sich immer mehr abgewertet.*

Richard Sch., der seit Jahrzehnten an einer Hauptschule in Wien-Favoriten unterrichtet, beschreibt seine Situation so:

*Im Gegensatz zu vor zirka 25 Jahren hat sich unsere Schülerschaft sehr verändert. Von denen, die ich jetzt unterrichte, ist kaum jemand für die AHS geeignet. Man kann eigentlich nicht davon ausgehen, dass die Curricula erfüllt werden. Man kann nur irgendwie „hinten nachkommen". Vor 25 Jahren waren in meinen Klassen auch Kinder von Gewerbetreibenden und Handwerkern, also aus der Mittelschicht. Jetzt kommen unsere Schülerinnen und Schüler fast durchgehend aus einer ungebildeten sozialen Schicht. In den türkischen Familien meiner Schüler läuft den ganzen Tag der Fernseher. Wenn ich am nächsten Tag frage, wer die ZIB gesehen hat, komme ich in allen Klassen zusammen auf maximal ein bis zwei Kinder.*

Auch manche SchuldirektorInnen haben sich in eine Art Rückzug begeben und fühlen sich vom System im Stich gelassen. Alexandra P., eine junge Lehrerin im dritten Dienstjahr, erzählte mir von so einer Direktorin: „Es gibt an meiner Schule keine Führung, es wird nichts angegangen. Stattdessen gibt es einen Konsens, und der lautet: die dummen Kinder! Soll heißen: Deshalb sind sie bei uns." Diese junge Lehrerin meint ebenso wie ihre Kollegin Marissa N., die ebenfalls im dritten Dienstjahr an einer anderen Wiener Hauptschule unterrichtet, dass die Kinder aufgrund solcher resignativen Lehrerhaltungen viel zu wenig motiviert und zu Leistungen angespornt werden.

*Ich sage ihnen immer: „Meine Muttersprache ist auch nicht Deutsch, aber wir schaffen es, wir schaffen es." Und dann sind sie auch motiviert, wenn man ihnen sagt: „Okay, Deutsch ist nicht deine Muttersprache, aber so und so kannst du da hinkommen. Alles ist noch möglich." Das ist eine andere Botschaft, als wenn man ihnen sagt: „Schon wieder hast du es nicht geschafft!"*

Manche machen aber leider ganz gegenteilige Erfahrungen in unseren Schulen: Irena V., 15, hat an der Handelsschule in Ybbs das erste Schuljahr erfolgreich abgeschlossen. Erstmals seit ihrer Kindergarten- und Volksschulzeit geht sie wieder gerne in die Schule und fühlt sich gut und respektvoll behandelt. In der Hauptschule ihres Heimatorts in einer anderen niederösterreichischen Gemeinde, wo sie als Kind bosnischer Eltern geboren und aufgewachsen ist, hat außer ihrem Klassenvorstand niemand an sie geglaubt. Am wenigsten ihre Mathematiklehrerin:

*In der vierten Klasse sagt sie mir: „Was glaubst du, was du einmal erreichst?! Du wirst nie was in deinem Leben erreichen. Du bist nicht fähig für eine Oberstufe, nicht einmal das Poly ist was für dich." – Vor der ganzen Klasse. – „Ich weiß nicht, ob du zu einer Putzstelle fähig bist." Ich habe dann nach jeder Mathestunde meine Sachen gepackt und bin hinausgerannt. Aber das hat auch nichts genützt, weil sie mich immer zurückgezogen hat und immer das Gleiche wiederholt hat.*

Eine andere ihrer Hauptschullehrerinnen, eine „ältere Dame, die von sich geglaubt hat, dass sie sich sehr für Toleranz zwischen den Religionen und Kulturen einsetzt", hat das allerdings nicht praktiziert und Irena V. regelmäßig vor der ganzen Klasse unangenehme Fragen gestellt:

*„Irena, warum trägst du eigentlich kein Kopftuch? Das ist doch in eurer Kultur so vorgesehen."* (Anm.: Irenas Familie ist muslimisch.) *Ein anderes Mal fragt sie mich: „Wirst du und wird deine Mama von eurem Papa geschlagen?" – Einfach so, ohne Anlass, und natürlich vor der ganzen Klasse. Auch ob mein Bruder als ältester Mann im Haus das Sagen hat, wenn mein Vater nicht daheim ist, wollte sie wissen. Wieder vor der Klasse ...*

Zwischen sehr guten und schlechten Lehrerinnen und Lehrern gibt es ein breites Spektrum. Nicht wenige, die engagiert sind, haben angesichts der enormen Anforderungen kapituliert und sich in eine Art inneren Rückzug begeben. An sie gilt es heranzukommen, und das geht natürlich nicht, indem weiterhin öffentlich die LehrerInnen pauschal abgewertet werden. Es muss endlich Schluss sein mit dem Mehrklassensystem von LehrerInnen. Mit der gemeinsamen Lehrerbildung wurde ein wichtiger erster Schritt dazu getan, aber dem ist der wesentliche zweite nicht gefolgt, nämlich die Aufhebung der unterschiedlichen Schultypen in der Sekundarstufe I.

Abschließend in diesem Zusammenhang eine Bemerkung zum Schulforscher John Hattie, der in einer umfassenden Meta-Studie 1100 internationale Studien verglichen hat und auf dieser Basis die wichtigsten Faktoren für gute Schulen und Schulerfolg benannt hat. An allererster Stelle steht die Lehrperson, während die Klassengröße oder die Struktur der Schule ganz hinten in der Reihenfolge zu finden sind. Das wurde sowohl in Österreich als in Deutschland von den GymnasiumsbefürworterInnen sofort aufgegriffen, „Struktur" in „Schulform" umgedeutet und John Hatties Studie als Beweis dafür herangezogen, dass es nun auch wissenschaftlich erwiesen sei, dass die frühe Trennung im Zusammenhang mit Schulerfolg keine Bedeutung habe.

Nun muss man wissen, dass John Hattie ausschließlich Studien aus Ländern in seine Meta-Studie aufgenommen hat, die Gesamtschulsysteme haben und dass Struktur bei ihm eine andere Bedeutung hat als Schultyp. Sie meint die innere Organisation von Schulen. Ich hatte im Mai 2014 Gelegenheit, in Örebro einen Tag lang mit John Hattie zu verbringen. In einem ausführlichen Gespräch konnte ich ihn auch auf die sogenannte Strukturfrage ansprechen. Was ich ohnehin vermutet hatte, bestätigte er mir nicht nur, sondern empfahl im Gegenteil den Deutschen und den Österreichern, es den Polen gleichzutun und eine möglichst lange gemeinsame Schule einzuführen. Hattie sollte man besser nicht für ideologische Zwecke instrumentalisieren. Mit dem, was hierzulande aus seiner Studie herausgelesen wird, möchte er, laut eigener Aussage, nichts zu tun haben. So viel dazu.

Seit zwei Jahren weht ein frischer Wind an einigen Hauptschulen und Neuen Mittelschulen in Wien und Salzburg, und der nennt sich „Teach for Austria". Dahinter verbirgt sich eine gemeinnützige Bildungsinitiative, bei der HochschulabsolventInnen aus den unterschiedlichsten Studienrichtungen nach einem sehr rigorosen Auswahlverfahren sozioökonomisch benachteiligte Kinder und Jugendliche unterrichten. Da Österreich sich durch ein besonders hohes Ausmaß an Bildungsbenachteiligung auszeichnet, ist – leider – der Bedarf an solchen Lehrkräften besonders hoch. Die Unterrichtstätigkeit an „schwierigen" Schulen zählt dabei als besondere Qualifikation für eine künftige Führungskraft. Nach zwei Jahren gehen diese jungen Menschen in ihre eigentlichen Berufe, oder sie bleiben im System und machen eine Lehramtsausbildung. International gibt es solche Initiativen unter dem Dachverband „Teach for All" in insgesamt 26 Ländern. Diese hoch motivierten jungen Menschen unterrichten an besonders herausfordernden Hauptschul-/NMS-Standorten, und die sind in unseren Städten leider häufig identisch mit Schulen, die einen hohen Anteil von Kindern und Jugendlichen mit sogenanntem Migrationshintergrund aufweisen.

Adib Reyhani ist einer von ihnen. Das Schuljahr 2013/14 ist sein zweites Arbeitsjahr an einer Hauptschule / Neuen Mittelschule im Arbeiterbezirk Favoriten in Wien: eine „Gründerzeitschule", also eine Schule aus dem späten 19. Jahrhundert, die räumlich nicht den pädagogischen Anforderungen des 21. Jahrhunderts entspricht. Von den insgesamt 493 Schülerinnen und Schülern haben 99 Prozent eine andere Erstsprache als Deutsch. In einer dritten Klasse, die er in Geschichte unterrichtet, wird konzentriert und interessiert gearbeitet. Von der stereotypen Vorstellung desinteressierter Jugendlicher an unseren Hauptschulen ist hier nichts zu bemerken. Wie seine Kolleginnen und Kollegen von „Teach for Austria" bringt auch Adib Reyhani den erfrischenden Blick dessen mit, der von außen ins System kommt, und sieht vermutlich gerade deshalb dessen Schwächen klarer als diejenigen, die aus dem System gleich wieder ins System kommen, also von der Schule über die Lehramtsausbildung wieder in die Schule.

Reyhani teilt nicht die Einschätzung mancher älterer Lehrerinnen und Lehrer aus demselben Bezirk, mit denen ich gesprochen habe, dass diese Kinder insgesamt schwächer begabt seien als diejenigen, die die Gymnasien besuchen. Der ganze Begabungsmix sei vertreten, die soziale Herkunft bedinge, dass sie in der Hauptschule gelandet seien. Die Schule habe viel zu wenige Ressourcen, meint er, die Ausstattung sei völlig veraltet. Viel schlimmer aber sei, dass die Direktorin über keine zeitlichen Ressourcen verfüge, da sie mit bürokratischen Arbeiten völlig überlastet sei und nicht einmal ein Sekretariat habe oder jemanden, der administrative Tätigkeiten ausführt. Hier ortet er ein noch größeres Problem als in der schlechten baulichen Ausstattung. Wie Adib Reyhani bringen auch seine Kolleginnen und Kollegen nicht nur eine erfrischende Außenperspektive auf die Schwächen der Sekundarstufe I mit, sondern leisten hervorragende Arbeit. Die herausforderndste Frage in diesem Zusammenhang: Wie können wir die Erfahrungen mit diesen „quer einsteigenden" LehrerInnen in die neue Pädagogenbildung einbringen? Vielleicht wäre doch ein ähnlich strenges Auswahlverfahren eine Überlegung wert?

## Lost in Transition?
## Von den Übergängen im österreichischen Schulsystem

Deutschstunde in der 1A der Handelsschule des Schulzentrums Ybbs an der Donau. Das Schulzentrum in der niederösterreichischen Kleinstadt ist nicht nur in der Region überaus beliebt, sondern seit vielen Jahren immer wieder auch in den überregionalen Medien durch innovative Projekte präsent. Im Schulformenverband gibt es neben der Handelsschule eine Handelsakademie sowie eine Informatik-HTL. Schulträger der Privatschule mit Öffentlichkeitsrecht ist die Stadtgemeinde Ybbs. Wie in vielen ersten Handelsschulklassen in ganz Österreich befinden sich auch in der 1A im SZ Ybbs auffällig viele Schülerinnen und Schüler mit anderen Erstsprachen als Deutsch. Von insgesamt 21 SchülerInnen haben acht unterschiedliche Familiensprachen: Bosnisch, Mazedonisch, Rumänisch, Serbisch, Türkisch, Tschetschenisch, Polnisch. Allerdings, so weiß Helga Geyrecker, die Deutschlehrerin, komme es nicht selten vor, dass ihre Schülerinnen und Schüler nicht in ihrer Muttersprache sprechen wollen, weil es ihnen unangenehm sei, dadurch als „anders" wahrgenommen zu werden oder weil sie ihre Erstsprache gar nicht mehr richtig beherrschen. Bevor die Lehrerin mit dem COOL-(Cooperatives Offenes Lernen)-Arbeitsprogramm beginnt, das einen zentralen Schwerpunkt innerhalb der Schule einnimmt und inzwischen an innovativen Schulen in ganz Österreich praktiziert wird, gibt es eine Wiederholung in Rechtschreiben und Grammatik. Das hätten die Schülerinnen und Schüler von ihr eingefordert, und so steht bei Frau Geyrecker das Nachholen und Festigen von Lehrstoff aus der Unterstufe der Hauptschule/AHS regelmäßig auf dem Programm.

Das ist nicht außergewöhnlich für Handelsschulen, wo Jugendliche mit anderen Erstsprachen als Deutsch überproportional hoch vertreten sind. Deren Defizite sind in den seltensten Fällen in mangelnder Begabung begründet, sondern dadurch entstanden, dass Defizite aus der Vorschulzeit während der ganzen Schulzeit mitgeschleppt wurden und jetzt, an der Schnittstelle der 9. Schulstufe, zum Tragen kommen. Andere Schülerinnen und Schüler wiederum haben Lernrückstände, weil sie überhaupt erst später, durch Familiennachzug oder Flucht, in österreichische Schulen kamen und somit gar nicht in der Lage sind, in der 9. Schulstufe die den jeweiligen Curricula entsprechenden Anforderungen zu erfüllen. Hohe Dropout-Quoten sind die Folge. Besonders engagierte Schulen in ganz Österreich versuchen mit gezielten Programmen, diese Schülerinnen und Schüler im System zu halten. So auch hier in Ybbs: Irena V., eine Schülerin, die die Hauptschule in einem anderen niederösterreichischen Ort absolvierte und dort die einzige „Ausländerin" (Selbstbeschreibung) in der Klasse war, weiß dies zu schätzen. In der früheren Schule habe man ihr immer gesagt: „Geh ins Poly, du schaffst sonst nichts", und so war sie zuletzt schon völlig demotiviert. Hier sei das anders. Ihre Erfahrungen machen nachdenklich. Das ist engagierten Lehrerinnen und Lehrern zu danken. Durch individualisiertes Lernen, Beförderung von Teamarbeit und Eigenverantwortung kann man die Drop-out-Rate erfolgreich senken.

Dazu trägt in der Deutschklasse, die ich einen Vormittag begleite, ein sehr differenziertes und transparentes System der Leistungsbeschreibung und -beurteilung bei, das jederzeit und für jede Schülerin und jeden Schüler einsehbar ist. So wird der jeweilige Lernfortschritt dokumentiert. Diese Prozessorientierung ist viel aussagekräftiger als Resultate punktueller Überprüfungen. Als „visible learning" bezeichnet der Bildungsforscher John Hattie diesen Ansatz. Leicht ist das trotzdem nicht, da in den Schulbiografien so mancher dieser Jugendlichen jahrelange Versäumnisse zu finden sind und mühsam aufgearbeitet werden müssen. Die dreijährigen Handelsschulen schaffen dies trotzdem noch besser als die einjährigen Polytechnischen Schulen, die von 20 Prozent eines Jahrgangs besucht werden. Die 9. Schulstufe ist ein „pädagogischer Brandherd im System", wie es der Bildungsforscher Günter Haider in einem Interview in der Tageszeitung *Der Standard* (24.4.2014) bezeichnet, eine Systembruchstelle. In den dreijährigen Berufsbildenden Mittleren Schulen ist der Anteil von Schülerinnen und Schülern mit anderen Erstsprachen besonders hoch, in manchen Wiener Schulen sind das 50 Prozent und mehr. Entsprechend hoch sind dann auch die Quoten von Klassenwiederholungen und Drop-outs, 40 Prozent sind keine Seltenheit.

Übergänge, Transitionen, Nahtstellen oder auch Schnittstellen, nennt man die Stellen in Bildungsprozessen, an denen die Weichen neu gestellt werden, sei es durch den Beginn der Schulbildung, den Beginn einer höheren Schulbildung, einer Berufsbildung oder von tertiären Bildungswegen. Übergänge sollten es sein, die fließend gestaltet sind. In Österreich gehören die Übergänge im Schulsystem zu den größten Baustellen. Wir haben es hierzulande weder mit Nahtstellen, schon gar nicht mit Übergängen, sondern mit Schnittstellen zu tun, die für viele Kinder und Jugendliche harte Brüche in ihren Bildungskarrieren darstellen. Diese Schnittstellen sind der Übertritt vom Kindergarten in die Volksschule, der Wechsel in die Sekundarstufe I (5. Schulstufe) sowie die 9. und 10. Schulstufe. Sie stellen für viele Kinder und Jugendliche sowie deren Familien eine große Belastung dar und erzeugen über Jahre hinweg Druck für alle Betroffenen, nicht zuletzt für die Lehrerinnen und Lehrer, vornehmlich in den Volksschulen, in den Hauptschulen und Neuen Mittelschulen sowie in den Polytechnischen Schulen und ersten Klassen der Berufsbildenden Höheren und Mittleren Schulen.

Das beginnt schon mit der ersten Schnittstelle, dem Eintritt in die Volksschule. Seit der Einführung des verpflichtenden letzten Kindergartenjahres sind nun, von QuereinsteigerInnen abgesehen, zumindest alle Kinder schon mit Deutsch in Berührung gekommen. Wie wir aber aus der Spracherwerbsforschung wissen, reicht dieses eine Jahr bei Weitem nicht aus, um die Defizite in der Bildungssprache Deutsch auszugleichen, was zur Folge hat, dass sich Kinder mit anderen Erstsprachen als Deutsch überproportional oft in Vorschulklassen wiederfinden. Bedingt durch die Organisation unserer Schulen haben viele der Kinder, die noch Mängel in der Unterrichtssprache Deutsch aufweisen, während der Volksschulzeit nicht ausreichend Gelegenheit, diese Mängel auszugleichen. Wenn noch dazu die Erstsprache nicht gesichert ist, erhöht sich das Risiko, den Anschluss zu verpassen. So kommt es also, dass Kinder, die herkunftsbedingt zu Beginn der Schulpflicht noch nicht ausreichend Deutsch können, an diesem ersten Übergang bereits zurückgelassen werden. In diesem Kontext ist es zu begrüßen, dass das aktuelle Regierungsübereinkommen, das sich im Bildungsteil sonst nicht gerade durch innovative Höhenflüge auszeichnet, einen Schwerpunkt auf den Übergang vom Kindergarten zur Volksschule legen will und das letzte Kindergartenjahr gemeinsam mit den ersten beiden Schuljahren als Schuleingangsphase verstehen will.

Hat man es einmal in die Volksschule geschafft, beginnt schon der nächste Übergang seine Schatten vorauszuwerfen, gilt es doch, am Ende der 4. Klasse Volksschule den Übergang in die AHS (Allgemeinbildende Höhere Schule), also in das erstrebenswerte Gymnasium, zu schaffen. Darauf muss vier Jahre lang hingearbeitet werden. Der Druck, dem Volksschullehrerinnen und -lehrer ausgesetzt sind, nimmt von Jahr zu Jahr zu. Fast alle Eltern wollen ihre Kinder im Gymnasium sehen, auch wenn sie selber nur Pflichtschulabschluss oder gar keinen Schulabschluss haben. Davon konnte ich mich nicht nur in zahlreichen Gesprächen mit Eltern und Lehrerinnen und Lehrern überzeugen, sondern diese Bildungsaspirationen sind auch relativ gut beforscht. In einer Studie des öibf (Österreichisches Institut für Berufsbildungsforschung) aus dem Jahr 2011 (Lachmayr/Leitgöb 2011) gaben etwa türkische Eltern überproportional oft an, dass sich das Kind nicht im Wunschschultyp befindet. Generell zeigte sich, auch in anderen Studien, dass Gruppen mit Migrationshintergrund eine signifikant höhere Aspiration für maturaführende Schulen aufweisen als Vergleichsgruppen ohne Migrationshintergrund. Die Erhebung der öifb-Studie wurde 2008 durchgeführt, und zwar unter Haushalten, in denen beide Eltern in Österreich geboren wurden, verglichen mit Haushalten, in denen beide Eltern in der Türkei beziehungsweise in Ländern des ehemaligen Jugoslawien geboren wurden. Entgegen aller stereotypen Vorurteile liegen die Aspirationen der türkischen Haushalte auf Matura oder einen Hochschulabschluss mit 67 Prozent weit über dem Erwartungswert. In der Gruppe der Haushalte aus dem ehemaligen Jugoslawien waren es immerhin 64,3 Prozent, die sich diese Abschlüsse für ihre Kinder wünschten. Dieselbe Untersuchung zeigt aber auch, dass türkische Kinder in der 3. Klasse Volksschule die schlechtesten Noten hatten. So kommt es, dass viele dieser Kinder an dieser Schnittstelle den Übergang in die höhere Schule nicht schaffen. Gerade türkische Kinder befinden sich wegen ihrer bisherigen schlechten Noten überproportional oft in der Hauptschule / Neuen Mittelschule. In den 1. und 4. Klassen Hauptschule / Neuer Mittelschule sowie in den 1. Klassen der BMS (Berufsbildende Mittlere Schulen) sind sowohl die türkischen als auch die ex-jugoslawischen Vergleichsgruppen überproportional vertreten. Und beide Gruppen finden sich laut dieser Studie schlecht auf die Leistungsanforderungen der künftigen Schule vorbereitet.

Auch im zweiten Nationalen Bildungsbericht aus dem Jahr 2012 sind die Befunde zu den Übergängen in unserem Schulsystem im Großen und Ganzen wenig erfreulich. Auf die Wahl der Schulform der Sekundarstufe I trifft dies in besonders hohem Ausmaß zu. Nur 29 Prozent der Wahlentscheidung sind durch Leistungsunterschiede erklärbar. Wie in vielen anderen Bereichen zeigt sich auch hier, dass die soziale Herkunft eine zentrale Ungleichheitsdimension in unserem Schulsystem darstellt. Kinder von Eltern mit geringerer Bildung zeigen in der 4. Schulstufe deutlich schwächere Leistungen, der Leistungsrückstand gegenüber MitschülerInnen von Eltern mit Matura kann bis zu zwei Jahre betragen. Für die 8. Schulstufe gibt es einen ähnlichen Befund. Der durchschnittliche Lernrückstand von Kindern mit Migrationshintergrund entspricht etwa 14 Schulmonaten. Diese Unterschiede bleiben in der 8. Schulstufe bestehen. Besser als an der Schnittstelle zwischen Volksschule und Gymnasium/Hauptschule sieht es beim Übergang in die Sekundarstufe II aus, da hier die sekundären Effekte der sozialen Herkunft schwächer ausgeprägt sind. Das hängt einerseits mit unserem dualen System der Lehrausbildung zusammen, andererseits aber mit dem kompensatorischen Effekt der Berufsbildenden Höheren Schulen wie HTLs oder HAKs, die allesamt zur Hochschulberechtigung führen. Die kompensatorische Funktion betrifft allerdings soziale und regionale Ungleichheiten generell, trifft aber nicht auf Geschlecht, Migrationshintergrund und Familienstruktur zu. Mehrsprachige Jugendliche und solche mit Migrationshintergrund sind in den Berufsschulen mit nur 8,7 Prozent deutlich unterrepräsentiert. Die Befunde aus dem letzten Nationalen Bildungsbericht enthalten außerdem bereits die Analysen der ersten Bildungsstandarderhebungen und bestätigen die früheren Befunde zur sozialen Selektivität des österreichischen Bildungssystems. Interessant, wenngleich wenig erfreulich, sind die mit den Daten der Bildungsstandards erstmals nachgewiesenen Effekte, die sich aus der sozialen Zusammensetzung der Schulen ergeben. Das Resultat: SchülerInnen erbringen in Schulen, die durch ein hohes Ausmaß an sozialer Benachteiligung charakterisiert sind, schlechtere Leistungen, unabhängig von individuellen Benachteiligungsmerkmalen. Das heißt im Klartext: Hast du in Österreich als Kind eine benachteiligte Startposition, so sorgt das Schulsystem dafür, dass du auch weiterhin unter deinesgleichen bleibst, und so kommst du immer weiter ins Hintertreffen. Wie für viele andere Baustellen in unserem Schulsystem gilt auch hier: An der Behebung ist dringlich zu arbeiten, allerdings immer im größeren Kontext mit allen anderen Problemfeldern. Die Schnitte rauszunehmen aus dem System und durch fließende Übergänge zu ersetzen, wäre eine Perspektive.

Wer an dieser letzten Schnittstelle gescheitert ist, der fällt dann oft ganz aus dem System. Laut einer aktuellen Studie der Arbeiterkammer vom Juni 2014 (Mario Steiner 2014) gelten acht Prozent der Jugendlichen zwischen 15 und 24 Jahren als SchulabbrecherInnen („Early School Leavers"). In Zahlen sind das 75.000 Jugendliche, die 2012 maximal über einen Pflichtschulabschluss verfügten und nicht in Ausbildung waren. Im internationalen Vergleich liegen wir damit zwar relativ niedrig (EU-27: 12,9 Prozent), und der Prozentsatz konnte seit der letzten Erhebung geringfügig gesenkt werden, dennoch sind die Zahlen besorgniserregend. Besonders auch, weil sich hier wieder einmal zeigt, dass Jugendliche mit Migrationshintergrund besonders benachteiligt sind. Sie brechen nämlich überproportional oft die Schule ab, und zwar bis zu 26 Prozent. Im Vergleich: Nur 4,7 Prozent der Jugendlichen ohne Migrationshintergrund sind solche „Early School Leavers". Die Auswirkungen reichen von einem bedeutend höheren Risiko von Arbeitslosigkeit bis zu Beschäftigung in Hilfstätigkeiten (drei Viertel, falls sie überhaupt einen Job finden). Gesondert untersucht wurde in dieser Studie auch die Gruppe von Jugendlichen, die überhaupt ohne Pflichtschulabschluss geblieben sind. Unter den insgesamt ca. 4 Prozent aller Jugendlichen zwischen 15 und 24 Jahren ist wiederum eine Benachteiligung von migrantischen Jugendlichen festzustellen. Während von den Jugendlichen mit deutscher Erstsprache 2,7 Prozent keinen Schulabschluss haben, sind es in der Gruppe der Jugendlichen mit einer anderen Erstsprache mit 9,6 Prozent gleich dreimal so viele. Diese Benachteiligung unterscheidet sich je nach Bundesland gewaltig. Während es im Burgenland keine erheblichen Abweichungen zwischen den beiden Gruppen gibt, sind diese in Tirol und Vorarlberg beachtlich. In Vorarlberg beträgt das Verhältnis sogar 2,8 Prozent zu 16,9 Prozent. Da nicht davon ausgegangen werden kann, dass sich in Tirol und Vorarlberg migrantische Jugendliche mit besonders niedrigem Kompetenzniveau befinden, muss man – wie auch die Autoren der Studie – zum Schluss kommen, dass in Tiroler und Vorarlberger Pflichtschulen besonders stark sozial selektiert wird.

## Bildungsstandards, Kompetenzen, Leistungsbeurteilung – und die Notenwahrheit?

Schon in den 1970er-Jahren gab es sowohl in Deutschland als auch in Österreich eine Reihe von Untersuchungen, die die Aussagekraft von Ziffernnoten stark infrage stellten. Es konnte etwa nachgewiesen werden, dass ein- und dieselben Deutschschularbeiten von unterschiedlichen Lehrkräften ganz unterschiedlich benotet wurden, wobei die Palette von „Sehr gut" bis „Nicht genügend" reichte. Auch als junge Gymnasiallehrerin machte ich in den 1970er-Jahren ähnliche Erfahrungen. Manche meiner besten DeutschschülerInnen hatten nach einem Wechsel zu einer anderen Lehrkraft plötzlich stark abweichende Noten von denen, mit denen ich sie beurteilt hatte, und zwar in beide Richtungen der Notenskala. Das ging sogar so weit, dass einer meiner besten Deutschschüler nach einem Lehrerwechsel von einem meiner Kollegen negativ beurteilt wurde. Nebenbei gesagt: Er ist heute ein renommierter Journalist und Buchautor. Zum Zusammenhang zwischen Beurteilung und Leistung hatten wir in Österreich relativ wenig Datenmaterial zur Verfügung. Immerhin aber haben wir in den letzten Jahren durch internationale Bildungsvergleichsstudien einerseits sowie vor allem durch die erstmals durchgeführten Bildungsstandarderhebungen andererseits (erste Vollerhebung 2012) die Möglichkeit, auf nationaler Ebene die Leistungen unserer SchülerInnen näher unter die Lupe zu nehmen und einem innerösterreichischen Vergleich zu unterziehen.

Nie davor waren, wie 2012 im Rahmen der Bildungsstandarderhebungen, alle Schülerinnen und Schüler eines Jahrgangs gemeinsam getestet worden. Angesichts der vorangegangenen PISA-Testungen stellte das Ergebnis der 8. Schulstufe zwar keine allzu große Überraschung dar, manche Detailergebnisse überraschten aber dennoch. Wie bereits aus den internationalen Bildungsvergleichsstudien bekannt, zeigte sich auch in den Ergebnissen der Standardüberprüfungen ein starker Zusammenhang zwischen Herkunft und Leistung. Auch der Migrationshintergrund hatte Einfluss auf die schulischen Leistungen. Dass wir bei der zeitgleich veröffentlichten internationalen Lesekompetenzuntersuchung in den 4. Klassen Volksschulen nur mäßig gut abschnitten, überrascht ebensowenig, wie dass wir in der 8. Schulstufe zwar leistungsmäßig ein starkes Mittelfeld, aber nur ein schmales Spitzenfeld haben – insgesamt nur 3800 von 80.000 getesteten SchülerInnen übertreffen die Standards. Insgesamt, im österreichischen Schnitt, schneiden die Gymnasien durchwegs besser ab als die Hauptschulen und Neuen Mittelschulen, auf deren gesonderte Auswertung man bedauerlicherweise verzichtet hat. Die beste Schule, eine AHS, erreichte einen Mittelwert von knapp 700 Punkten, die schlechteste Schule, eine Hauptschule, kam nur auf circa 350 Punkte. Österreichweit erreichten immerhin 17 Prozent der getesteten Schülerinnen und Schüler die unterste Kompetenzstufe nicht. In absoluten Zahlen gesehen schnitt Wien am schlechtesten ab, Oberösterreich am besten. Allerdings wurde ein sogenannter „fairer Vergleich" erstellt, um den unterschiedlichen sozialen Rahmenbedingungen an den Schulen Rechnung zu tragen. Man berücksichtigte auch Faktoren wie Größe der Gemeinde, Schulart, Migrations- und sozialer Hintergrund sowie den Anteil der Mädchen an einer Schule und errechnete so das „erwartbare Ergebnis" einer Schule. Dieser „faire Vergleich" findet sich nur in den Rückmeldungen an die jeweiligen Schulen. Diese Vorgangsweise liegt nahe, denn eine Schule im städtischen Bereich, die von einer großen Zahl von SchülerInnen mit mangelhaften Deutschkenntnissen besucht wird, hat eine andere Ausgangssituation als ein sogenanntes Elitegymnasium wie etwa das Theresianum in Wien. Andererseits liegt in diesem „fairen Vergleich" auch ein gewisses Problem, da er suggeriert, dass Migrantenkinder aus soziökonomisch benachteiligten Familien per se weniger zuzutrauen ist. Solange allerdings keine zufriedenstellendere Lösung gefunden ist, hat dieser Vergleich seine Berechtigung. Im fairen Vergleich jedenfalls hat Wien den Erwartungen gemäß abgeschnitten, Kärnten hingegen von allen Bundesländern am schlechtesten, lag es doch 20 Prozent unter den Erwartungen.

Über die Ursachen all dieser Unterschiede wissen wir im Detail noch sehr wenig, Forschungen dazu wurden anlässlich der Verkündigung der Ergebnisse vom damaligen BIFIE-Direktor Günter Haider in Aussicht gestellt. Ob es diese inzwischen gibt und wie weit sie fortgeschritten sind, entzieht sich leider meiner Kenntnis. Was aber auch sehr zu denken geben sollte, sind die beachtlichen Überlappungen, die sich im Zuge dieser Testung zwischen einzelnen Schulen herausstellten. Bereits bei der vorbereitenden „Baseline-Testung" aus dem Jahr 2009, an der 10.000 SchülerInnen teilgenommen hatten, gab es bezüglich der Leistungen starke Überlappungen zwischen SchülerInnen aus allen Schularten. Ähnlich das Ergebnis 2012. Der Prozentsatz ist in etwa gleich hoch. Das ist ein alarmierendes Ergebnis; zu diesem Schluss kommen auch die AutorInnen des 2. Nationalen Bildungsberichts 2012. Die betroffenen Kinder und Jugendlichen sind dadurch hinsichtlich ihrer Schulkarrieren extrem benachteiligt. Schließlich haben sie bekanntlich mit einem „Gut" in der zweiten Leistungsgruppe einer Hauptschule nicht dieselben Möglichkeiten wie ihre Kolleginnen und Kollegen aus den Gymnasien mit einem „Genügend". Forschungen zum Zusammenhang zwischen Schulnoten und erbrachten schulischen Leistungen und Kompetenzen wären ein dringendes Desiderat. Hier betreten wir eine der größten Tabuzonen im österreichischen Schulsystem. Viele wissen darüber Bescheid, seien es SchulpolitikerInnen, LehrerInnen, SchuldirektorInnen, Unternehmen, Lehrbetriebe oder die Betroffen selbst, die Schülerinnen und Schüler – die Liste ließe sich fortsetzen. Öffentlich thematisiert wird es jedoch kaum. Die Gründe dafür sind vielfältig: Wahrung des Scheins, Leugnung des Status Quo der Hauptschulen in den Ballungszentren, ehrliches Interesse für das Fortkommen der betroffenen Kinder und Jugendlichen, Druck auf VolksschullehrerInnen im Vorfeld der Schnittstelle zur AHS.

Besonders die Schnittstelle 9./10. Schulstufe wächst sich zum immer größeren Problem aus. Immer häufiger hören wir Klagen, dass die Schulnoten aus den Zeugnissen der 4. Klasse Hauptschule mit den tatsächlichen Kenntnissen nicht in Einklang stünden. Dass der Umfang eines Rechtecks nicht berechnet werden kann, obwohl im Zeugnis ein „Befriedigend" oder sogar ein „Gut" zu finden sei, konnte ich im Zuge meiner Schulbesuche und Recherchearbeiten immer wieder hören, sei es von einem Baumeister aus Niederösterreich, einem Berufsschuldirektor aus Wien oder von einer Handelsschuldirektorin eines großen Berufsschulzentrums in Wien, um nur einige Beispiele von vielen zu nennen. Beim „Lehrlingsforum 2013", einer großen, vom *Business Circle* Ende 2013 veranstalteten Fachtagung zur Zukunft der Lehrlingsausbildung, waren die Benotung, die Aussagekraft der Schulnoten sowie die Diskrepanz zu den Leistungen und Kompetenzen ein großes Thema. Man war sich darüber einig, dass die Schulnoten der LehrstellenanwärterInnen nur geringe Aussagekraft haben und die großen Betriebe und Unternehmen daher schon seit geraumer Zeit die fehlenden schulischen Kenntnisse in eigenen Ausbildungen nachholen. Darauf angesprochen, wie hoch er die Übereinstimmung zwischen tatsächlichen Kenntnissen und schulischen Leistungen seiner BerufsschülerInnen im ersten Schuljahr einschätze, meinte ein Berufsschuldirektor aus Eisenstadt bei einer Podiumsdiskussion im Rahmen des Lehrlingsforums, er schätze, dass 90 Prozent nicht übereinstimmen. Eine Lehrerin einer Wiener Berufsschule berichtete mir, sie hätte im vergangenen Schuljahr gar einen funktionalen Analphabeten in einer ihrer Klassen entdeckt. Sei es in der Polytechnischen Schule, sei es in der ersten Klasse einer Handelsschule oder in ersten Klassen anderer berufsbildender Schulen, sei es in den Übergangsklassen oder ersten Klassen der Oberstufenrealgymnasien, immer wieder treffen wir auf dieses Auseinanderklaffen von Schulnoten und Kenntnissen beziehungsweise schulischem Wissen. Es erstaunt nicht wirklich, wenn man bedenkt, dass 51 Prozent der Wiener Pflichtschulen (Hauptschulen und Neue Mittelschulen) die Stufe 1 in den Bildungsstandardtestungen der 8. Schulstufe nicht erreicht haben. Im persönlichen Gespräch findet man auch führende Schulpolitikerinnen und Schulpolitiker, die diese besorgniserregende Entwicklung offen ansprechen. Öffentlich aber belässt man es in der Tabuzone. Wenn man sich an den Schulen selber umhört, kann man allerdings Erstaunliches dazu hören.

*Ich habe voriges Jahr versucht, SchülerInnen, wo ich das für sinnvoll gehalten habe, ein „Nicht genügend" zu geben, weil wirklich gar nichts da war. Das wurde mir vonseiten der Leitung nicht erlaubt. Schon davor haben mir KollegInnen gesagt: „Das brauchst nicht machen, das geht nicht durch. Das erlaubt dir der Klassenvorstand nicht und die Direktion auch nicht." Notenwahrheit gibt es nicht. Meine Direktorin ist zu mir gekommen und hat gesagt: „Es fällt keiner durch!"*
Marissa N., Lehrerin im dritten Dienstjahr an einer NMS in Wien

*Ich habe erlebt, dass die Direktorin zu jungen Lehrern, die glauben, sie können alle Noten geben, kommt und sagt: „Das geht nicht. Es geht noch im Halbjahreszeugnis, aber es geht nicht am Schulschluss ..." Das ist gängige Praxis in den meisten Schulen, die ich kenne. Es wird bewusst gesagt: „Nein, kein ‚Nicht genügend'." Es wird argumentiert: Das ist im Sinne der Kinder. Wenn ein Kind ein „Nicht genügend" hat und die Klasse wiederholen muss, dann macht es sein 9. Schuljahr nicht im Polytechnikum, sondern bei uns. Und danach hat es keine Eltern, die sich darum kümmern, dass es irgendeine Ausbildung macht oder weiter zur Schule geht. Deshalb schauen wir, dass es nach acht Schuljahren unsere Schule verlässt und nicht nach neun. Außerdem machen Kinder im 9. Schuljahr auch Probleme, fallen wieder durch, die werden ja nicht besser."*
Diese Begründung hat Alexandra P., Lehrerin im dritten Dienstjahr an einer NMS in Wien, erhalten.

*Fünfer sind nicht erwünscht. Wenn du ein „Nicht genügend" hast, dann musst du in den Ferien zur Frau Inspektor gehen und ihr alles im Detail erklären, bis zur kleinsten Stundenwiederholung, und das*

*ist echt erniedrigend oft. Als hättest du selber keine Kompetenzen,*
*Noten zu vergeben. Ich gebe daher keine „Nicht genügend" mehr. An*
*meiner Schule macht das fast niemand mehr.*
Thomas O., Lehrer an einer Wiener Hauptschule / NMS, 27 Dienst-
jahre.

Solche Einstellungen sind keine Einzelfälle und nicht nur in Wiener Hauptschulen anzutreffen, sondern in ganz Österreich überall
dort, wo die Hauptschulen zu „Restschulen" geworden sind. Eine
Hilflosigkeit gegenüber dem versagenden System kommt hier ebenso zum Ausdruck wie Resignation seitens vieler Lehrerinnen und
Lehrer. Man glaubt, im Interesse der Kinder zu handeln, trägt aber
wesentlich dazu bei, das System in der derzeitigen Form am Leben
zu erhalten.

*Ich habe da so ein Beurteilungssystem mit Punkten, ganz transpa-*
*rent. Da sagt mir eine Kollegin: „Der können wir keinen Fünfer ge-*
*ben!" „Ich habe das aber ganz genau und objektiv zusammengerech-*
*net", entgegne ich ihr. – „Nein, der können wir keinen Fünfer geben,*
*die ist so lieb. Außerdem ist Deutsch nicht ihre Muttersprache, drum*
*können wir ihr auch keinen Fünfer geben." – Die hat mich wirklich*
*so weit gebracht: Ich musste die Note ändern. Obwohl ich ja nicht*
*das Verhalten beurteile, sondern die Arbeit der Kinder, dachte ich.*
*Das Problem ist: Die KollegInnen denken, wir schenken dem die Note,*
*und mein Problem ist: Die Kinder bemerken ja, was da läuft. Die se-*
*hen: Ich bemühe mich und schaffe mit Ach und Krach einen Vierer,*
*und der tut nichts und kriegt den Vierer auch. Es wäre aber wichtig,*
*dass ein Kind weiß, wo es steht. Die Kinder sehnen sich nach einer*
*Rückmeldung, aber sie sind in einem System gefangen, in dem diese*
*Rückmeldungen überhaupt keine Bedeutung haben. Es werden nicht*
*Fortschritte dokumentiert, sondern es werden nur Noten gegeben.*
Marissa N.

Solche Haltungen sind natürlich nicht die Regel in allen Wiener
Hauptschulen / Neuen Mittelschulen. In einer von mir im Schuljahr

2013/14 durchgeführten anonymisierten Umfrage unter 18 Lehrerinnen und Lehrern im dritten Dienstjahr gab es auch einige, die Erfahrungen wie die oben zitierten noch nie gemacht hatten.

*An meiner Schule ist es seit der Einführung der kompetenzorientierten Beurteilung eher so, dass ein „Sehr gut" nur selten erreicht wird. Tatsächlich versuchen wir, allen Schülerinnen und Schülern die Möglichkeit zu bieten, ein „Nicht genügend" rechtzeitig durch Frühwarnsysteme auszubessern.*

*In Einzelfällen werden zwischen „Genügend" und „Nicht genügend" schon mal die Augen zugedrückt, aber hergeschenkt werden die Noten nicht.*

*An meiner Schule sieht es gut aus bezüglich Notenwahrheit.*

*Es ist ein wichtiges Thema an meiner Schule. Aber ein vertiefendes „Sehr gut" oder vertiefendes „Gut"* (Anm.: Beurteilung laut Lehrplan der Neuen Mittelschule) *bedeutet ganz sicher nicht, dass das auch ein „Sehr gut" oder „Gut" in einem Gymnasium wäre.*

Aber auch in dieser kleinen Umfrage hatten die meisten eher gegenteilige Erfahrungen an ihren Schulen gemacht:

*An meiner Schule schließen alle SchülerInnen das 8. Schuljahr positiv ab – unabhängig von Leistung und Anwesenheit.*

*Wir haben letztes Jahr am Ende der 8. Schulstufe einige Schülerinnen und Schüler durchfallen lassen und haben dann eine Rüge vom BSI* (Anm.: Bezirksschulinspektor) *und vom Direktor gekriegt. Heuer sollen so gut wie alle durchkommen.*

*Manchmal werden auch keine Fünfer gegeben, damit man keine Förderdokumentation schreiben muss, beziehungsweise auch sonst keinen Aufwand hat, oder weil man nicht der halben Klasse einen Fünfer geben kann.*

*An meiner Schule ist das subjektiv, hängt vom Lehrer ab. „Schlimme" Kinder bekommen schlechte Noten. Quasi NULL* (Anm.: Original-Großschreibung in der Umfrage) *Differenzierung. Hängt stark vom Lehrer ab.*

*Nicht genügend sind ein riesiger Aufwand für die LehrerInnen ... zu viel Dokumentation, Bürokratie. Sie werden daher vermieden, auch am Ende der 8. Schulstufe.*

Angesichts einer derartigen Ausgangssituation verwundert es nicht, wenn sich die Probleme in der neuralgischen 9. Schulstufe fortsetzen, sei es an den Polytechnischen Schulen, an den Berufsschulen, den Berufsbildenden Mittleren Schulen oder auch an den Oberstufenrealgymnasien, die für AbsolventInnen der Hauptschulen insbesondere im städtischen Bereich bislang oft eine der wenigen Möglichkeiten darstellten, in die Oberstufe eines Gymnasiums zu wechseln.

Martina Mikovits leitet eine renommierte Schule in Wien, das „Schulzentrum Ungargasse", das unterschiedlichste Schulformen unter einem Dach anbietet, von der einjährigen Orientierungsstufe für körper- und sinnesbehinderte SchülerInnen über Fachschulen, Handelsschule, Handelsakademie bis zur hochspezialisierten HTL für Informationstechnologie und Netzwerktechnik. In ihrem Haus, das schon seit Jahrzehnten auch auf körper- und sinnesbehinderte SchülerInnen spezialisiert ist, finden sich insgesamt über 60 Prozent SchülerInnen aus insgesamt 43 Nationalitäten mit sogenanntem Migrationshintergrund. Der Migrationshintergrund sei aber kein Thema, meint sie, und Inklusion sei gelebte Realität. Nur in der Handelsschule gäbe es Probleme, woran sich zeigen ließe, dass der relevante Faktor nicht die ethnische Herkunft sei, sondern die soziale Herkunft. Viele kämen mit erheblichen Defiziten, daher gibt es in der ersten Schulwoche einen standardisierten Test. Wenn Schülerinnen den nicht bestehen, erhalten sie während des ganzen Schuljahres „Sprachtraining Deutsch", eine zusätzliche Förderung. Von 130 SchülerInnen erhalten derzeit (Schuljahr 2013/14) 63 diese

Fördermaßnahme, also die Hälfte. Wie erklärt sie sich eigentlich die Tatsache, dass so viele, trotz positiver Noten, mit Defiziten in die 9. Schulstufe kommen?

*Der Auftrag ist: Wir sollen sie so lange wie möglich in der Schule behalten. Der ursprüngliche Auftrag wurde aus meiner Sicht zugunsten der sozialpolitischen Maßnahme, die SchülerInnen im System zu behalten, gekippt. Es werden nicht die Begabten gefördert, sondern es geht darum, sie so lange wie möglich im System zu behalten, weil wir auch da draußen keinen Platz für sie haben. Schon die Volksschulnoten stimmen nicht. Und „Sehr gut" in der Hauptschule haben mit „Sehr gut" in der AHS nichts zu tun. Der Hintergrund ist der, dass die HauptschullehrerInnen versuchen, das Meiste aus den Kindern herauszuholen, aber auf sehr wenig zurückgreifen können, sei es sprachlicher Natur, sei es wegen des sozialen Umfelds. Es fehlen die Role Models. Und eines ist auch noch sehr wichtig, und das sollte wissenschaftlich untersucht werden: In der Hauptschule unterrichten nach wie vor LehrerInnen in Gegenständen, für die sie keine Ausbildung haben und in denen sie vielleicht auch gar nicht gut sind. Jedenfalls: Wenn ich SchülerInnen frage: „Wie kann es sein, dass du vorher ein ‚Sehr gut' hattest?", kommt immer wieder die Antwort: „Ich war die Bravste in der Klasse. Ich war immer da, und ich war brav."*

Wohlverhalten, „Bravsein" als Grundlage für eine gute Note? Das scheint sich durch das System hindurchzuziehen. Auch Klara V., bis zu ihrer Pensionierung vor einem Jahr über mehrere Jahrzehnte Lehrerin an einem Wiener Oberstufenrealgymnasium, hat diese Erfahrung gemacht:

*Vor sieben Jahren bin ich in eine 7. Klasse gekommen, die hatten alle Migrationshintergrund, und ich krieg Arbeiten* (Anm.: im Fach Psychologie), *die sprachlich nicht verständlich waren. Von Groß- und Kleinschreibung rede ich gar nicht. Ihre Arbeiten wurden nur im Fach Deutsch korrigiert. Ich habe dann systematisch jede schriftliche Leistung verbessert, und die sind dann richtig aufgetaut und haben sich enorm verbessert. Wir müssen natürlich mehr von ihnen verlangen. In der Übergangsstufe bieten wir ihnen ein Förderprogramm, und in der 6. Klasse müsste jeder dort sein, wo er sein sollte.*

Anscheinend ist dem aber nicht so, wie sich bei genauerer Nachfrage herausstellt:

*Wie kommen die Kinder durch? Das Motto ist: Sie sind so lieb, sie sind so bemüht. Wir sind die letzte Chance, ihnen ein bisschen Unterstützung und Hilfe zu geben. Es werden hier bei den LehrerInnen so viele soziale Muster aktiviert, dass sie in ein Sozialprogramm hineinfallen, wo die Leistungsebene immer mehr herausfällt. Und am Schluss ist es so peinlich, dass du gar nicht mehr drüber reden willst. Wir schwindeln uns lieber drüber, bevor wir den Finger in die Wunde legen. ... Im Zusammenhang mit dem Thema Leistung sind wir in meiner ehemaligen Schule immer mehr auf die Mitleidsschiene gegangen. Ein Sozialprogramm. Wir sind mit schlechtem Gewissen aus der Leistungsebene in die Ebene der sozialen Betreuung hineingekippt, wo wir wirklich sehr gut waren. Und da lange auch keinerlei Ressourcen da waren, ist das Ohnmachtsgefühl immer größer geworden. In der Oberstufe wurden zunehmend alle Schularbeiten wiederholt. Alle.*

Wahrlich keine erfreulichen Einblicke, nur: Wie ist all das zu interpretieren, und was folgt daraus? Wir können davon ausgehen, dass Noten in der Regel nicht aus Jux und Tollerei hergeschenkt werden, sondern dass dies meist im vermeintlichen Interesse der Kinder geschieht. In der Tat haben ja gerade die Schülerinnen und Schüler, die im Alter von 13 Jahren oder noch älter ohne Deutschkenntnisse an unsere Schulen kommen, wenig bis keine Chancen, am Ende der Schulpflicht ein positives Abgangszeugnis zu erlangen. Am Beispiel Schwedens (Kapitel 7) wird eine Möglichkeit dargestellt, wie es auch anders gehen könnte. Tatsache ist aber auch, dass die Kinder schon mit ganz unterschiedlichen Voraussetzungen in die Volksschulen kommen und unser Schulsystem es sehr schwer bis gar nicht schafft, diese Unterschiede auszugleichen. Bereits in der

Volksschule „stimmen" die Noten nicht mehr, sind also nicht aussagekräftig. Das zieht sich dann weiter, bis hinauf in Oberstufenklassen Berufsbildender und Allgemeinbildender Höherer Schulen, auch die Matura betrifft es immer öfter. Besonders Kinder, die schon mit schlechteren Voraussetzungen in das Schulsystem kommen, werden durch diese Systemdefizite nochmals benachteiligt. Die Trennung mit zehn Jahren verschärft und verfestigt die ungünstige Ausgangssituation erneut, wie wir auch aus unseren Fallstudien sehen können.

Allerdings: „Hart durchgreifen" würde keine Alternative darstellen, die es anzustreben gilt. Man müsste das ganze System umstellen, beginnend mit dem Kindergarten, fortgesetzt in der Volksschule, verbunden mit einer kompletten Neugestaltung der Sekundarstufe I. Die Übergänge müssten fließend gestaltet werden und Jugendlichen, die am Ende der Schulpflicht die erforderlichen Kompetenzen nicht aufweisen können, müsste bis mindestens 19 Jahren die Möglichkeit eingeräumt werden, ihre Defizite nachzuholen. Davon würden insbesondere die sogenannten „QuereinsteigerInnen" profitieren, also Jugendliche, die erst sehr spät nach Österreich kommen. Nicht zu vergessen und von oberster Priorität: Benachteiligte Standorte müssen mehr Ressourcen erhalten als bisher. „Weg vom Gießkannenprinzip" müsste das Motto lauten, hin zu einer gerechten Ressourcenverteilung.

Eines steht für mich fest: Wir können und dürfen es uns nicht mehr länger leisten, die Augen zu verschließen angesichts einer schulischen Realität, vornehmlich in den Städten, aber nicht nur dort, die sehr besorgniserregend ist. Zu viel ist ohnehin schon aus dem Ruder gelaufen. Der erste wichtige Schritt wäre, den Tatsachen ins Auge zu sehen und sie auch zu benennen. Von der Beschönigungstaktik zur Fehlerkultur zu gelangen, wäre ein Schritt in die richtige Richtung.

# -WAS SAGEN DIE EXPERT/INN/EN?-
## Günter Haider
Bildungsforscher

*In letzter Zeit wird PISA häufig kritisiert. Zu Recht? Als den vermutlich besten Kenner der österreichischen Ergebnisse frage ich Sie: Was misst PISA eigentlich?*

Bis 2000, als PISA erstmals durchgeführt wurde, konnte sich Österreich in jeder Argumentation zur Schule nur auf die Schulstatistiken beziehen, auf eine einfache Statistik wie die Anzahl der Schüler, Anzahl der Lehrer; eine Datenbank mit Rohdaten, da hat man gar nichts herauslesen können. Österreich hat also keine Evidenz aus dem Schulsystem gehabt, keinen Bildungsbericht. Dann kamen, mit einigem Druck von der OECD, aber auch auf internationalen Druck, verschiedene internationale Studien. Mit diesen Studien wurde zum ersten Mal gezeigt, welchen Wert sie über die Leistungsmessung hinaus haben. Jede dieser Kompetenzmessungen ist nämlich begleitet von einem umfangreichen Fragebogeninstrumentarium. Die Schüler werden nicht nur über Schule und Unterricht befragt, sondern auch über die Eltern, über Erziehung und woher sie kommen. Und es werden auch Daten über die Familie erhoben.

Das, was Jürgen Baumert (Anm.: deutscher Bildungsforscher) immer den „Rucksack" dieser Studie nennt, ist der eigentlich interessante Teil. Man macht mit diesen Studien quasi einen offiziellen Teil, das sind die Tests, und man weiß dann, wie es mit dem Lesen aussieht, wie in Mathematik und Naturwissenschaft. Aber darüber hinaus gewinnt man einen ungemein großen Informationsstand zu unterschiedlichsten Bereichen. Man kann etwa feststellen, wie erfolgreich Ganztagsschulen sind oder wie erfolgreich sie in der Beschulung von Migranten sind. Wir haben Ganztagsschulen analysiert, und wir haben Detaildaten zur Neuen Mittelschule. All das ist nicht publiziert, weil es das Unterrichtsministerium nicht veröffentlichen will. Jedenfalls: Der „Rucksack" dieser Studien führt, auch durch Längsschnittuntersuchungen und Zusatzuntersuchungen, im Lauf der Zeit dazu, dass wir auch über Migranten aus den letzten 15 Jahren alles in einer repräsentativen Weise wissen. Alle diese Studien ergeben negative Zeugnisse für das österreichische Schulsystem. Deshalb wird das jetzt gerade alles systematisch gekillt. Auch zum Thema Migration liefern diese Studien einfach die ungeschminkte Wahrheit, da halt die Fragebögen nicht in Österreich beeinflusst werden können, sondern das sind internationale Fragebögen. Die müssen so gegeben werden. Wir sind Mitglied der OECD, also machen wir PISA, also müssen wir auch den Fragebogen machen. Das heißt, die Daten stehen einfach.

*Was wissen wir aus diesen Studien speziell über den Bereich der Migration?*

Ein Teil der negativen Ergebnisse ist der Teil der Migration, denn in den PISA-Studien wie auch anderen Studien hat sich vor allem eines herauskristallisiert: Der Unterschied zwischen den Kompetenzwerten der autochthonen Bevölkerung und den österreichischen Migranten ist nirgends so groß wie bei uns.

*Nirgends?*

Nirgends! Nirgends in den westlichen Staaten, nirgends in den OECD-Staaten. Sicher, der sozioökonomische Index dieser Migranten ist auch im internationalen Vergleich sehr niedrig. Darunter sind viele Kinder bildungsferner Schichten. Aber die wollen wir ja. Wir wollen ja Hilfskräfte. Die Eltern dieser Kinder müssen zu zweit arbeiten, um sich überhaupt ein Leben zu schaffen.

*Wieso reagiert eigentlich die österreichische Politik auf die ganze Thematik so schleppend, und wenn, dann nur in Teilaspekten, wie etwa der Sprachförderung?*

Das Eine ist eine Art politischer Grundzug, und das ist die Angst vor der FPÖ. Angst, dass die FPÖ kommt und sagt: „Österreicher zuerst! Was geben wir denn schon wieder Geld für die Ausländer aus?" Das Zweite ist: Das österreichische Schulsystem ist auf dieses Problem nicht eingestellt, ganz im Gegensatz zum amerikanischen Schulsystem. Dort ist man eingestellt darauf, dass während des Jahres, plötzlich und auf der Stelle, Kinder daherkommen, die die Sprache gar nicht können. Vom ersten Tag an gibt es für die eine Lehrkraft, die sich ausschließlich um die Gruppe der neu Eintretenden kümmert. In Österreich ist gar nichts vorgesehen für solche Fälle. Das sind alles außergewöhnliche Fälle. Statt dass man eigentlich wissen müsste: 25.000 kommen jedes Jahr. Das ist eigentlich ein Viertel vom gesamten Jahrgang. Für die müssen wir ein Netzwerk schaffen.

*Es gibt ja Organisationen und Initiativen, wie die „LesepatInnen" oder ehrenamtliche NachilfelehrerInnen. Da wird doch viel geleistet.*

Ja, stimmt, aber das System tut noch immer so, als müsste man sich langsam einmal Gedanken machen über die Migranten, die da kommen. Wir haben die, die hier wohnen und schon länger da sind. Bei denen ginge es in erster Linie um sprachliche Förderung. Aber es gibt auch die, die jetzt erst kommen, und für die gibt es überhaupt nichts. Da gebe ich einem Lehrer drei in die Klasse, aber, lieber Lehrer, du hast für die keine Infrastruktur. Und irgendwann heißt es dann: Frau Direktor, Sie sind autonom, schaffen Sie das im Rahmen Ihrer autonomen Möglichkeiten. Das ist ein Scherz. Es gibt kein Unterstützungssystem. Das System improvisiert an einer Stelle, wo es längst professionelle Strukturen haben sollte.

Das Ganze funktioniert ja nur, weil die Lehrer improvisieren, weil die Direktoren improvisieren, weil die Gemeinden improvisieren. Sie sind gezwungen zu improvisieren. Wir bräuchten eigentlich Sozialarbeiter, wir bräuchten Muttersprachenlehrer, wir bräuchten Schulpsychologen, aber die einzigen, die da sind, sind die Lehrer.

Die TALIS-Studie hat ja gezeigt, dass Österreich genau im Bereich der Unterstützungskräfte, die wir auch für die Bewältigung der Migration dringend brauchen würden, mit großem Abstand an letzter Stelle unter den entwickelten Staaten ist. Das System also hat die Migration vom Ausmaß, aber auch von der Qualität her überhaupt nicht zur Kenntnis genommen, weil es ja, und das wissen wir ohnehin, noch in den 60er-Jahren steckt, das ganze System. Und das trifft die Migranten ganz besonders.

*Wie erklären Sie sich, dass sich in den Sonderschulen ein so hoher Prozentsatz an MigrantInnen befindet?*

Auch die nicht-migrantischen Sonderschüler kommen ja sehr stark aus sozioökonomisch benachteiligten Schichten. Da diese Schichten bei den Migranten so überproportional hoch sind, sind sie natürlich auch in der Sonderpädagogik überproportional vertreten. Das ist der statistische Grund. Den zweiten Grund sehe ich in der Hilflosigkeit des Pflichtschulsystems. Viele Volksschullehrer sind einfach mit den multiplen Problemen, die Migranten oft haben – wie bildungsferne Eltern, Sprachprobleme, fehlende Unterstützung aus dem Elternhaus – überfordert. Die Volksschullehrerinnen sagen dann: „Schicken wir sie halt in die Sonderschule, vielleicht kann man ihnen dort besser helfen." Ich sehe da eine Hilflosigkeit der Volksschullehrer. Sie glauben, die tun jetzt dem Kind vielleicht noch was Gutes; sie sind quasi mit ihrem Latein am Ende. Mit 24 oder 25 Schülern kann ich dem Kind nicht gerecht werden, das ist unmöglich.

*Kommen wir zu den Nahtstellen in unserem Schulsystem. An allen diesen Nahtstellen werden Kinder und Jugendliche mit Migrationshintergrund besonders benachteiligt. Wie sehen Sie das auf dem Hintergrund Ihrer Forschungstätigkeit?*

Die Schwierigste ist die erste Schnittstelle, die Schnittstelle von der Familie in den Kindergarten, also zwischen dem 4. und 5. Lebensjahr. Das wird zu wenig gesehen. Da kommen manche Kinder schon mit Defiziten an. Gerade bei Kindern mit Migrationshintergrund vermuten wir aufgrund der Sprachstandsfeststellungen, dass viele schon mit einem erheblichen Sprachrückstand in den Kindergarten kommen. Das heißt, an dieser Stelle treten die ersten Probleme auf. Daher bin ich ja so ein rasanter Vertreter des verpflichtenden zweijährigen Kindergartens. Aus meiner Sicht ist unter den derzeitigen Bedingungen die Möglichkeit, dass diese Kinder gezielt gefördert werden, eher eine Zufälligkeit und auch nach Bundesländern unterschiedlich. Es gibt da keine Systematik.

Kinder kommen also schon mit Defiziten, und das Bildungssystem müsste vom Kindergarten über die Volksschule und Sekundarstufe I diese Schere langsam verkleinern. In Wirklichkeit vergrößert das Schulsystem die Kluft, und die Abstände werden im Verlauf der Jahre immer größer. Es gelingt einfach nicht, diese Differenzen in den Leistungen durch gezielte Maßnahmen in den Kindergärten oder Volksschulen auszugleichen. Man bemüht sich, aber die Strukturen für eine so intensive Förderung sind nicht gegeben. Es gibt keine Diagnostik für die Hand der Lehrer, es gibt keine gezielte Förderung. In der Diagnostik der Ursachen ist man in der Forschung in den letzten 20 Jahren gewaltig vorwärts gekommen. Aber das ist in den Schulen nicht angekommen.

*Wie sieht es mit der nächsten Nahtstelle aus?*

An der Nahtstelle zur Volksschule herrscht das große Schweigen. Man kommuniziert so gut wie nicht miteinander. Wir sollten eigentlich den Kindern Prognosebögen mitgeben. Tatsache ist aber: Nach einem Jahr im Kindergarten weiß die Kindergärtnerin, wenn sie halbwegs gut ist, wo das Kind Stärken und wo es Defizite hat, und kann vielleicht was machen. Dann kommt das Kind in die Schule und fängt wieder bei null an. Es müsste eine durchgehende Diagnostik geben, und man müsste Diagnose- und Förderbögen haben. Das ist eines der größten Probleme an unseren Schnittstellen.

*Über die nächste Schnittstelle, mit zehn, braucht man im Grunde nicht mehr viel zu reden. Warum sind gerade hier die Widerstände so groß? Wie ist das zu verstehen?*

Ich kämpfe seit 35 Jahren für die gemeinsame Schule, und die sollte zumindest von 5 bis 15 dauern. Das ist nicht zu machen. Da sind alle Argumente längst ausgetauscht, wie mit der Lehrergewerkschaft, die zwar immer behauptet, man kann mit ihnen reden, aber man kann mit ihnen nicht reden. Da das so ein extrem besetztes Thema ist, lassen wir es lieber gleich weg. Gesamtschule steht nicht in der Regierungsvereinbarung, und deshalb reden die PolitikerInnen gar nicht mehr darüber. Dadurch, dass man Heterogenität verhindert, haben wir ja diese sogenannten Brennpunktschulen. Hätten wir diese Trennung nicht, gäbe es in diesem Ausmaß keine Brennpunktschulen. In Wien haben wir 50 Prozent Gymnasiasten. Wenn man die Hälften zusammenfügt, wären die Brennpunktschulen in diesem Ausmaß keine Brennpunktschulen. Die werden künstlich geschaffen. Eine Zwei-Klassen-Gesellschaft. Die AHS- oder BHS-Lehrer nehmen diese Realität überhaupt nicht zur Kenntnis. Ich würde sie per Zufall oder Alphabet dazu verdonnern, ein Semester an einer NMS zu verbringen. Das würde ihr Weltbild erweitern.

*Wie sieht es denn mit der letzten Schnittstelle aus?*

Das ist die 9. Schulstufe. Die Handelsschule etwa wird immer mehr ein Abstellposten für die, die keinen Lehrplatz bekommen. Auch in Salzburg haben wir 10 Prozent eines Jahrgangs, der die Schule überhaupt nicht abschließt oder nichts anschließt. Also, 10 Prozent der Kinder eines Jahrgangs haben entweder keinen Hauptschulabschluss, oder sie machen nach der Hauptschule nicht weiter. Sie scheinen nicht in der Schulstatistik auf. Das ist eine bedenkliche Geschichte. Dann kommen noch die Schulabbrecher und die Schulverweigerer, die noch in der Schulpflicht sind, aber diese verweigern.

*Warum befinden sich unter diesen Jugendlichen so viele MigrantInnen?*

Einerseits ist es das bildungsferne Elternhaus und mangelnde Unterstützungsstruktur seitens der Eltern. Oft sind es auch die Peers, die großen Einfluss haben. Viele türkische Jugendliche etwa möchten Kaufmann werden. Die sitzen dann in den Handelsschulen, weil sie keine Lehrverträge haben. Es ist ja schon bemerkenswert, dass wir an der AHS mehr Migranten haben als in den Berufsschulen.

*Wie erklärt sich das?*

Die Erklärung ist relativ einfach. Wann wirst du Lehrling? Wenn du einen Lehrvertrag hast. Der Gatekeeper ist also der Lehrherr. Warum diese lieber Österreicher nehmen mit schlechtem Zeugnis etc., bevor sie einen Migranten anstellen, der vielleicht nicht ganz so perfekt Deutsch spricht, aber sonst in den schulischen Leistungen gut wäre, das muss man die Wirtschaftskammer fragen.

*Abschließend: Was wäre insgesamt Ihr Rat an die Politik?*

Die Empfehlungen liegen schon seit nunmehr acht Jahren vor, im Papier der Zukunftskommission unter Unterrichtsministerin Gehrer, das 2006 übergeben wurde. Dem ist nichts hinzuzufügen.

*Günter Haider ist Bildungsforscher im Fachbereich Erziehungswissenschaft an der Universität Salzburg. Er war Gründungsdirektor des BIFIE und davor unter anderem 15 Jahre lang Lehrer an Volksschulen, Hauptschulen und Polytechnischen Schulen.*

# -VIER-
## Die Eltern

„Was war Ihr bisher berührendstes Erlebnis als Dirigentin?" wurde die weltberühmte Dirigentin Simone Young von einer Journalistin der österreichischen Tageszeitung *Die Presse* gefragt (19.4.2014).

*Ein Konzert in Kroatien. Meine Mutter ist dort geboren. Sie wanderte mit fünf Jahren mit ihren Eltern nach Australien aus. Als ich in einer Kirche in Dubrovnik die Zagreber Philharmoniker dirigierte, saßen meine Eltern in der ersten Reihe. Ich sah, dass meine Mutter, die dieses Land vor über 70 Jahren verlassen hatte, weinte! Ich dachte: Hier sind meine Wurzeln. Meine Großmutter war noch Analphabetin, und ich, ihre Enkelin, kehre als Dirigentin hierher zurück. Plötzlich wusste ich: Dafür sind meine Vorfahren ausgewandert – väterlicherseits aus Irland, mütterlicherseits aus Kroatien.*

Ob die analphabetische Großmutter davon zu träumen gewagt hätte, ihre Enkelin in der Weltliga der allerersten DirigentInnen wirken zu sehen, darf bezweifelt werden, dass sie aber ihr Heimatland mit der Hoffnung auf eine bessere Zukunft für ihre Kinder und Enkelkinder verlassen hat, davon können wir ausgehen. Vielleicht hat sie auch davon geträumt, dass ihre Kinder einmal an einer Universität studieren und Ärzte oder LehrerInnen werden oder es einfach zu etwas bringen im Leben. Australien hat es möglich gemacht, wenngleich Karrieren wie die von Simone Young wohl in jeder gesellschaftlichen Schicht und in jedem Land zu den Ausnahmen zählen dürften. Hoffnungen und Aspirationen haben jedenfalls auch diejenigen, die heute mit ihren Kindern zu uns kommen. Wenn sie aber Analphabetinnen sind, wie Frau Youngs kroatische Großmutter, haben ihre Kinder gewaltige Stolpersteine auf dem Weg zum Bildungsaufstieg zu bewältigen.

# Von der sogenannten Elternmitarbeit

Die österreichische Schule setzt auf die Mitarbeit der Eltern – soweit begrüßenswert. Doch die Vorstellungen von dieser Mitarbeit gehen mitunter recht weit auseinander. Häufig, vor allem in den Gymnasien, wird darunter die Bereitschaft der Eltern oder anderer Erziehungsberechtigter verstanden, zu Vorladungen (vormittags, während der Arbeitszeit) verlässlich und pünktlich zu erscheinen und in der Folge zu Hause daran zu arbeiten, die schulischen Verhaltens- und Leistungsdefizite ihrer Kinder zu beheben. Gespräche dieser Art zeichnen sich oft auch dadurch aus, dass es meist um das geht, was jemand nicht kann, selten um das Gegenteil, und diese „Vorladungen" sind vom Charakter her hierarchisch geprägt. Gewiss, es gibt unzählige positive Beispiele für eine gelungene Kommunikation von LehrerInnen mit den Erziehungsberechtigten, mit Respekt und auf gleicher Augenhöhe, unabhängig davon, wer diese Eltern sind, woher sie kommen oder was sie können oder auch nicht können. Aus meiner jahrzehntelangen Tätigkeit im österreichischen Schulsystem weiß ich, dass die Mehrzahl der Lehrerinnen und Lehrer um ein gutes Einvernehmen mit den Eltern bemüht ist. Während der Arbeit an diesem Buch habe ich eindrucksvolle Beispiele dafür erlebt, wie LehrerInnen Eltern begegnen, die weder der deutschen Sprache mächtig noch mit den Gepflogenheiten des österreichischen Schulsystems vertraut sind. Nicht überall verhält es sich aber so. Meist ist es Ratlosigkeit, oft fehlen die nötigen Kenntnisse, und immer wieder schlägt leider auch Ausländerfeindlichkeit durch. Insgesamt können wir dennoch davon ausgehen, dass sich die Mehrheit der österreichischen Lehrerinnen und Lehrer mehr oder weniger erfolgreich um eine konstruktive Zusammenarbeit mit den Eltern bemüht. Aber selbst diese Mehrzahl der Gutwilligen bewegt sich in einem System, das Elternzuarbeit als Voraussetzung für einen gelingenden Schulerfolg als selbstverständlich betrachtet.

Das Gesetz schreibt dies nicht explizit vor, lässt aber diese Deutungsmöglichkeit zu, denn dort heißt es (Schulunterrichtsgesetz § 61, Abs. 1):

*Die Erziehungsberechtigten haben das Recht und die Pflicht, die Un-*
*terrichts- und Erziehungsarbeit der Schule zu unterstützen. Sie haben*
*das Recht auf Anhörung sowie auf die Abgabe von Vorschlägen und*
*Stellungnahmen. Sie sind verpflichtet, die Schüler mit den erforder-*
*lichen Unterrichtsmitteln auszustatten und auf die gewissenhafte*
*Erfüllung der sich aus dem Schulbesuch ergebenden Pflichten des*
*Schülers hinzuwirken sowie zur Förderung der Schulgemeinschaft*
*beizutragen.*

Worin nun genau diese Pflicht zur Unterstützung der schulischen
Unterrichts- und Erziehungsarbeit besteht, ist vermutlich Ausle-
gungssache. Selbstverständlich ist eine gute Zusammenarbeit von
Elternhaus und Schule nicht nur wünschenswert, sondern befördert nachweislich den Schulerfolg. In der Praxis wird diese vom
Gesetz her vorgeschriebene Unterstützungspflicht indessen meist
so ausgelegt: Gute Eltern lernen mit ihren Kindern, am besten überhaupt, wenn die Mütter zu diesem Zweck einer Halbtagsbeschäfti-
gung nachgehen oder, noch besser, während der Volksschulzeit der
Kinder, ganz auf ihre Berufstätigkeit verzichten. Schlechte Eltern
sind diejenigen, die das nicht tun. Diese Vorstellungen sind tief verankert, und weil heute Mütter immer öfter aus rein ökonomischen
Notwendigkeiten auch mit kleinen Kindern arbeiten gehen, werden
zunehmend Großmütter oder auch Großväter herangezogen und
halten als „NachhilfelehrerInnen der Nation" das System aufrecht.
Immer mehr aber sind nicht mehr in der Lage, der Schule in dieser Form zuzuarbeiten. Wir hören es ständig. Wer kennt etwa nicht
die Klagen von Lehrerinnen und Lehrern darüber, dass zu Hause
niemand mehr mit den Kindern lernt, ja, nicht einmal liest. Welch
Wunder, dass dann nichts Besseres herauskommen kann als die
mittelmäßigen Ergebnisse, die uns PISA bescheinigt. Schuld sind
die Eltern. Schlechte Eltern sind auch die, die nicht in die Vormit-
tagssprechstunden kommen, wenn sie vorgeladen werden. Ob sie
vielleicht gar nicht kommen können, auch wenn sie wollten, ist eine
im System nicht vorgesehene Fragestellung. Selbst die motivier-
testen Lehrerinnen und Lehrer an Neuen Mittelschulen in städtischen

„Brennpunkten" bedauern, dass die Eltern ihre Schülerinnen und Schüler nicht unterstützen können.

Sie bedauern das zu Recht, denn das österreichische Schulsystem benachteiligt strukturell Kinder, deren Eltern sie nicht unterstützen können. Dazu von mir befragt, warum Kinder aus bestimmten Migrationshintergründen in Österreich so schlecht abschneiden und warum hierzulande das Bildungskapital so durchschlägt, erklärte mir der Soziologe Kenan Güngör:

*Ich glaube fest daran, dass einer der wichtigsten Faktoren ist, dass wir den Bildungsauftrag in die Familien auslagern. Das ist der Motor, der so etwas wie soziale Verfestigung, soziale Ungleichheit produziert. ... Und dann wundern wir uns über soziale Ungleichheit. Sie wird vererbt. Eine der wichtigsten Aufgaben des Bildungssystems ist ja, dass man versucht, die sozialen Ungleichheiten in Familienstrukturen und Schichten zu kompensieren und aufzufangen. Durch diese Form der Auslagerung des Bildungsauftrags aber konterkariert man die eigenen staatlichen Ziele, und zwar in einer solchen Massivität, dass ich überrascht bin, dass das in den Medien kaum ein Thema ist.*

Als Vater einer Wiener Volksschülerin erlebt er das so:

*Meine Tochter ist in einer netten Schule, und ich bin sehr damit zufrieden. Aber wir sind jetzt schon dabei, regelmäßig mit ihr zu lernen. Meine Tochter ist in der 3. Klasse, sie ist im guten Durchschnitt der Klasse, aber wenn wir uns nicht jeden Tag eine Stunde Zeit nehmen für sie, würde sie den Stoff nicht hinreichend mitbekommen. Und sie ist in einer Ganztagsschule, ist am Nachmittag bis vier in der Schule. Eine Freundin aus dem Kindergarten, die mit ihr in derselben Klasse ist, kann von den Eltern nicht unterstützt werden. Ich merke schon jetzt den Unterschied.*

Diese strukturell verankerte Vorstellung von der Elternmitarbeit an der Schule hat teilweise schlimme Folgen für so manche Kinder und Jugendliche, vor allem dann, wenn ihre Eltern gar nicht an der Schule mitarbeiten können, ja, wenn sie diese Unterrichtsarbeit nicht einmal unterstützen können, wie das Gesetz es vorsieht, weil sie dazu gar nicht die notwendigen Voraussetzungen haben.

Hier muss angesetzt werden, im Sinne aller österreichischen Eltern und aller österreichischen Kinder, denn alle würden davon profitieren, egal, aus welchen Elternhäusern sie stammen, wenn der öffentliche Bildungsauftrag von den Familien wieder zurück zur Schule gehen würde, wohin er auch gehört, wo er aber in Österreich noch nie zur Gänze verankert war. Unter einer so veränderten Ausgangssituation würde sich auch die Kommunikation zwischen Elternhaus und Schule wesentlich entspannter und professioneller leben lassen können. Der Status quo ist für alle Beteiligten unbefriedigend, vielfach auch belastend, er befördert die Nachhilfeindustrie ebenso wie die sozialen Ungleichheiten. Wenn Eltern nicht dahinter sind und mit ihren Kindern nicht am Nachmittag lernen, aus welchen Gründen auch immer, dann haben diese Kinder weniger Chancen als andere Kinder und fallen systematisch zurück. Aus den diversen Bildungsstudien erfahren wir dann das Ausmaß dieser Benachteiligung. Kenan Güngör: „Schon in der 3. Klasse entscheidet sich, in welche Schultypen du gehen kannst, und das Kind wird eigentlich sehr früh um seine Lebenschancen betrogen. Das kränkt mich."

Dazu kommt noch, dass Ordnung meist auch in die Leistungsbeurteilung einfließt, unter dem Stichwort des dehnbaren Begriffs der „Mitarbeit". Wenn ein Kind seine Sachen nicht in Ordnung hat, die Unterrichtsmaterialien nicht mitbringt, dann fließt das in die Note ein, auch schon in der Volksschule. Tugba D. (Name geändert), Muttersprachenlehrerin für Türkisch einer Wiener Volksschule, an der viele ihrer SchülerInnen zu Hause nicht bei der Unterrichtsvorbereitung betreut werden, sieht das sehr kritisch:

*Viele Mütter von diesen Volksschulkindern sind Putzfrauen, und die müssen früh weg, bevor ihre Kinder in die Schule gehen. Aber wenn ein Kind den Stoff kann, aber kein Dreieck hat, bekommt es trotzdem einen Vierer. Und diese Mütter können auch nicht so gut lesen. Sie können sich nicht kümmern. Diese Kinder sind so allein.*

Aber, so Kenan Güngör, dieser Zustand sei nicht festgeschrieben, das sei das Positive daran:

*Es kommen die PISA-Ergebnisse, und jeder sagt: „Oh Gott, warum spielt denn der Familienhintergrund so eine Rolle?!", dann sage ich: „Das liegt in eurer Hand, das könnt ihr umgestalten!" Deshalb plädiere ich aus diesem Grund für eine Ganztagsschule.*

Die Ganztagsschule allein wird aber weder die soziale Benachteiligung von Kindern und Jugendlichen in unserem Schulsystem beseitigen noch wird sie die Eltern davon entlasten, der Schule zuzuarbeiten, doch sie wäre ein wichtiger Baustein zur Veränderung des wenig befriedigenden Status quo. Derzeit werden viele Kinder durch fehlende Angebote stark benachteiligt. Die Nachmittagsbetreuung ist keine Alternative, weil sie eine Betreuungseinrichtung, aber kein Ort des Lernens ist. Im Übrigen werden diejenigen, die es am meisten brauchen, nochmals durch die geltende gesetzliche Bestimmung benachteiligt, die besagt, dass es nur dann einen Ganztagsschulplatz gibt, wenn beide Eltern berufstätig sind. Gerade Kinder aus bildungsfernen Schichten haben aber häufig Mütter, die nicht arbeiten gehen und darüber hinaus Analphabetinnen sind. Hier ist eine Gesetzesänderung dringend erforderlich. Dass gerade im Bereich der Ganztagsschulen Budgetkürzungen stattfinden, ist eine Entscheidung, die schmerzt. Überraschend kommt sie nicht, Stichwort „Zwangstagsschule".

## Vom Mythos der desinteressierten Eltern

Wenn Erklärungen dafür gesucht werden, warum Kinder aus ökonomisch schwachen und bildungsfernen Elternhäusern es hierzulande so selten zu höheren Schulabschlüssen bringen, so wird gerne auf das Desinteresse der Eltern verwiesen. Gerade von Lehrerinnen und Lehrern hören wir oft, dass sie an die Betreffenden schwer herankämen und viele Eltern sich überhaupt nie in der Schule blicken ließen. Das will ich gar nicht bezweifeln, aber die Ursachen dafür sind vielfältig. Gewiss gibt es Eltern, die sich weder für ihre Kinder noch für deren schulischen Erfolg interessieren, aber dabei handelt es sich um eine kleine Minderheit, während der Mehrheit sehr viel daran liegt, dass es den Kindern einmal besser gehen soll als ihnen selber. Das berichten übereinstimmend all die, die sich dieser Elternarbeit bewusst widmen. Auch wissenschaftliche Studien, die sich in der letzten Zeit mit Elternaspirationen befasst haben, kommen zum gleichen Ergebnis. Oft kennen Eltern das System nicht und wissen daher gar nicht, was zu tun ist.

Aus der Praxis dazu die langjährige Volksschuldirektorin Ilse Henner:

*Man kann annehmen, dass es Desinteresse ist, aber ich bin überzeugt, bei 99 Prozent ist es nicht Desinteresse, sondern Angst. Oft sind es sprachliche Probleme. Sie haben das Gefühl, sie sind mit dem, was sie erwartet, überfordert. Sie wissen sich nicht zu helfen … Für die meisten ist ganz klar: Mein Kind soll es einmal besser haben, meinem Kind soll es besser gehen. Auch wenn sie selber aufgewachsen sind ohne schulische Bildung, haben sie versucht sich einzubringen in die Schule, sobald sie bemerkt haben, was in der Schule gemacht wird.*

Dejan E., Wiener Muttersprachenlehrer für Türkisch, der an einer Neuen Mittelschule und an einer Volksschule arbeitet, sieht das ähnlich:

*„Wunsch und Wahrheit – die unterscheiden sich. In der Volksschule merke ich, dass alle türkischen Eltern ihre Kinder ins Gymnasium schicken wollen. Die haben bemerkt, das Gymnasium ist irgendwie eine bessere Schule als die Hauptschule oder die Neue Mittelschule. Aber das Problem ist, sie kennen das System nicht. In der Hauptschule und nach der Hauptschule ändern sie dann ihre Meinung, denn wenn ein Kind ins Gymnasium geht, heißt das vier Jahre Oberstufe, dann Matura und dann nach der Matura Uni. Das dauert, und das sind finanziell nicht gut dastehende Familien. Wenn sie dann erfah-*

*ren, dass das Kind mindestens bis 25 Jahre studieren muss, um dann zu arbeiten, ändern sie dann ihre Meinung.*

Die lange Ausbildung würde gerade für ökonomisch schlecht gestellte Familien eine zu große finanzielle Belastung darstellen. Auch für Dejan E. ist aber klar, dass die Wunschträume der Eltern auf ein besseres Leben für ihre Kinder abzielen. „Sie denken: ‚Du sollst nicht wie ich werden. Ich arbeite wie ein Esel und du sollst eine bessere Arbeit und ein besseres und schöneres Leben haben.' Das höre ich oft."

Dass die am Bildungserfolg ihrer Kinder desinteressierten Eltern ein Mythos sind, darüber herrscht auch in der Forschung Konsens. Gerade Eltern, denen selber in ihren Herkunftsländern eine solide Bildung, wenn nicht überhaupt eine Grundbildung, versagt wurde, wollen, dass ihre Kinder eine gute Ausbildung erhalten, wenn möglich im „Gymnasium". Wie sie dahin kommen, das wissen sie leider häufig nicht.

Für Eltern aus der Mittel- und Oberschicht ist das Bemühen um einen möglichst hohen Bildungsabschluss für ihre Kinder längst zu einer zentralen Verpflichtung, ja, Lebensaufgabe geworden. Wer kennt sie nicht, aus eigener Erfahrung oder aus dem Freundeskreis, die Panik, die Verunsicherung, die ausbricht, wenn es um die Schulwahl geht. Die Schulwahl wird zur Schulqual. Die Schule ums Eck, die in meiner Kindheit noch die selbstverständliche erste Wahl war, hat ausgedient. Selbst der Kindergarten muss wohl überlegt werden. Was ist seither geschehen? Bildung ist zum wichtigsten Kapital für ein gutes Leben geworden, sie gehört zum „Humankapital" eines Menschen – ein Zugang, der auch viele KritikerInnen auf den Plan gerufen hat. Durch diesen zentralen Stellenwert, der der Bildung heute zukommt, entsteht gerade auf die Mittelschicht ein starker Druck, den sozialen Status zu bewahren und diesen für seine Kinder abzusichern.

Der deutsche Sozialforscher Heinz Bude nennt dieses Phänomen „Bildungspanik". Deutschland hat, ebenso wie Österreich, ein Schulsystem, das hoch selektiv ist und in dem die soziale Benachteiligung so durchschlagend wirkt wie kaum anderswo. Das bewirkt auf der einen Seite einen immer stärkeren Trend zu einer Art Elitenbildung im Bildungssystem, parallel dazu findet eine gewisse Gettoisierung innerhalb dieses Systems statt. Diese Entwicklung hat nicht nur mit den Migrationsbewegungen der letzten Jahrzehnte zu tun, sondern hängt eng mit dem veränderten Stellenwert zusammen, den Bildung heute für die Statusbewahrung hat. Die Mittelschicht, die Bildungsgewinner der 1970er- und -80er-Jahre, verteidigt diese Bildungsreservate für ihre Kinder. Dieses Phänomen ist weder spezifisch deutsch noch österreichisch, wird aber durch unser selektives, sozial ungerechtes Bildungssystem erheblich verstärkt. Während also die Mittelschicht immer mehr ins Gymnasium strebt, finden sich die anderen, die zu einem unverhältnismäßig hohem Prozentsatz Migrationshintergrund haben und aus sozialen Randgruppen kommen, in den Hauptschulen wieder – in Deutschland wie in Österreich. Die Neue Mittelschule hat bekanntlich daran nichts geändert. Diese Spaltung in unserem Bildungssystem wurde lange schöngeredet und lässt sich inzwischen nicht mehr leugnen, was nicht zuletzt ein Verdienst von internationalen Bildungsstudien ist. Die unerfreulichen Tatsachen sind also inzwischen bekannt. Umso erstaunlicher, dass weder in Deutschland noch in Österreich diese Problematik von den verantwortlichen PolitikerInnen ganz grundlegend in Angriff genommen wurde. Hierzulande wurde mit der Neuen Mittelschule ein mehr als halbherziger Versuch unternommen, dieser Spaltung entgegenzuwirken, in Deutschland versucht man es mit der allmählichen Abschaffung der Hauptschulen.

Solange es eine Schulform gibt, die als höherwertig angesehen ist, nämlich in beiden Ländern das Gymnasium, wird der Trend dahin nicht aufzuhalten sein. In Wiener Bezirken mit einem hohen Anteil von ZuwandererInnen haben deren Kinder längst die Gymnasien erreicht und stellen dort vielfach die große Mehrheit der Schülerinnen und Schüler. Wie könnte besser zum Ausdruck kommen, dass Zuwanderereltern aus finanziell prekären Verhältnissen gleich hohe Aspirationen für die Bildungszukunft ihrer Kinder haben wie Mittelschichteltern? Leider aber finden diese Kinder aus ungebildeten, ökonomisch schwachen Elternhäusern ungleich schwerer in die höheren Schulen, noch dazu, wenn ein sogenannter Migrationshintergrund dazukommt.

Zu dieser systemisch bedingten Spaltung in unserem Schulsystem kommt noch erschwerend die Tatsache, dass Unkenntnis des Schulsystems sowie sprachliche Schwierigkeiten seitens der Eltern sich bei der Schulwahl erschwerend auswirken und negative Folgen für die Bildungskarrieren vieler Kinder und Jugendlicher haben.

## Die Eltern ins Boot holen

Angesichts der Tatsache, dass Bildung für die Zukunft unserer Kinder und Jugendlichen immer wichtiger wird, kommt der Kommunikation gerade mit bildungsfernen beziehungsweise der deutschen Sprache nicht mächtigen Eltern sowie auch der Elternbildung immer mehr Gewicht zu. Da das Schulsystem als Ganzes darauf noch nicht reagiert hat, sind Initiativen, die diese Leistungen erbringen, immer wichtiger geworden. Teils sind es Angebote der Kommunen, wie beispielsweise die Initiative „Mama lernt Deutsch" in Wien oder der „Omega-Dolmetsch-Pool" in Graz, der auch Eltern in schulischen Angelegenheiten unterstützt. Teils kommen die Angebote auch aus den Volkshochschulen oder aus den Glaubensgemeinschaften oder von gemeinnützigen Vereinen wie dem Verein „Nachbarinnen" in Wien, der speziell mit Müttern und Mädchen arbeitet. Viele dieser Initiativen sind auch mit Kindergärten und Schulen vernetzt, sodass man dadurch leichter an die Zielgruppe der Eltern herankommen kann. Gar nicht auszudenken, wie es um unsere Schulen bestellt wäre, wenn es all diese Initiativen nicht gäbe!

Da unsere Schule derzeit recht schlecht für die Arbeit und Kommunikation mit den Eltern aufgestellt ist, erhält die Frage, wie man unter den derzeitigen Bedingungen an jene Eltern herankommt, die diesen Kontakt mit der Schule besonders brauchen, umso mehr Gewicht. Eine Studie der deutschen Bertelsmann-Stiftung hat ergeben, dass gerade türkischstämmige MigrantInnen noch häufiger als Deutsche der Meinung sind, ein erfolgreiches Schulsystem führe zu einer erfolgreicheren Wirtschaft. Während 58 Prozent der Deutschen bezweifeln, dass der Besuch einer Hauptschule reicht, um in der Gesellschaft voranzukommen, sind es unter den türkischstämmigen MigrantInnen sogar 76 Prozent, die diese Skepsis teilen.

Auch in Österreich verhält es sich nicht viel anders. Eltern mit insbesondere türkischem Migrationshintergrund haben sehr oft hohe Bildungsaspirationen für ihre Kinder wie einen Berufsabschluss als Arzt, Ingenieur oder Rechtsanwalt. In ihrer Diplomarbeit hat Teresa Bauer Bildungsverläufe von österreichischen Kindern mit Migrationshintergrund untersucht, deren Eltern maximal Pflichtschulabschluss hatten und hat dabei herausgefunden, dass die Bildung der Mutter und die damit verbundenen Kompetenzen entscheidende Kriterien für den Bildungsweg des Kindes waren. Kinder von Müttern mit positiven Schulerfahrungen besuchen häufiger nach der Volksschule ein Gymnasium, auch wenn ihre Eltern maximal Pflichtschulabschluss hatten. Ein anderer entscheidender Faktor ist, ob Eltern den Mut haben, bei den LehrerInnen nachzufragen oder ob sie sich für ihre fehlende Information schämen. Die Kinder der ersten Gruppe schaffen es öfter an ein Gymnasium als die der zweiten. Dass Eltern häufig deshalb nicht in die Schule kommen, weil sie sich schämen, habe ich bei vielen meiner Schulbesuche, aber auch in Interviews mit Betroffenen, zu hören bekommen.

*Die Mütter haben auch Scheu mit mir zu reden. Es wird auch nicht so gern gesehen in konservativen türkischen Kreisen, wenn eine Frau mit Kopftuch mit mir spricht. Sie sind ein bisschen schulscheu. Sie kommen nicht gern in die Schule.*

So erlebt es Dejan E., Muttersprachenlehrer für Türkisch in Wien-Favoriten, immer wieder.

Gerade in der Gruppe der türkischsprachigen ZuwandererInnen sind daher die Mütter wichtige Ansprechpersonen, wenn es um den Schulerfolg ihrer Kinder geht. Hier setzen inzwischen in ganz Österreich Projekte und Initiativen an, seien es Angebote von Ländern oder Gemeinden, seien es Privatinitiativen. Christine Scholten, Internistin im Wiener Bezirk Favoriten und zusammen mit der Sozialarbeiterin Renate Schnee Gründerin des Projekts „Nachbarinnen in Wien", sieht hier großes Potenzial: „Ich habe jeden Tag 40-jährige Analphabetinnen hier sitzen." Die Unfreiheit der Frauen sowie die Perspektivenlosigkeit der Kinder, mit denen sie in der Arbeit in ihrer Ordination konfrontiert war, hätten sie zu dieser Initiative motiviert. Manche der Frauen leben seit 20 Jahren hier, sprechen kein Wort Deutsch und gehen kaum aus dem Haus. Kritisch sieht sie auch, dass Schulen akzeptieren, wenn Mädchen nicht auf Skikurs mitfahren oder nicht schwimmen gehen dürfen. Diese Frauen und deren Kinder sollen gestärkt werden. Das Spannende an diesem Projekt ist, dass Frauen, die sich in ihrer Wohnumgebung gut auskennen, aber nie gearbeitet haben, in einer von der Alpen-Adria-Universität Klagenfurt zusammengestellten Ausbildung zu mobilen sozialen Assistentinnen ausgebildet werden, 13 an der Zahl sind es inzwischen. Die Lernhilfe für Frauen und Mädchen ist allerdings mit Integrationsbemühungen gekoppelt. Gibt es letztere nicht, wird die Kooperation eingestellt. Eltern miteinzubeziehen, sei von elementarer Bedeutung für die Integration der Kinder, meint Christine Scholten.

Initiativen wie diese zeigen die Richtung, in die es gehen sollte, nämlich im Bereich aller Schulen, die mit MigrantInnen aus solchen sozial benachteiligten Milieus zu tun haben. Wie aber die Eltern ins Boot holen, wenn es sich derzeit noch so spießt unter den gegebenen Rahmendingungen? Was tun, wenn die Ressourcen dafür fehlen? Zugegeben ein mühsames Unterfangen, erfordert es doch nicht nur Wissen um die Problematik und eine gehörige Portion Engagement, sondern auch viel Spitzfindigkeit im Umgang mit den vorhandenen Ressourcen. Dass es dennoch halbwegs funktionieren kann, habe ich sowohl in den Kindergärten als auch an den Schulen erlebt, die ich besucht habe und von denen einige im Kapitel 6 porträtiert werden. Allen gemeinsam ist, dass sie diese Kommunikation mit den Eltern aktiv herbeiführen und dass diese Kommunikation nur gelingen kann, wenn sie von gegenseitigem Respekt getragen ist und auf gleicher Augenhöhe stattfindet.

Eine weitere wesentliche Voraussetzung ist die Wertschätzung von Mehrsprachigkeit und das Bemühen, Sprachbarrieren so weit wie möglich entgegenzuwirken, sei es, durch DolmetscherInnen, die bei Elterngesprächen herangezogen werden, sei es durch Sprachkurse für Mütter, die an den Schulstandorten abgehalten werden, sei es, indem durch Feste und Feiern Situationen geschaffen werden, die den Kontakt mit der Schule oder dem Kindergarten auf entspanntem Niveau herstellen. Ermunterung und Mut machen gehört auch zum Repertoire der auf diesem Gebiet erfolgreichen Schulen. AHS-DirektorInnen an Schulen mit einem hohen Anteil von Kindern mit anderen Erstsprachen als Deutsch berichten mir, wie viel Zeit sie bei den Aufnahmegesprächen dafür verwenden, die Eltern zu ermuntern, es in der AHS zu versuchen, auch wenn die Deutschkenntnisse noch nicht so perfekt sind. Für Eltern, die mit dem österreichischen Schulsystem nicht vertraut sind, sind Informationen dazu hilfreich. Was die Zeit für die Eltern betrifft: Derzeitige Regelungen und Usancen schließen manche Eltern von vornherein von regelmäßigen Kontakten mit der Schule aus, da sie sich an Vormittagen gar nicht von der Arbeit freimachen können. Dem könnte man begegnen, indem man auch Sprechzeiten vor dem Unterricht sowie am späten Nachmittag ansetzt. Manche Schulen machen das bereits, allerdings dürfte deren Zahl überschaubar sein. Schließlich trägt die Beschaffung von zusätzlichen Ressourcen, die von außerschulischen Initiativen geholt werden, auch erheblich zur Zusammenarbeit mit den Eltern bei, die diese Kontakte zur Schule von sich aus nicht so gut oder gar nicht herstellen können. Die Angebote müssen allerdings niederschwellig und freiwillig sein, das ist eine wesentliche Voraussetzung. Es ist schön und ermunternd zu sehen, dass es viele LehrerInnen, DirektorInnen, KindergartenpädagogInnen gibt, die den Weg zu den Eltern suchen und finden, auch wenn die Voraussetzungen dafür seitens der Eltern ungünstig sind. Das derzeitige Schulsystem befördert allerdings diese Arbeit nicht.

# -FÜNF-
# Die monolinguale Schule in einer mehrsprachigen Gesellschaft

## „Ich weiß schon vier Sprachen!" – Alltagsrealitäten

Werfen wir noch einmal einen Blick in den Kindergarten in der Großfeldsiedlung im 21. Wiener Gemeindebezirk. Um neun Uhr morgens sind die meisten Kinder eingetroffen. Gesunde Jause steht auf dem Vormittagsprogramm, die ersten Vorbereitungen der „Kochteams" beginnen. Auch die Sprachförderassistentin ist schon am Werk. Ihrer Arbeit gilt an diesem Vormittag mein besonderes Interesse. Sie arbeitet mit den Vorschulkindern, aber auch mit anderen Kindern, wenn es sich ergibt. Da die Kindergartengruppen integrativ geführt werden, gibt es pro Gruppe zwei Pädagoginnen und dazu noch sie als Sprachförderassistentin. In einem anderen Kindergarten in der Nähe, wo sie vorher tätig war, gäbe es nur eine Pädagogin für 25 Kinder, und da könnten einzelne Kinder nicht mehr gefördert werden, meint sie. Das Betreuungsverhältnis sei in vielen Kindergärten viel zu hoch. Die Pädagoginnen seien darüber hinaus in den letzten Jahren mit immer mehr Dokumentationen überlastet. Sie könne bei ihrer Arbeit hier normalerweise jedes Kind dort abholen, wo es gerade sei. Von ihrer Ausbildung her ist sie Erziehungswissenschaftlerin und hat an der Universität Wien studiert. Einige Jahre lang hat sie als Heilpädagogin gearbeitet und sich dann durch Zusatzausbildung zur Sprachförderassistentin ausbilden lassen. Ihre jetzige Tätigkeit sei gut mit der Betreuung ihrer eigenen, noch kleinen Kinder vereinbar und erfülle sie mit großer Freude. Sie setzt in ihrer Arbeit auf eine Mischung von Sehen, Hören und Fühlen, während Arbeitsblätter nur sehr sparsam zum Einsatz kommen. Die Gefahr der Verschulung und Demotivation sei groß, wenn Arbeitsblätter überhandnähmen.

Im Lauf des Vormittags wird mir klar, was sie meint, denn für die Kinder sind auch die Würfel- und Kartenspiele, Verbspiele oder Artikelspiele, die sie mit großem Eifer und mit Vergnügen betreiben, sehr ermüdend. Nach einer Weile ist es vorbei mit der Konzentration. Auch die Pädagoginnen und der Pädagoge arbeiten in diesem Kindergarten mit Sprachspielen und betreiben auch in anderen Spielzusammenhängen kontinuierlich Sprachförderung. Die Sprachförderassistentin setzt auf die Methode des „korrektiven Feedbacks": Wenn das richtige Wort noch nicht bekannt ist, wird die ganze Phrase mit dem richtigen Verb oder dem richtigen Artikel usw. wiederholt, aber es wird bewusst nicht korrigiert. Der korrekte Sprachgebrauch wird benannt, aber der Sprachgebrauch des Kindes nicht als fehlerhaft punziert. Sprachen sind also hier den ganzen Tag Thema, und nicht nur, weil ich, die neugierige Besucherin, die Kinder immer wieder darauf anspreche. Drei fünfjährige Mädchen, die zwar noch schlecht Deutsch sprechen, beweisen mir, dass sie dennoch ein ausgeprägtes Gefühl dafür haben, wie wichtig ihnen Sprache ist. Als ich sie nach ihren Namen frage und diese fehlerhaft wiederhole, korrigieren sie mich so lange, bis ich die Aussprache richtig hinbekomme. Ein Mädchen thematisiert ihre Mehrsprachigkeit: „Ich weiß schon drei Sprachen – Türkisch, Deutsch und Englisch." „Und ich weiß vier", sagt ihre Nachbarin, die ihre vierte Sprache zwar nicht benennen kann, aber dabei bleibt, dass sie vier Sprachen kennt/spricht. Auch wenn sich bei meiner Nachfrage herausstellt, dass sich die Englischkenntnisse meiner Gesprächspartnerinnen auf Grußformeln und Bezeichnungen für Speisen beschränken, so zeigt die kleine Episode doch eines ganz deutlich: Diese kleinen Mädchen sind stolz darauf, mehrsprachig zu sein. Es bleibt ihnen nur zu wünschen, dass sie es am Ende ihrer Schulzeit noch immer sein dürfen: Keine Selbstverständlichkeit in unserem Schulsystem, das zwar zunehmend von einer mehrsprachigen Schülerschaft gekennzeichnet, aber in seinen Grundzügen noch immer monolingual ausgerichtet ist, trotz der diversen gesetzlichen Maßnahmen, mit denen im Laufe der letzten zwei Jahrzehnte auf die veränderte Ausgangssituation reagiert wurde.

Stolz auf ihre Mehrsprachigkeit sind auch die Teilnehmerinnen und Teilnehmer des im Februar 2014 bereits zum fünften Mal abgehaltenen Redewettbewerbs „Sag's Multi" des Vereins „Wirtschaft und Integration". Insgesamt nahmen 407 Schülerinnen und Schüler aus ganz Österreich mit anderen Erstsprachen als Deutsch teil. Wie bereits in den Jahren zuvor mussten sie ihre Rede auf Deutsch und in ihrer jeweiligen Erstsprache halten. 39 unterschiedliche Sprachen waren in diesem fünften Wettbewerb vertreten, die Jugendlichen kamen aus den verschiedensten Schultypen, doch eines hatten sie trotz aller Unterschiedlichkeiten gemeinsam: Freude an ihrer Mehrsprachigkeit ebenso wie ein Bekenntnis zu Österreich. „Ich liebe dieses Land", sagte der Gewinner des Wettbewerbs, der 17-jährige Rohullah Nasari aus Afghanistan, der nach erst eineinhalb Jahren in Österreich seine Rede auf Deutsch halten konnte – ein Ausnahmetalent, zweifellos, aber auch alle anderen Rednerinnen und Redner konnten die Herausforderung mühelos meistern. Wer das einmal erlebt hat, wird es nie mehr vergessen. Wir können davon ausgehen, dass diese Jugendlichen Lehrerinnen und Lehrer haben, die ihnen auf diesem Weg geholfen haben und sie ermutigt haben, die Chance ihrer Mehrsprachigkeit zu nützen. In einem System, das noch immer ungenügend dafür ausgerüstet ist, mit der veränderten Ausgangssituation in der Migrationsgesellschaft umzugehen, sind solche Lehrerleistungen besonders hoch zu schätzen, und die Betreffenden sollten allesamt vor den Vorhang geholt werden. Es gibt im ganzen Land immer mehr LehrerInnen, aber auch SchulleiterInnen, die den Wert der Mehrsprachigkeit schätzen und ihre Schülerinnen und Schüler entsprechend fördern. Auch zahlreiche Initiativen und Institutionen wie interkulturelle Mitarbeiterinnen in niederösterreichischen Kindergärten, die Initiative „okay-linc für Zuwanderung und Integration in Vorarlberg" bis zum Sprachförderzentrum in Wien machen Hoffnung.

Allerdings können die zahlreichen Projekte und Maßnahmen keineswegs darüber hinwegtäuschen, dass die Sprachenpolitik der letzten Jahre auf den Erwerb der Zweitsprache Deutsch fokussiert war und ist. Dazu kommt, dass die Sprachen der MigrantInnen gegenüber anderen Fremdsprachen wie Englisch oder Spanisch von geringem gesellschaftlichem Prestige sind. Leider gibt es immer wieder auch Fälle, in denen es Kindern und Jugendlichen überhaupt untersagt ist, sich in der Schule mit ihren Freundinnen und Freunden in ihrer jeweiligen Erstsprache zu unterhalten. So ist es auch Irena V., 15, während ihrer Hauptschulzeit ergangen.

*Ich hatte eine Serbin in der Klasse, und Serbisch und Bosnisch sind ganz ähnlich, und so haben wir uns miteinander unterhalten. Aber meine Geschichtelehrerin ist gekommen und hat gesagt: „Hört's jetzt sofort auf, in eurer Muttersprache zu reden!" Auch andere Lehrer haben es verboten.*

## „Deutsch ist die Pflicht, die Muttersprache ist die Kür" – politische und schulische Realitäten

Als im Frühjahr 2014 eine Studie präsentiert wurde, nach der 20 Prozent der österreichischen SchülerInnen im Alltag nicht Deutsch sprechen, wurde das vom zuständigen Bundesminister, Sebastian Kurz, folgendermaßen kommentiert: „Ich will, dass wir früher investieren statt später reparieren. Wir müssen den Fokus auf Deutsch setzen. Die Muttersprache ist die Kür, Deutsch ist die Pflicht." Bei aller Wertschätzung der Tätigkeit des Ministers, der das Thema Migration von der Sachebene her angeht: Aber hier irrt er gewaltig. Alle einschlägigen Forscherinnen würden dem einhellig widersprechen, allen voran die SprachwissenschaftlerInnen; gilt doch längst als erwiesen, dass der Zweit- und Drittspracherwerb erst dann gut gelingen kann, wenn der Erstspracherwerb gesichert ist. Letzterer kann nicht irgendwann als Kür absolviert werden oder auch nicht. Schon gar nicht kann man, um beim Bild zu bleiben, ganz auf ihn verzichten.

Um keine Missverständnisse aufkommen zu lassen: Der Erwerb der Unterrichtssprache und Amtssprache ist enorm wichtig und in ihn ist von ganz früh an massiv zu investieren. Doch parallel dazu ist die Erstsprache zu sichern. Für beides gilt es entsprechende schulische Maßnahmen zu treffen, für beides ist derzeit mangelhaft vorgesorgt. Zwar gibt es im Bildungsministerium seit 2008 eine Abteilung für „Diversitäts- und Sprachenpolitik sowie Sonderpädagogik und Inklusion", die sehr gute Arbeit leistet und viel zur Schärfung des Bewusstseins in der Lehrerschaft beigetragen hat, doch kann auch diese nur einen vergleichsweise kleinen Beitrag zur Verbesserung der Situation leisten. Auch in den Landesschulräten gibt es Servicestellen, Sprachzentren und KoordinatorInnen beziehungsweise Ansprechpersonen. Darüber hinaus gibt es auf lokaler Ebene, also in den Gemeinden, Maßnahmen und Programme, die den Erwerb der Zweitsprache Deutsch ebenso wie auch die Festigung der Erstsprache unterstützen und befördern sollen. Beispielsweise nehmen 15 Wiener Volksschulen am Projekt der mehrsprachigen Alphabetisierung teil, bei dem zehn Stunden pro Woche neben der Klassenlehrerin noch die Muttersprachenlehrerinnen für BKS (Bosnisch/Kroatisch/Serbisch) und für Türkisch in der Klasse anwesend sind und mitunterrichten. In ganz Österreich gibt es Projekte, die sich mit sprachlicher und kultureller Vielfalt auseinandersetzen, und das Bildungsministerium unterstützt diese Initiativen explizit, auch finanziell. Andererseits gibt es aber auch nach wie vor Schulen, die nur ein Minimum an Unterstützungsmaßnahmen anbieten. Ob sich ein Kind oder ein Jugendlicher sprachlich gut entwickeln kann, hängt also in hohem Ausmaß davon ab, in welcher Bildungsinstitution er landet. Dazu kommt noch: Die Ressourcen reichen auch dort nicht, wo Schulen das vorhandene Angebot voll ausschöpfen und sich zusätzlich mit Institutionen der Erwachsenenbildung vernetzen. Schließlich, und hier liegt das Grundproblem: Das Schulsystem als Ganzes hat sich noch nicht auf die Tatsache eingestellt, dass Österreich ein mehrsprachiges Land geworden ist. Das ist umso befremdlicher, da ja die veränderte österreichische Schullandschaft nicht erst von gestern auf heute entstanden ist, sondern schon seit Jahrzehnten abzusehen war, wohin es geht. Selbst im Jahr 2014 fehlt ein Gesamtplan, der mit der frühkindlichen Förderung beginnt und bei der Erwachsenenbildung endet.

Die Realität in sämtlichen Bildungsinstitutionen ist ernüchternd: Eine flächendeckende Sprachförderung im Kindergarten etwa ist schon alleine deshalb nicht in Sicht, weil wir in Österreich meilenweit davon entfernt sind, den Kindergartenbedarf überhaupt abdecken zu können. Auch in den Volksschulen kann Sprachförderung nicht in dem Ausmaß angeboten werden, das erforderlich wäre. Dasselbe trifft auf alle anderen Schultypen zu. In der Lehrerbildung war das Thema der Zwei- und Mehrsprachigkeit bislang so gut wie gar nicht abgedeckt, in der Lehrerfortbildung stellt sie bis heute nur eine freiwillige Maßnahme dar. Ob und in welchem Ausmaß künftig Mehrsprachigkeit als verpflichtendes Element in die Curricula der „Pädagogenbildung Neu" einfließen wird, wird noch zu sehen sein. Der Bedarf ist gegeben, die Ausgangslage jedenfalls ist eindeutig: Im Schuljahr 2010/2011 sprachen 210.788 Schülerinnen und Schüler insgesamt 80 nicht-deutsche Erstsprachen. An erster und zweiter Stelle waren darunter BKS (Bosnisch/Kroatisch/Serbisch) und Türkisch vertreten, gefolgt von Albanisch. Neben Rumänisch und Arabisch wird auch Polnisch, Ungarisch und Tschetschenisch häufig in österreichischen Klassenzimmern gesprochen.

Wie viele Sprachen insgesamt in der österreichischen Bevölkerung gesprochen werden, kann nur geschätzt werden, da die letzte Volksbefragung, in der Sprachen erhoben wurden, aus dem Jahr 2001 stammt. 2001 verwendeten 88,6 Prozent der österreichischen Bevölkerung ausschließlich Deutsch als Umgangssprache, 2,8 Prozent gaben an, ausschließlich eine andere Sprache als Deutsch zu verwenden, und 8,6 Prozent schließlich gaben an, neben Deutsch noch eine andere Umgangssprache zu verwenden. 2011 wurden die Sprachen nicht mehr erhoben. Für Wien geht man derzeit von 250 bis 280 unterschiedlichen Sprachen aus, für Graz von 150. Keine Frage: Österreich ist mehrsprachig geworden.

## Jeder Mensch ist mehrsprachig

Die Sprachwissenschaft hält nicht viel von der derzeit vorherrschenden politischen Linie, die den Fokus fast ausschließlich auf den Erwerb der deutschen Sprache legt. In der neueren Linguistik herrscht Konsens darüber, dass, im Sinne einer inneren Mehrsprachigkeit, jeder Mensch mehrsprachig ist – unabhängig davon, ob jemand in einer ein- oder mehrsprachigen Umgebung aufgewachsen ist. Die Mehrsprachigkeit in diesem Sinn bezieht sich nicht auf Sprachen im klassischen Sinn, sondern umfasst ebenso Dialekte, Jargons, Kindheitssprache und vieles andere. Niemand ist also einsprachig. Mehrsprachigkeit im engeren Sinn liegt dann vor, wenn ein Kind zusätzlich zur Erstsprache mit einer weiteren aufwächst, weil diese in seiner Umgebung als Umgangs- und Verkehrssprache gesprochen wird. Erstsprache (oder Muttersprache) bezeichnet die Sprache, mit der ein Kind in seiner frühen sprachlichen Entwicklung aufwächst. Als Zweitsprache bezeichnet man die Sprache, die Landes-, Behörden- und Schulsprache ist. Die Zweitsprache wird nicht isoliert erworben. Sie ist nicht zu verwechseln mit echtem Bilingualismus, der dann vorliegt, wenn ein Kind mit Eltern unterschiedlicher Erstsprachen aufwächst. In Österreich ist die Zweitsprache für ZuwandererInnen Deutsch. Fremdsprachen hingegen lernt man im Regelfall fern von der zielsprachigen Umgebung, also jene, die man beispielsweise in der Schule erwirbt, wie Englisch, Französisch, Russisch etc.

Wichtig in unserem Zusammenhang ist auch der „Gemeinsame Europäische Referenzrahmen für Sprachen" (GERS), der vom Europarat entwickelt wurde, um der zunehmenden Mobilität innerhalb Europas Rechnung zu tragen und zum Ziel hat, die Anerkennung der sprachlichen Kommunikation auf eine fundierte Basis zu stellen. Seit 2001, dem „Europäischen Jahr der Sprachen", gibt es diese Richtlinie, und sie hat erheblich dazu beigetragen, dass ein Bewusstsein für die Bedeutung des Sprachenlernens in Europa entstanden ist, aber auch, dass der Sprachunterricht sich professionalisiert hat. Das Kernstück des GERS ist die konkrete Beschreibung von fünf sprachlichen Fertigkeiten auf insgesamt sechs unterschiedlichen Niveaustufen, A1 bis C2. Diese Fertigkeiten sind dialogisches Sprechen, monologisches Sprechen, Hören, Lesen und Schreiben. Dem Referenzrahmen kommt im Kontext von Mehrsprachigkeit insofern große Bedeutung zu, als er zum Ausdruck bringt, dass Mehrsprachigkeit keineswegs gleichbedeutend ist mit gleichen Kompetenzen in allen Bereichen. Keineswegs vorgesehen hingegen war mit der Einführung des Referenzrahmens, dass dieser zur Beschreibung von erst- und zweitsprachlichen Kompetenzen benutzt wird und in Gesetzestexte einfließt, mit denen Berechtigungen verbunden sind, wie etwa die Aufenthaltsgenehmigung. Diese Entwicklung ist sehr kritisch zu sehen, da sie im Grunde die ursprüngliche Intention sogar konterkariert und den Gedanken der europäischen Verständigung zugunsten eines Sanktions- und Selektionsinstruments in den Hintergrund drängt.

Dennoch: Seit 2001, dem „Europäischen Jahr der Sprachen", hat sich auch in Österreich im Bereich des Sprachunterrichts einiges geändert, wenngleich die meisten Maßnahmen schwerpunktmäßig den Fremdsprachenunterricht sowie Fördermaßnahmen in Deutsch als Zweitsprache betreffen. So beginnt etwa seit dem Schuljahr 2003/2004 der Fremdsprachenunterricht mit der 1. Klasse Volksschule – meist wird Englisch angeboten. Seit 2007 gibt es eine Reihe von Maßnahmen, die im Bereich der vorschulischen Bildung ansetzen. So wurden Bildungsstandards erarbeitet, die die Sprech- und Sprachkompetenz zu Beginn der Schulpflicht feststellen. Diese Sprachstandsfeststellungen gelten für alle Kinder in einem Kindergarten, unabhängig, welche Erstsprache sie sprechen. Es zeigte sich aber in der ersten Sprachstandsfeststellung, dass Kinder mit Deutsch als Zweitsprache einen erheblich größeren Förderbedarf hatten als Kinder mit Deutsch als Erstsprache, nämlich 60 Prozent gegenüber 24 Prozent. In der Folge wurde als Konsequenz mit dem Kindergartenjahr 2010/11 das letzte Kindergartenjahr verpflichtend und gratis eingeführt – eine sehr wichtige Maßnahme und ein wichtiger Schritt in die richtige Richtung.

## „Deutsch zugleich" statt „Deutsch zuerst"

Neujahrstag 2014 in Belgrad. Wir kommen mit unserem Taxifahrer ins Gespräch, der fast akzent- und jedenfalls fehlerfrei Deutsch spricht und vermuten, es mit einem Germanistikstudenten zu tun zu haben, der sich mit Taxifahren seinen Unterhalt verdient. Weit gefehlt. Der junge Mann war in Vorarlberg geboren und hatte dort die Volksschule besucht. Seine Eltern waren FabriksarbeiterInnen. Mit dem Ende seiner Volksschulzeit ging die Familie nach Belgrad zurück. Wie der Einstieg in die Belgrader Schule gewesen sei, wollte ich von ihm wissen und wie er die Sprachprobleme gemeistert hätte? Das sei überhaupt kein Problem gewesen, meint er. In Vorarlberg habe er einen gut organisierten Muttersprachenunterricht gehabt, sodass er in Serbien gut anschließen konnte. Aber auch seine Eltern hätten großen Wert darauf gelegt, dass er die serbische Sprache gut beherrsche und mit ihm zusätzlich noch täglich geübt. Jetzt, Jahre später, bemühe er sich sehr, seinen Deutschlevel zu erhalten und lese viel auf Deutsch. „Zum Glück gibt es das Internet, da finde ich immer etwas Interessantes."

Dieser junge Mann hat Glück gehabt, bei ihm ist alles richtig gemacht worden. Und so spricht er nicht nur seine Erst-, sondern auch seine Zweitsprache ausgezeichnet, und das, obwohl der Zweitsprachenunterricht mit seinem elften Lebensjahr endete. Die Freude an Deutsch hat er sich über all die Jahre seither bewahrt. SpracherwerbsforscherInnen wissen schon seit den späten 1960er-Jahren, dass die Rolle der Erstsprache für die weitere sprachliche Entwicklung eine zentrale Rolle spielt. Der Erstspracherwerb beginnt mit der Geburt, und der Erwerb der Kerngrammatik ist im Regelfall bei den meisten Kindern mit dem Schuleintrittsalter abgeschlossen. Es versteht sich von selbst, dass der Erstspracherwerb insgesamt mit Schulbeginn nicht abgeschlossen ist. Für Kinder, die eine andere Erstsprache als Deutsch haben, wird derzeit leider spätestens mit dem Eintritt in das verpflichtende Kindergartenjahr der Erstspracherwerb häufig abrupt unterbrochen; es sei denn, ein Kindergarten arbeitet mit SprachassistentInnen und berücksichtigt wissenschaftliche Erkenntnisse für die Arbeit mit Kindern, die andere Erstsprachen als Deutsch haben. Die Alphabetisierung in der Volksschule erfolgt auf Deutsch. Wenn parallel dazu nicht Unterricht in der Erstsprache erfolgt, wird der Erstspracherwerb gestört und bleibt unvollständig. Das kann negative Auswirkungen auf den Erwerb der Zweitsprache haben. Es steht wissenschaftlich außer Frage, dass zweisprachige Kinder beides brauchen, eine möglichst frühe Förderung in der Zweitsprache ebenso wie eine Alphabetisierung und einen möglichst lang andauernden Unterricht in der Erstsprache. Der Erwerb der Zweitsprache ähnelt laut SpracherwerbsforscherInnen bis zum Schulbeginn sehr dem Erwerb der Erstsprache. Die meisten ForscherInnen gehen bis zum Alter von drei Jahren von einer Art simultaner Zweisprachigkeit aus. Auch der Faktor Zeit ist nicht unwesentlich. Kurzum: Nicht „Deutsch zuerst" muss es heißen, sondern „Deutsch zugleich"! Einrichtungen wie beispielsweise das Sprachförderzentrum in Wien arbeiten ebenso auf dieser Basis wie die zuständige Abteilung im Bildungsministerium.

Allerdings: Entgegen aller wissenschaftlichen Erkenntnisse und unentwegten Mahnrufen von SprachwissenschaftlerInnen bleiben die verantwortlichen PolitikerInnen hierzulande leider bei der Linie „Deutsch zuerst", vielleicht sogar wider besseres Wissen. Über die Gründe mag spekuliert werden, aber man darf davon ausgehen, dass ein gewisses Maß an Populismus dabei ebenso eine Rolle spielt wie die Angst davor, mit einer anderen Politik Wählerstimmen einzubüßen. Die derzeit eingeschlagene Linie ist jedenfalls den Betroffenen gegenüber unverantwortlich, aber auch ökonomisch gesehen problematisch. Mangelnde Schulbildung, aber auch Schulabbrüche und Schulversagen sowie insgesamt mangelnde Deutschkenntnisse sind die leidlich bekannten Folgen. Und es ist natürlich wie in vielen anderen mit Schule und Migration zusammenhängenden Problemen nicht ein Thema, das alle Migrantenkinder betrifft, sondern in erster Linie die Kinder aus sogenannten bildungsfernen Schichten. Ein Kind, dem zu Hause in seiner Erstsprache vorgelesen wird, dessen Eltern Wert auf die Kenntnis dieser Sprache legen, wird weniger an den Auswirkungen der herrschenden politischen Linie leiden als eines, dessen Eltern das nicht tun. Aber auch Kinder, deren Eltern die Erstsprache zurückstellen, im Glauben, dass dadurch Deutsch schneller und besser erlernt werde, richten damit mehr Schaden an, als sie Nutzen erzielen. Besonders hart kann es übrigens Kinder treffen, deren Erstsprache Kurdisch ist, das bis 2001 in der Türkei verboten war. In der Folge kann es passieren, dass Kinder weder in Türkisch noch in Kurdisch ausreichend alphabetisiert werden. Dann kommt noch Deutsch als dritte Sprache dazu.

Auf dem Hintergrund all dessen ist eine gesetzliche Maßnahme besonders kritisch zu sehen, die seit dem 1.1.2008 in Kraft ist. Sie besagt nämlich (Schulunterrichtsgesetz § 3, Abs.3): „Die Erziehungsberechtigten haben dafür Sorge zu tragen, dass ihre Kinder zum Zeitpunkt der Schülereinschreibung die Unterrichtssprache ... soweit beherrschen, dass sie dem Unterricht zu folgen vermögen." Auf den ersten Blick mag das vernünftig erscheinen, doch werden hier ganz klar alle Kinder benachteiligt, deren Eltern gar nicht in der Lage sind, dafür zu sorgen, dass sie mit Schuleintritt ausreichend Deutsch beherrschen. Das können Kinder mit Deutsch als Zweitsprache, aber auch Kinder mit Deutsch als Erstsprache sein. Gerade Eltern mit Deutsch als Zweitsprache haben häufig gar nicht die nötigen Informationen, wie sie das bewerkstelligen können. Diese Maßnahme ist nicht vom Wohl des Kindes her gedacht, sondern ein Ergebnis der Fokussierung auf den Erwerb des Deutschen.

Tatsache ist: Österreich ist eine mehrsprachige Gesellschaft, und es wäre im Sinne aller hier lebenden Menschen, wenn das auch einmal zur Kenntnis genommen würde. Alles, was den Erwerb des Deutschen befördert, ist zu unterstützen, das steht außer Frage. Auf diesem Gebiet wurden zweifellos Fortschritte gemacht, doch der nächste Schritt steht dringend an: die Erkenntnisse der Spracherwerbsforschung hinsichtlich Zweitspracherwerb endlich aufzugreifen. Österreich hat in den letzten zwei Jahrzehnten zwar in der Sprachenpolitik erhebliche Fortschritte gemacht, allerdings nur bestimmte Sprachen gefördert. Der Linguist Hans-Jürgen Krumm nennt das eine „Zwei-Klassen-Mehrsprachigkeit", und diese sei nicht zufällig entstanden, sondern das Ergebnis der herrschenden Bildungspolitik. Krumm spricht von „Elite- und Armutsmehrsprachigkeit", bei der manche Sprachen begünstigt, andere aber ausgegrenzt werden. In der Volksschule beispielsweise stehen neben den Sprachen der österreichischen Volksgruppen-Minderheiten auch noch Englisch, Französisch oder Italienisch zur Auswahl. 98 Prozent aller Volksschülerinnen und -schüler lernen Englisch. Die größten Minderheitensprachen in Österreich, Serbisch und Türkisch, lernt jedoch niemand in der Volksschule – sie können nämlich gar nicht gewählt werden, da sie nicht angeboten werden.

Diese strukturelle Benachteiligung setzt sich auf den verschiedensten Ebenen des Schulsystems fort. Die zweitstärkste Migrantensprache Türkisch kann zwar in der Hauptschule beziehungsweise Neuen Mittelschule angeboten werden, nicht aber in der Volksschule und nicht in der AHS. Warum eigentlich nicht? Im Juni 2014 flammte die Debatte um Türkisch als Maturafach erneut auf, nachdem die Wiener ÖVP-Bildungssprecherin Isabella Leeb in einem Zeitschrifteninterview sich dazu positiv geäußert hatte. Die mediale Erregung war einige Tage lang groß, die Bildungsministerin verwies auf die Schulautonomie, Zusagen wurden keine gegeben. Wenn man bedenkt, dass mehr als 15.000 SchülerInnen in Oberstufenklassen zusätzlich zu Deutsch auch Türkisch sprechen, ist umso unverständlicher, warum es kein Maturafach Türkisch geben sollte, als Angebot für alle natürlich, wie auch Bosnisch/Kroatisch/Serbisch, Spanisch, Ungarisch, Französisch, um nur einige zu nennen. Und natürlich war nie von anderem die Rede, etwa die Matura auf Türkisch abzulegen. Warum gibt es nicht schon längst ein Lehramtsstudium für Türkisch, das die Voraussetzung für ein solches Unterrichtsfach wäre? Das Ganze ist beschämend und volkswirtschaftlich gesehen darüber hinaus dumm. Warum, um ein weiteres Beispiel zu nennen, können künftige Lehrpersonen an den Pädagogischen Hochschulen, von regionalen Einzelfällen abgesehen, nur Englisch studieren? Die Liste ließe sich fortsetzen. Der politische Wille, hier grundlegende Veränderungen in die Wege zu leiten, ist derzeit nicht in Sicht. Während in der Regierungserklärung 2008 noch vom Ausbau des fremd- und muttersprachlichen Unterrichts die Rede war, kommt in der Regierungserklärung 2013 der Erstsprachenunterricht gleich gar nicht vor. Ein Rückschritt, zweifellos.

# –WAS SAGEN DIE EXPERT/INN/EN?–
# Inci Dirim
Sprachwissenschaftlerin

*Frau Dirim, Sie sind Inhaberin des Lehrstuhls für „Deutsch als Fremd-
und Zweitsprache" am Germanistischen Institut der Universität
Wien. Was sind denn die Schwerpunkte Ihrer Forschung?*

Vorausschicken möchte ich, dass ich einen weiteren Forschungsbe-
griff habe als nur im Sinne der Durchführung empirischer Projekte, ich zähle auch die Zusammenarbeit mit den Studierenden zur
Forschung. Was mich interessiert, ist, wie man sprachliche Bildung
und Sprachförderung im Deutschen so gestalten kann, dass der
Bildungserfolg von Schülerinnen und Schülern mit Migrationshintergrund erhöht wird. Lieber möchte ich sagen: mit sogenanntem
Migrationshintergrund. Wir haben ein Schulsystem, das nicht mit
den Voraussetzungen arbeitet, die die Schülerinnen und Schüler
haben. Das heißt, es gibt Normalitätsannahmen, auf denen das Bildungssystem basiert, und dazu gehört auch die Monolingualität im
Deutschen.

Bis auf wenige Ausnahmen ist das österreichische Bildungssystem monolingual organisiert. Damit gehen bestimmte kulturtechni-
sche Vorstellungen einher, die nicht alle Schülerinnen und Schüler
einschließen. Deshalb entsteht diese Kategorie von Schülerinnen
und Schülern mit Migrationshintergrund, die benachteiligt sind.
Das kann man auch aus allen einschlägigen Statistiken ersehen.
Es geht mir darum, dazu zu forschen, wie durch Sprachförderung
und durchgängige Sprachbildung die Ungleichstellung zwischen
Schülerinnen und Schülern mit und ohne Migrationshintergrund
reduziert werden kann, also, wie die durch die Monolingualität der
Schule entstehenden Benachteiligungen reduziert werden können.

*Wie sehen solche Vorhaben konkret in Ihrer Forschung aus?*

Ich habe etwa aktuell mit Marion Döll und Lisanne Heller zusammen ein Verfahren entwickelt namens USB – „Unterrichtsbegleitende Sprachstandsbeobachtung Deutsch" –, welches ein Verfahren für Lehrerinnen und Lehrer aller Unterrichtsfächer ist. Es handelt sich um ein Beobachtungsverfahren für die Erfassung des Sprachstandes, damit sprachliche Bildungsmaßnahmen und Sprachfördermaßnahmen an den Sprachstand der Kinder und Jugendlichen anknüpfen können. Aber, das muss ich sagen, und das klingt vielleicht komisch, als Mitglied des Germanistischen Instituts: Mir geht es nicht um die deutsche Sprache.

*Wie ist denn das zu verstehen?*

Mir geht es um sprachliche Handlungsfähigkeit von Schülerinnen und Schülern. Da wir uns im Rahmen eines deutschsprachigen Bildungssystems bewegen, kann diese Handlungsfähigkeit über die deutsche Sprache hergestellt werden. Somit fokussieren wir uns auf das Deutsche. Grundsätzlich sind alle Sprachen gleich wichtig. Aber in einem monolingualen Bildungssystem kann auf Deutschförderung nicht verzichtet werden. Mehrsprachigkeitsprojekte können parallel laufen, aber sie sind kein Ersatz für die Deutschförderung. Das möchte ich ganz stark betonen.

*Diese Schwerpunktsetzung auf die deutsche Sprache erstaunt mich etwas. Können Sie das näher erläutern?*

Sprache ist nicht nur ein Kommunikationsmittel, sondern auch ein Differenzmerkmal, das bedeutsam gemacht wird, um Unterschiede zu legitimieren oder Zugehörigkeit zu markieren, also Einbezug und Ausgrenzung. Es ist wichtig, sich mit dieser Funktion von Sprache auseinanderzusetzen, und so haben wir uns entschieden, hier im Fachbereich eine hegemonietheoretische Fundierung unserer Arbeit zu etablieren. Hegemonie ist als Reproduktion einer bestimmten Machtstruktur zu verstehen, gleichzeitig helfen hegemonietheoretische Zugänge, eine Position zu finden. Deshalb haben wir den

Schwerpunkt unserer Arbeit, die Sprachförderung und sprachliche Bildung, hegemonietheoretisch fundiert.

*Was ist darunter konkret zu verstehen?*

„Deutsch als Zweitsprache" (DaZ) bezeichnet nicht nur einen didaktischen Zugang, sondern ist auch eine persönliche Adressierung. Wenn wir von DaZ-Kindern oder DaZ-SchülerInnen sprechen, ist das nicht nur eine Adressierung, sondern ein Positionierungsangebot, um mit Foucault zu sprechen. Es findet eine Hierarchisierung statt: Deutsch als Erstsprache ist oben, Deutsch als Zweitsprache ist etwas, das nicht so viel wert ist. Deutsch als Zweitsprache bekommt als Adressierung in der Struktur, in der wir arbeiten, eine verletzende Bedeutung. Daher habe ich für mich die Konsequenzen gezogen: Ich möchte den Begriff nicht mehr als Adressierung, sondern als didaktischen Zugang verwenden. In der Schule könnte man auch einfach „Deutschkurse" sagen, denn letztlich ist es ja Deutsch.

*Wann sollte eigentlich der Deutschunterricht für Kinder stattfinden, die zu Hause nur in ihrer Erstsprache sprechen?*

Es ist gut, wenn die Deutschförderung beginnt, wenn diese Kinder in den Kindergarten kommen. Das Sprechen alleine, das sogenannte „Sprachbad", aber reicht nicht aus, sondern es kommt darauf an, was da gemacht wird. Man weiß jedenfalls aus Untersuchungen in den USA, dass die Aneignung der Bildungssprache des Englischen 5 bis 8 Jahre dauert, wohingegen die Alltagssprache in unauffälliger Form innerhalb von sechs Monaten bis zwei Jahren erworben wird. Man kann davon ausgehen, dass das auch für Deutsch gilt. Das bedeutet, dass man Kinder fünf bis acht Jahre begleiten muss. Man darf nach dem Kindergarten mit der Förderung nicht aufhören. Aus Untersuchungen aus Deutschland weiß man, dass der Unterschied zwischen Kindern, die im Kindergarten Sprachförderung erhielten und denen, die keine erhielten, in kurzer Zeit verschwunden ist, wenn in der Volksschule nicht weitergemacht wird.

In Österreich hat man im Status des „außergewöhnlichen Schülers" zwei Jahre Zeit, bevor man in Deutsch benotet wird. Allerdings entspricht die Vorstellung, in zwei Jahren hat man genug getan, nicht dem aktuellen Forschungsstand.

*Wie sieht denn der aktuelle Forschungsstand aus?*

In den letzten Jahren hat sich sehr viel getan. Das neueste Konzept ist das der sprachlichen Bildung, das im Konzept der „durchgängigen Sprachbildung" zu finden ist. Es stammt vom Projekt FÖRMIG (Förderung von Kindern und Jugendlichen mit Migrationshintergrund), das in elf deutschen Bundesländern durchgeführt wurde. Beteiligt waren Schulen, Hochschulen, Universitäten, Eltern, außerschulische Bildungseinrichtungen. Es wurde erarbeitet, wie mit sprachlicher Vielfalt umgegangen werden kann und welche Maßnahmen am erfolgversprechendsten sind. Mit dem Begriff der Bildungssprache, der ja an sich nicht neu ist, wurde die Sprache der Schule noch einmal benannt. Es geht um die tradierte Sprachform der Schule, in der einerseits Fachsprachliches eine Rolle spielt, andererseits aber auch fächerübergreifende Merkmale der deutschen Sprache wichtig sind. Dieses – neueste – Modell heißt „durchgängige Sprachförderung" und eröffnet Lehrkräften die Möglichkeit, miteinander zu kooperieren. Im Unterschied zur Sprachförderung geht es da nicht so sehr um alle sprachlichen Merkmale. Die sprachliche Bildung als Konzept ist für jedes Unterrichtsfach gedacht, nicht als additive Maßnahme. Trotzdem ist damit die Sprachförderung nicht ganz überflüssig geworden, weil natürlich immer Schülerinnen und Schüler da sind, die Einstiegsförderung oder Begleitung brauchen. Und es ist eine Maßnahme, bei der Kinder nicht unterteilt werden müssen in Deutsch als Erstsprache sprechende Schülerinnen und Schüler und solche, die Deutsch als Zweitsprache sprechen. Auf jeden Fall sollte dieses Verfahren diagnosegestützt sein.

*Das ist ja ein ganz anderer Zugang als bei uns bislang üblich.*

Ja, aber es gibt gutes und umfangreiches Material für Lehrkräfte, sodass es auch bei uns zum Einsatz kommen kann. Aber etwas möchte ich noch zu den Eltern sagen: Es gibt da so die Vorstellung, dass die Eltern für die Sprachförderung und die sprachliche Bildung sorgen müssen. Lehrkräfte wünschen sich, dass die Eltern den Kindern die Sprache Deutsch ausreichend beibringen sollen. Oft sind sie verzweifelt, weil sie wissen wollen, was sie machen sollen, aber die Ausbildung nicht haben. Und dann sagen sie verzweifelt: „Die Eltern sollen das machen!" Meine Grundhypothese ist, dass alle Eltern wollen, dass ihre Kinder sehr gut Deutsch können und einen guten Schulerfolg haben. Solange ich keinen Gegenbeweis habe, gehe ich davon aus. Aber die Eltern sind ja keine Fachlehrkräfte. Welcher Elternteil soll denn zu Hause die Sprache des Mathematikunterrichts oder der Biologie kennen? Wer ist in der Lage, das Fächerspektrum abzudecken? Daher ist meine Perspektive immer die Schule und die Sprachbildung und Sprachförderung.

*Was halten Sie davon, dass Deutschkenntnisse Voraussetzung für den Beginn des Schulbesuchs in der Volksschule sind?*

Schulreife macht sich ja nicht an der deutschen Sprache fest, das muss man grundsätzlich einmal festhalten. Man müsste zur Feststellung der Schulreife nicht die Mehrsprachigkeit, sondern die „Sprachigkeit" berücksichtigen. Dieser Begriff wurde von verschiedenen LinguistInnen in der letzten Zeit verwendet und geht von der Vorstellung von Ein- und Zweisprachigkeit ab, also von der Vorstellung eines immer gegebenen Nebeneinanders und der Zählbarkeit von Sprachen. Eigentlich aber werden die Sprachen vor allem in der mehrsprachigen Gesellschaft in verschiedenen Mischverhältnissen gesprochen. Was wir als Erstsprache ansehen, ist oft gar nicht mehr die Sprache, wie sie im ehemaligen Herkunftsland der Vorfahren gesprochen wird, sondern es ist eine Mischform, die sich aus Deutsch und den sogenannten Herkunftssprachen und anderen Sprachen anspeist. Uns fehlen aber im Moment noch die Begriffe und Konzepte, wie wir diese Sprachigkeit (nicht die Mehrsprachigkeit!) erfassen können, und daher ist es auch schwierig, die Sprach-stände zu erfassen. Also: Wenn man tatsächlich die Schulreife anhand von Sprache feststellen möchte, muss die Sprachigkeit mit-berücksichtigt werden. Da wir das derzeit nicht können und uns die Instrumente fehlen, dürfen wir nichts über Schulreife anhand von Sprache sagen. Es muss mit den Kindern langsam, über die Jahre hinweg, gearbeitet werden. Wenn man Modelle wie die durchgängi-ge Sprachbildung von Anfang an anwendet, dann können die Kin-der über die ganze Volksschulzeit hinweg begleitet und unterstützt werden und erfolgreich an der schulischen Bildung teilnehmen.

*Was ist Ihr größter Wunsch?*

Ich wünsche mir, dass in Österreich fachdidaktisch gute Forschung möglich wird. Das ist wirklich mein allergrößter Wunsch. Und ich wünsche mir, dass sich Lehrkräfte an der Forschung beteiligen kön-nen, dass wir Forschungsarbeiten beantragen können, bei denen wir mit den LehrerInnen zusammenarbeiten. Ich verstehe darunter aber nicht, dass wir uns zusammensetzen und miteinander reden. Das meine ich nicht. Ich meine richtige Forschung, denn über For-schung können sich Lehrkräfte auch Sprachhandlungen aneignen. Es soll in Österreich endlich in viel größerem Umfang als jetzt mög-lich realisiert werden können, mit Lehrkräften sowie Schülerinnen und Schülern und Studierenden zusammen zu forschen und for-schend die Sprachförderung und die sprachliche Bildung weiterzu-entwickeln.

*Inci Dirim ist Germanistin, Linguistin und Erziehungswissenschaftle-rin. Seit 2010 ist sie Professorin für Deutsch als Zweitsprache an der Universität Wien. Ihre Forschungsschwerpunkte sind unter anderem Didaktik und Methodik des Deutsch-als-Zweitsprache-Förderunter-richts und der sprachlichen Bildung, bilinguale und mehrsprachige Unterrichtsmodelle und Migrationspädagogik.*

# -SECHS-
# Vor den Vorhang!

Das österreichische Schulsystem hat erhebliche Schwächen, das ist hinlänglich bekannt. Dazu kommen negative Schulerfahrungen auf einer persönlichen Ebene, die viele Menschen im Lauf ihres Lebens gemacht haben, sei es persönlich oder mit Kindern und Enkelkindern oder alles zusammen. Solche negativen Erfahrungen prägen sich nachhaltig ein und überlagern oft das Positive, das dieselben Personen mit der Institution Schule erlebt haben. Dazu kommt das vornehmlich in den Boulevardmedien beliebte Lehrerbashing, das recht undifferenziert mit einem ganzen Berufsstand verfährt.

Dabei gibt es, trotz schlechter Ausgangsbedingungen und fehlender Ressourcen, eine große Zahl an Kindergärten, Schulen sowie anderen Bildungseinrichtungen in ganz Österreich, die hervorragende Arbeit leisten, innovative Impulse setzen und die die österreichische Schullandschaft insgesamt vorantreiben. Eine Reihe davon kenne und schätze ich persönlich. Daher möchte ich an dieser Stelle bei all den vielen, die hier unerwähnt bleiben müssen und die es gerade im Zusammenhang mit dem Thema des Buches verdienen würden, hier angeführt zu werden, um Nachsicht bitten. Ich habe mich bei den Porträts im Wesentlichen auf den städtischen Bereich beschränkt, weil hier der Anteil an Menschen mit Migrationshintergrund am größten ist, ebenso aber auch die Herausforderungen, die durch andere Faktoren wie Armut oder Bildungsarmut entstehen.

Um eines vorwegzunehmen: Mit diesen Porträts soll nicht vermittelt werden, dass es keine Schwierigkeiten gibt, wenn man nur gut arbeitet. Im Gegenteil: Gerade an der Neuen Mittelschule kann man erkennen, dass im städtischen Bereich auch die Best-Practice-Schulen den sozialen Ausgleich nur schwer bis gar nicht schaffen. Das muss man zur Kenntnis nehmen, anstatt es noch länger schönzureden. Gerade deshalb aber verdienen eine Schule oder ein Kindergarten, die sich von dieser Ausgangssituation nicht entmutigen lassen, sondern sie als Herausforderung betrachten, besonders herausgestellt zu werden. An den porträtierten Bildungsinstitutionen lässt sich zeigen, welche Faktoren zu einem guten Gelingen beitragen, wie etwa die Rolle der Schulleitung, klare Regeln, Möglichkeiten der autonomen Schwerpunktsetzung. Gleichzeitig aber zeigt sich gerade an diesen Beispielen, dass der Erfolg an einem dünnen Faden hängt. Wenn keine grundlegende Reform des ganzen Systems in Angriff genommen wird, wenn die österreichische Schule auch künftig in erster Linie von fehlenden Ressourcen und sozialer Selektion gekennzeichnet ist, dann könnte auch denen, die sich sehen lassen können, recht bald die Luft ausgehen.

## Der Kindergarten in der Haberlgasse in Wien-Ottakring

In der unmittelbaren Umgebung des Kindergartens in der Haberlgasse in Wien-Ottakring, einem traditionsreichen Wiener Arbeiterbezirk, ist noch nichts von der Gentrifizierung zu spüren, die in anderen Teilen des Bezirks schon seit einigen Jahren im Gange ist und auch bereits deutlich sichtbare Spuren hinterlassen hat. Der Kindergarten befindet sich in einem Gemeindebau in dicht verbautem Gebiet, mit 11.000 EinwohnerInnen pro Quadratkilometer. Im Umkreis befinden sich laut *Statistik Austria* noch ca. 6000 Wohnungen der Kategorie D, also mit Wasser und WC am Gang, die noch dazu meist nur aus einem Zimmer bestehen. Diese „Einraumwohnungen", also Wohnungen ohne Küche, wurden nach dem Ersten Weltkrieg erbaut, bei Ausnützung einer Gesetzeslücke. Es handelt sich um zweistöckige Gebäude, die auch jetzt noch gut auszumachen sind, da sie sich von den Gebäudeensembles deutlich abheben. Viele Kinder dieses Kindergartens kommen aus diesen Wohnungen und sind entsprechend oft von manifester Armut betroffen beziehungsweise armutsgefährdet.

Auch das Entree zum Kindergarten ist nicht gerade einladend. Ein dunkler Gang führt zu einem Lift, mit dem man in die Räumlichkeiten des Kindergartens gelangt. Dort angekommen, verflüchtigen sich die düster-grauen Eindrücke sofort, und eine gelassen-heitere Atmosphäre empfängt die Besucherin. Die Geschichte des Standorts ist an sich von Interesse: Unmittelbar nach dem Zweiten Weltkrieg wurde er als „Erster Wiener Dachkindergarten" eröffnet, mit dem erklärten politischen Ziel, Wiener Nachkriegskindern aus diesem dicht verbauten und auch schon vor dem Krieg ärmlichen Stadtteil die Möglichkeit zu geben, „Luft, Licht und Sonne" zu erleben. Architektonisch kommt dies etwa in riesigen Fensterflächen zum Ausdruck, die sich auf mindestens zwei Wandseiten erstrecken. Die Räumlichkeiten sind auf mehrere Etagen verteilt, und in der obersten Etage – auf dem Dach – findet sich als Krönung eine große Dachterrasse. Ein Hof wurde später als Freispielfläche dazugemietet. Die Dachterrasse wirkt wie ein letztes Signal des Roten Wien der Zwischenkriegszeit, ein Symbol der Wertschätzung für die Benachteiligten, für die man in besonderem Maße investiert. Auch für die Kinder, die sich jetzt dort Tag für Tag aufhalten, wäre diese Terrasse ein fantastischer Aufenthaltsbereich. Wäre, denn sie ist aus statischen Gründen seit 2011 gesperrt! Die Wiedereröffnung war für 2014 geplant, doch wurde sie auf frühestens 2016 verschoben. Der Vergleich mit 1951 stellt sich unweigerlich ein. Während damals in die mehrfach benachteiligten Nachkriegskinder großzügig und vorbildlich investiert wurde, wird 2014 Kindern, die teils aus für viele von uns unvorstellbaren ökonomischen Verhältnissen kommen, dieser schöne Freiraum fünf Jahre lang vorenthalten. Den Kindern, wie auch dem engagierten Team, sei zu wünschen, dass die Renovierung doch noch vorgezogen wird. Die Wiedereröffnung wäre umso dringlicher, da der Standort durch Überbelegung insgesamt an räumlicher Enge leidet. Ursprünglich für drei Gruppen konzipiert, werden jetzt fünf Gruppen geführt. Es wäre ein schönes Symbol und eine Anerkennung der Arbeit, die hier geleistet wird, wenn die Gemeinde die Dachsanierung vorziehen würde.

Wie hier gearbeitet wird und dass auch widrige Begleitumstände nicht demotivieren, sondern im Gegenteil zu mehr als nur vorzeigbaren Leistungen führen, wird einem hier eindrucksvoll vor Augen geführt. 2013/14 werden fünf Gruppen mit insgesamt 86 Kindern geführt, davon eine Familiengruppe (derzeit mit Kindern von zwei bis sechs Jahren), eine Gruppe, die auch Kinder mit speziellem Förderbedarf besuchen, und schließlich noch eine Kleinkindergruppe. Aufgrund der beengten Räumlichkeiten gibt es für diesen Standort einen besseren Personalschlüssel. Die Kleinkindergruppe hat die Standardbesetzung von zwei Pädagoginnen und zwei Assistentinnen für 15 Kinder, da der Raum groß genug ist. Dasselbe trifft auf die Familiengruppe zu, die von 20 Kindern besucht wird, von denen das jüngste zwei Jahre alt ist, das älteste sechs Jahre. Eine Doppelbesetzung ist für die Familiengruppe nicht vorgesehen. Dabei sei gerade die Arbeit in der Familiengruppe besonders herausfordernd, meint die Leiterin Gabriela Kernstock. So wie sie selber versuche fast jede Leiterin, diese Gruppen doppelt zu besetzen. In der Integrationsgruppe sind 17 Kinder. Die Kinder kommen großteils, aber nicht nur, aus sozioökonomisch schwachen Familien. Es komme auch vor, dass Eltern aus der neuen, gebildeten, urbanen Bevölkerungsschicht des Bezirks ihre Kinder bewusst hierher gäben, da sie davon überzeugt sind, dass ihre Kinder davon profitieren würden.

Immer wieder komme es allerdings auch vor, so Gabriela Kernstock, dass Kinder „irrtümlich" hier angemeldet würden, und wenn die Eltern dann merken, dass die meisten anderen Kinder eine andere Erstsprache als Deutsch haben, melden sie ihre Kinder wieder ab. Die wenigsten Kinder haben hier nämlich Deutsch als Erstsprache. Anfang 2014 waren es nur sechs. Zu diesem Zeitpunkt gibt es 19 verschiedene Familiensprachen, manche Kinder haben zwei oder sogar noch mehr. Das Spektrum reicht von Albanisch über Kroatisch, Mandarin und Romanes bis zu Somali, Türkisch und Vietnamesisch. Von manchen Sprachen habe ich nie zuvor gehört, obwohl ich im Lauf meines Germanistikstudiums eine recht fundierte Grundausbildung in allgemeiner Sprachwissenschaft durchlaufen habe. Ist Ihnen vielleicht schon die Sprache Dari untergekommen? Oder Ban? Hier können Sie sie antreffen. Die Daten zu den Erstsprachen werden übrigens aufgrund der Angaben der Eltern erstellt. Die meisten Kinder verfügen über keinerlei Deutschkenntnisse, wenn sie in diesen Kindergarten kommen, manche haben rudimentäre Deutsch-kenntnisse.

Wie aber lässt es sich unter diesen Voraussetzungen arbeiten? Wie kann man mit einem so ungünstigen Personalschlüssel wie in den österreichischen Kindergärten, der sich bekanntlich im internationalen Vergleich nicht sehen lassen kann, gute Arbeit leisten? Wie kann man gute Ergebnisse erzielen, wenn es an qualifiziertem Personal ebenso mangelt wie an einer den Grunderfordernissen des 21. Jahrhunderts angepassten Ausbildung, bei der Österreich unrühmlicherweise eine Art Schlusslicht darstellt? Es geht. Es geht allerdings nur unter dem besonderen Einsatz einer Leiterin, die sich eine Vision gesetzt hat und mit dem Engagement eines Teams, das darauf schauen muss, nicht an den Rand des Burn-outs zu geraten. Ein näherer Blick in die konkrete Arbeit lohnt sich also.

„Der Personalstand ist wunderbar. Ich kann nicht klagen", sagt Frau Kernstock. Wie das? Wenn sie nur das ihr zustehende Personal hätte, würde sie natürlich nicht zu diesem Resümee gelangen, doch wie vielen erfolgreichen LeiterInnen von Schulen und anderen Bildungsinstitutionen gelingt es auch Gabriele Kernstock, Ressourcen zu nutzen, von denen viele gar nicht wissen, dass es sie gibt. Es gibt bei ihr etwa sogenannte „Hausfliegerinnen", das sind Pädagoginnen, die nicht bestimmten Gruppen zugeordnet sind, da sie aus unterschiedlichen Gründen keine Gruppenverantwortung übernehmen können oder wollen. So betreut etwa eine von ihnen, die mit 60 Jahren kurz vor ihrer Pensionierung steht, die Bibliothek, die selbstverständlich mehrsprachig ist und der in Hinblick auf die Herkunft der Kinder eine große Bedeutung zukommt. Die Sprachförderlehrerin, die mit 20 Wochenstunden im Einsatz ist und deren Zuteilung aufgrund der Sprachstandsfeststellungen erfolgt, arbeitet zusammen mit der muttersprachlichen Betreuerin (Türkisch, 32 Wochenstunden) unter anderem auch am Schwerpunkt „Den Kindern die Büchereien eröffnen". Die Kinder, die im darauffolgenden Jahr in die Schule kommen, gehen regelmäßig mit der Sprachförderlehrerin und mit der Muttersprachenlehrerin in die städtische Hauptbücherei, wo sie einmal wöchentlich einen ganzen Vormittag verbringen und bis zu drei Bücher in ihrer Familiensprache und/ oder in Deutsch ausleihen können. Wenn es dadurch auch gelingt, Eltern dazu zu bewegen, für sich selbst eine Entlehnkarte für die öffentlichen Büchereien zu beantragen, ist die Basis für eine nachhaltige Sprachförderung gegeben. Im Kindergarten selbst gibt es bereits eine recht ansehnliche Bibliothek, und dank der zusätzlichen kann seit Herbst 2013 zwei Stunden täglich eine Vorlesestunde angeboten werden.

Zusatzpersonal gibt es auch durch das Projekt „Change", einer Ausbildungsschiene für QuereinsteigerInnen – junge Menschen mit Berufsreifeprüfung, die sich dazu entschlossen haben, in diesem Beruf zu arbeiten. Diese haben oft auch andere Erstsprachen als Deutsch und sind während ihrer Ausbildung bereits mehrmals wöchentlich an Kindergärten im Einsatz. So auch in der Haberlgasse, wo auch noch eine Küchenkraft das Personal komplettiert. Regelmäßig kommen auch Lesepatinnen, um mit den Kindern zu arbeiten. Kritisch könnte man anmerken, dass durch die engagierte Spitzfindigkeit einer Leiterin, zu mehr Personal zu kommen, der unbefriedigende Status quo verschleiert und verlängert werden könnte nach dem Motto: „Seht dorthin, es geht ja doch!", und diese Gefahr besteht in der Tat. Mein Blick richtet sich allerdings auf diejenigen, die sich nicht entmutigen lassen auf ihrem Weg zur Verwirklichung ihrer Vision und alle Möglichkeiten ausschöpfen, die sie ihren Zielen näherbringen – nämlich allen Kindern gleiche Chancen auf ein selbsterfülltes Leben zu bieten, egal, woher sie kommen, egal, welche Voraussetzungen sie an ihrem Lebensbeginn mitbringen. Und aus diesem Grund gehört unsere Kindergartenleiterin vor den Vorhang.

Zurück zu den Kindern. Gleich wenn man eintritt, fällt auf, dass sich die Kinder sehr selbstständig innerhalb der unterschiedlichen Räumlichkeiten bewegen, selbst die ganz Kleinen rutschen auf den Stiegen auf und ab. Diese Erziehung zur Selbstständigkeit ist ein ganz wesentlicher Teil des Konzepts, ebenso wie das soziale Lernen, das Hinführen zum Miteinander. Beide Prinzipien hat man erkannt, bevor man sie noch erläutert bekommt. Den Kindern wird viel zugetraut, schon die ganz Kleinen essen alleine und tun dies erstaunlich geschickt. Den Zeitpunkt dafür dürfen sie selbst wählen; Listen sorgen dafür, dass der Überblick gewahrt bleibt und kein Kind ohne Essen bleibt. Die Kinder gehen aber auch sehr sorgsam miteinander um, unterstützen und helfen einander. Als mich ein kleines Mädchen, das offenbar noch sehr schlecht Deutsch kann, nicht versteht, kommt sofort ein kleiner Bub und hilft mit einer Übersetzung. Ähnliche Szenen erlebe ich während des ganzen Tages, den ich dort verbringe. Andererseits wird bei Streitigkeiten und Raufereien nicht weggeschaut und sofort reagiert. Den Kindern wird vermittelt: Wir wollen hier nicht, dass (mit Spielzeugwaffen) geschossen, getreten, geschlagen wird, und die Pädagoginnen sehen sich die Vorfälle zusammen mit den Kindern genau an und suchen Lösungen für die jeweiligen Konflikte.

Frau Kernstock beschreibt ihre Grundsätze so: „Ich engagiere mich für eine Kultur des Friedens, die durch Kooperation, Solidarität, Potenzialorientiertheit, Lösungsorientiertheit, Anerkennung der jeweiligen Bedürfnisse und Kompetenzen gekennzeichnet ist." Wenn man bedenkt, dass nicht wenige der Kinder an diesem Standort Gewalterfahrungen haben, erscheint der gewählte Ansatz umso wichtiger. Die Gewalterfahrungen betreffen nur teilweise die eigene Familie, oft wurden die Kinder bereits in ihren Herkunftsländern, die ihre Eltern durch Flucht verlassen mussten, traumatisierenden Gewalterlebnissen ausgesetzt. Die Individualität jedes Kindes wird in einem persönlichen Portfolio dokumentiert, das mir manche Kinder auch ganz stolz zeigen und erläutern. Zusätzlich zu diesem individuellen Portfolio gibt es für alle eine allgemeine Portfoliomappe, die die Exkursionen dokumentiert, die die Kinder im Projekt „Miteinander Wien kennenlernen" unternehmen. Oft kommen ja die Kinder vor dem Besuch der Volksschule über ihre engste Wohnumgebung nie hinaus, und mit diesem Programm will der Kindergarten Abhilfe schaffen. Die Exkursionen beginnen in der unmittelbaren Umgebung des Kindergartens, setzen sich auf der Bezirksebene fort, etwa mit dem Besuch des Bezirksmuseums, und erstrecken sich schließlich auf ganz Wien. Auch ein Besuch im Musikverein steht da etwa regelmäßig auf dem Programm.

Neben der Persönlichkeitsstärkung und dem sozialen Lernen kommt hier der Sprachförderung und Sprachbildung und der Kommunikation mit den Eltern ein besonderer Stellenwert zu. Sprachfördermaßnahmen kommen bei Kindern zum Tragen, bei denen Defizite festgestellt werden, Sprachbildung findet bei Kindern statt, die bereits mehrsprachig in den Kindergarten kommen, beziehungsweise die im Laufe ihrer Kindergartenjahre mehrsprachig werden. So sieht es jedenfalls die Leiterin. Die wenigsten Kinder haben Deutschkenntnisse, wenn sie in den Kindergarten eintreten, und das sei meist auch besser so, meint Frau Haberl. Denn die oft der deutschen Sprache selber nicht mächtigen Eltern würden ihre Kinder, in bester Absicht, vor der Einschreibung oft tagelang oder wochenlang vor den Fernseher setzen, um ihnen wenigstens so ein paar Brocken Deutsch zu vermitteln.

Entscheidend für den Erfolg im Erlernen der deutschen Sprache sei auch der Zeitpunkt des Eintritts, meint Gabriele Kernstock. Wenn Kinder in die Kleinkindergruppe kämen, würden sie bis zum Eintritt in den Kindergarten bereits sehr gut Deutsch können. Auch wenn sie mit drei Jahren kämen, könnten sie um Weihnachten herum bereits Witze verstehen. Wenn sie aber erst mit dem verpflichtenden Kindergartenjahr, also ein Jahr vor Schuleintritt, ohne Deutschkenntnisse zu ihnen kämen, sei das für den Erwerb der Bildungssprache Deutsch viel zu spät. Ein Jahr reiche nicht aus, sie lernen für einen geglückten Schuleintritt in diesem Jahr viel zu wenig. Wesentlich sei, dass sie ihre Erstsprache wertschätzen und beherrschen. „Bitte, bitte sprechen Sie in der Herzenssprache mit Ihren Kindern!", sage sie immer den Eltern bei der Einschreibung. Wie gearbeitet wird, davon kann ich mich während meines Aufenthalts laufend überzeugen. Im sogenannten „handlungsbegleitenden Sprechen" wird ständig auf Deutsch benannt, was ein Kind tut, sieht, spielt – alle Gegenstände, alle Handlungen: die Würfel beim Würfelspiel, das Kartoffelpüree beim Mittagessen ebenso wie die Haarfarbe der Besucherin. Viele der älteren Kinder sprechen akzentfrei Deutsch – auch das fällt auf. Themenzentriertes Arbeiten ergibt in einer so divers zusammengesetzten Gruppe nicht viel Sinn, und so hat man sich hier zur offenen Arbeit entschieden. Die zwei Kindergartengruppen werden offen geführt, das heißt, die Kinder dürfen sich frei bewegen, holen sich ihre Spielsachen aus dafür bereitstehenden Sammlungen und werden bei ihren Spielen von Pädagoginnen unterstützt. Es ist beeindruckend, wie selbstständig die meisten Kinder ihre Spiele auswählen, sich anderen anschließen oder sich um eine Pädagogin bemühen, die mit ihnen spielt. Dass Spielen immer auch Lernen ist, wird mir hier einen Tag lang eindrücklich vor Augen geführt.

Da es immer wieder Thema im öffentlichen Diskurs ist, interessiert mich besonders: Wie kommt man an die Eltern heran? Stimmt es, dass die meisten desinteressiert sind? Wie in allen Institutionen, die ich in den letzten Monaten besucht habe, erfahre ich auch hier: Von einigen wenigen Ausnahmen abgesehen wünschen sich so gut wie alle Eltern eine bessere, gute Zukunft für ihre Kinder. An die Eltern heranzukommen, zumal dann, wenn sie über mangelnde oder keine Deutschkenntnisse verfügen oder gar Analphabeten sind, das geschehe allerdings nicht von selber. Dafür brauche es eine Willkommenskultur, meint Frau Kernstock und hat sich dafür einiges überlegt. Besondere Bedeutung kommt der Einschreibung zu. Für jedes Einschreibegespräch plant sie mindestens eineinhalb Stunden ein, auch wenn sie diese Zeit dann nicht immer braucht. Wenn sich im Vorfeld herausstellt, dass Eltern nicht ausreichend Deutsch sprechen, bietet sie an, Übersetzer zur Einschreibung mitzubringen, was viele dann auch tun. Ihrerseits habe sie seitens der Eltern einen großen Vertrauensvorschuss, da setze sie an. Dass die Eltern zu Elternabenden kämen, sei kein Problem, allerdings stelle sie immer wieder fest, dass insbesondere Mütter oft sehr scheu seien und sich dafür schämen, nicht Deutsch zu können und nicht verstanden zu werden. Das müsse man wissen, um hier gezielt entgegenwirken zu können. So stelle sie immer auch Kontakte zu Eltern untereinander her, die die gleiche Sprache sprechen.

Was würde sich Frau Kernstock am vordringlichsten wünschen, wenn sie ein paar Wünsche offen hätte, frage ich sie am Ende meines Besuchs. Ihr Budget möchte sie flexibler einsetzen können, den Erfordernissen ihres Standorts entsprechend. Das Materialgeld etwa umschichten zu können, um Ausflugsgelder für einzelne Kinder begleichen zu können. Es komme nämlich nicht selten vor, dass sich Eltern die sechs Euro für einen Ausflug nicht leisten können. Es sei aber sehr peinlich, das zuzugeben, und so bleiben halt die Kinder am Tag des Ausflugs zu Hause. Ein ganz großer Wunsch sei außerdem: Die soziale Situation der Standorte muss durch die zur Verfügung gestellten Ressourcen anerkannt werden. Also mehr Geld und Ressourcen aller Art für benachteiligte Standorte sowie mehr Räume. Standorte, die wenig Raum haben, seien nämlich nicht zufällig dort, wo die Personen selber wenig Raum haben. Vielleicht könnte man zumindest dem Wunsch nach Raum mit der Sanierung der Dachterrasse Rechnung tragen? Das Team des Kindergartens Haberlgasse sowie vor allem die 86 Kinder hätten es verdient.

## Die Europaschule in Wien-Brigittenau

Der 20. Wiener Gemeindebezirk hat eine Geschichte als Arbeiterbezirk, und auch heute noch erinnern architektonisch wertvolle Gemeindebauten aus der Ära des „Roten Wien" an diese Aufbruchszeit der Arbeiterbewegung. Auch Zuwanderung ist Teil der Bezirksgeschichte und prägt damals wie heute das Bezirksbild. Die Brigittenau gehört zu den am dichtesten besiedelten Bezirken Wiens, und der Anteil an Personen mit sogenanntem Migrationshintergrund ist anteilsmäßig besonders hoch. Zum Bezirksbild gehören seit einiger Zeit aber auch Hochhäuser, darunter als bekanntestes wohl die „Millenium City". In Teilen des Bezirks hat sich in letzter Zeit bereits eine sanfte Gentrifizierung bemerkbar gemacht, in anderen Teilen ist die Armut geradezu spürbar. Hier gibt es Gründerzeithäuser, die häufig in der Hand von Grundstücksspekulanten sind, in denen ZuwandererInnen und Asylsuchende auf kleinstem Raum unter teils menschenunwürdigen Bedingungen leben.

Rund um die Volksschule „Europaschule" ist von der Gentrifizierung nichts zu merken, wenn man von dem kleinen Gasthaus gegenüber einmal absieht, das als zarter Vorbote durchgehen könnte. Ansonsten: Wohnhäuser aus der Gründerzeit, neuere Wohnhochhäuser aus den 1970er-Jahren und danach. Wenige Grünflächen. Das ist das Einzugsgebiet, aus dem die Kinder kommen, die diese bemerkenswerte Schule besuchen. Im Schuljahr 2013/14 besuchen 383 Kinder die Schule, und 321 von diesen haben eine andere Erstsprache als Deutsch. In 17 Klassen unterrichten 47 Lehrerinnen und Lehrer, weiters gibt es zwei BeratungslehrerInnen, die sich die Schule mit anderen Schulen teilt und drei Personen sind in der Schulküche tätig. Schulsozialarbeiter gibt es keinen, eine Sekretärin auch nicht. Die Schule wird ganztägig geführt – Lern- und Freizeiteinheiten werden während des ganzen Tages in verschränkter Form angeboten. Ab sieben Uhr früh können die Kinder unter Betreuung eines Frühdienstes in der Schule sein, um 17 Uhr endet das Betreuungsangebot. Die Kernzeiten betreffen den Zeitraum von 8 bis 16 Uhr. Kosten fallen für Mittagessen und „gesunde Jause" an, wobei Ermäßigungen beantragt werden können.

Der Weg zur Vorzeigeschule war mühsam, aber er hat sich gelohnt. An der „Europaschule" lässt sich zeigen, was eine Schule und ein engagiertes, kompetentes Lehrerteam unter einer starken Schulleitung aus einem Standort machen können, der sich fast schon aufgegeben hatte. Als die vor Kurzem pensionierte Direktorin der Schule, Ilse Henner, die Leitung übernahm, fand sie in erster Linie demotivierte LehrerInnen vor, die sich bitter darüber beklagten, dass an der Schule schreckliche Zustände herrschten und die sich in jeder Hinsicht gegenüber anderen Standorten benachteiligt fühlten. Ilse Henner hatte als Lehrerin ihre Unterrichtstätigkeit am Wienerberg in Wien-Favoriten begonnen, einer Gegend am südlichen Stadtrand von Wien, die eng mit der Geschichte der Arbeiterbewegung verknüpft ist. Im 19. Jahrhundert arbeiteten und lebten dort Ziegelarbeiter in großer Armut. In den 1990er-Jahren wurde an diesem geschichtsträchtigen Ort eine der ersten ganztägig geführten Volksschulen eröffnet, an der sich Unterricht und Freizeit den Tag über abwechselten und in der es – auch ein Novum – Frühbetreuung, Spätbetreuung und ein warmes Mittagessen gab. Sozusagen ein Kontrapunkt zu der Schule, die sie 1992 übernahm – auch allerdings hinsichtlich der Zusammensetzung der Schülerschaft.

Die Population rund um die Brigittenauer Schule entspricht im Grunde der Bevölkerungsstruktur Ende des 19. Jahrhunderts derjenigen am Wienerberg in Favoriten: ZuwandererInnen, die in der Hoffnung auf ein besseres Leben gekommen sind, oft bildungsfern und aus ärmlichen Verhältnissen stammend. Im Gegensatz zu den Favoritner Ziegelarbeitern, die überwiegend Tschechisch sprachen, sprechen die Bewohner des 20. Wiener Gemeindebezirks eine große Vielfalt an unterschiedlichen Sprachen. Aber viele Menschen leben in Armut. So wurde Ilse Henner zu Beginn ihrer Tätigkeit als Direktorin mit erschreckenden Wahrheiten über die Verhältnisse, in denen manche ihrer Kinder leben mussten, konfrontiert. Nicht selten mussten 15 bis 20 Personen in einer Zimmer-Küche-Wohnung leben und dafür noch dazu horrende Preise bezahlen. Auf 40 Quadratmetern zusammengepfercht wurden Matratzen zum Schlafen aufgebreitet, und die Kinder erledigten auf dem Bauch liegend ihre Hausaufgaben. Aus solchen Milieus kamen viele SchülerInnen, und die LehrerInnen waren auf diesen Wandel weder vorbereitet noch dafür ausgebildet noch konnten viele damit umgehen. Das muss heute auch gesehen werden, wenn man die Schulrealitäten an vielen Pflichtschulen vor allem in den österreichischen Großstädten betrachtet. Die Zuwanderungswellen kamen nicht ganz unerwartet, aber doch in einem Ausmaß, mit dem man nicht gerechnet hatte und das vor allem Kindergärten und Schulen vor völlig neue Herausforderungen stellte, für die sie nicht gewappnet waren. Auch das Personal und andere Ressourcen standen zunächst nicht zur Verfügung, und die Politik reagierte mit erheblicher Verzögerung. An der späteren „Europaschule" gab es jedenfalls bereits 1992 maximal ein bis zwei deutschsprachige SchülerInnen pro Klasse, und die Schule galt im Bezirk als *die* „Ausländerschule". Die neue Direktorin übernahm jedenfalls einen Standort, an dem alle unzufrieden waren. Die LehrerInnen fühlten sich gegenüber den Nachbarschulen benachteiligt und hatten den Eindruck, dass Kinder, die man an anderen Schulen nicht wollte, zu ihnen geschickt wurden. Bereits damals waren bereits eine ganze Reihe unterschiedlicher Erstsprachen an der Schule vertreten, doch die größten Sprachgruppen waren schon damals Türkisch und BKS (Bosnisch/Kroatisch/Serbisch).

Was tun in einer solchen Ausgangssituation? Da uns in diesem Kapitel die Frage beschäftigt, was den Erfolg von Schulen und Kindergärten ausmacht, die trotz teils widriger Voraussetzungen gute Arbeit leisten, lohnt es sich, den Werdegang einer „Ausländerschule" zu einer Vorzeigeschule näher anzusehen, einer Schule, die heute ihre Identität und ihren Erfolg genau aus dieser kulturellen Vielfalt zieht. Besonderes Gewicht in einem Schulentwicklungsprozess kommt dabei natürlich der Schulleitung zu, und so hat auch Ilse Henner gleich nach ihrem Amtsantritt einige wichtige Signale gesendet. Das erste war die Änderung der Sichtweise. Die Vielfalt der Sprachen und Kulturen der Schule sah sie nicht als Belastung, sondern als wertvolle Ressource und Chance. Egal, woher die Kinder kommen und egal, welche Sprachen sie sprechen: Alle tragen zur Bereicherung unserer Schule bei, war die Devise. Weg vom Defizitansatz! Durch ihre zahlreichen Kontakte zu Schulen in ganz Europa lernte sie einige „Europaschulen" kennen, und bald reifte der Gedanke, die Schule in „Europaschule" umzubenennen und als einen der Schwerpunkte einen Sprachschwerpunkt zu etablieren. Im Zusammenhang damit wurden internationale Schulpartnerschaften eingegangen. Allerdings stellte sich unter der Lehrerschaft zunächst keine Aufbruchsstimmung ein, im Gegenteil: Die Reaktionen reichten von zögernder Skepsis bis zur Abwehr. Wer wie ich selber jahrzehntelang Schulentwicklungsprozesse geleitet hat, kennt das: Schulen sind als Organisation Innovationen gegenüber besonders widerständig. Da kann man als Direktorin schon seine blauen Wunder erleben. Das hängt unter anderem auch damit zusammen, dass bis vor gar nicht langer Zeit LehrerInnen oft ihr ganzes Lehrerleben gleich unterrichtet haben und das auch weiterhin tun konnten, ohne dass dies jemanden groß gestört hätte. Dranbleiben und die LehrerInnen ins Boot holen, muss die Devise sein, denn ohne ein Team, das mitzieht, ist gar nichts zu machen.

Der Veränderungsprozess begann im Lehrerteam zu greifen und erreichte seinen Wendepunkt mit der Übersiedlung in ein neues Schulgebäude. Die bisherige Schule war eine typische Wiener Gründerzeitschule gewesen: dunkel, enge Gänge, wenige Freiräume, die sich die Volksschule noch dazu mit einer Hauptschule teilen musste. Gegenüber waren einige Klassen in einer Expositur untergebracht, und diese Expositur wurde das neue Domizil: breite Gänge, helle Räume, und mit Unterstützung des Bezirks gelang die Umwidmung des Grundstücks hinter der Schule, und so kam Ende der 1990er-Jahre ein großer Schulgarten dazu. Aus der Überzeugung heraus, dass eine ganztägige Schule die bessere Schule ist, wurde die „Europaschule" dann sehr bald auch eine ganztägige Schule, die sich bald durch zwei Besonderheiten profilieren konnte: ihren Umgang mit Mehrsprachigkeit und die Elternarbeit, beides in der interkulturellen Schule zwei zentrale Herausforderungen.

Erfahrungsgemäß haben Eltern oft Hemmschwellen und auch Angst davor, in die Schule zu kommen. Auf Eltern, die der deutschen Sprache nicht mächtig oder vielleicht sogar AnalphabetInnen sind, trifft dies umso mehr zu. In der „Europaschule" wurden die Eltern durch vielfältige Angebote in die Schule hereingeholt. Eine große Stütze waren und sind die türkischen und kroatischen Muttersprachenlehrer, die immer zu Elterngesprächen beigezogen wurden und werden. Inzwischen werden im Zusammenhang mit dem Sprachenschwerpunkt noch mehrere andere Sprachen von Lehrpersonen der Schule gesprochen, und auch diese werden zur Kommunikation mit den Eltern herangezogen. Es gibt ein Elterncafé, und bis zu vier „Tage der offenen Tür", Letzteres ein Entgegenkommen jenen Eltern gegenüber, die aufgrund ihrer Arbeitszeit und Arbeitsbedingungen sich nicht so ohne Weiteres für einen bestimmten Termin freinehmen können. Wenn man mit LehrerInnen dieser Schule heute spricht, so merkt man sofort: Die

Wertschätzung gegenüber den Eltern prägt das ganze Schulklima und das Selbstverständnis der Schule. Bei meinen Interviews und im Zuge meiner Recherchearbeiten zu diesem Buch ist mir übrigens immer aufgefallen: Schulen, die auf diese Elternarbeit großen Wert legen und sich bemühen, mit den Eltern in Kontakt zu kommen, ungeachtet dessen, ob diese Deutsch verstehen oder nicht, haben keine Schwierigkeiten damit, dass die Eltern in die Schule kommen. Die oft gehörten Aussagen, man komme an „diese" Eltern nicht heran – gemeint sind die „mit Migrationshintergrund" – sind differenziert zu sehen. In der „Europaschule" scheint diese Kooperation geglückt zu sein. Es sei eine „besondere Schule", sagt die ehemalige Direktorin, „eine Schule, in der sich die gesamte Familie wohl und aufgehoben fühlt." Wer sich eine Zeit lang in der Schule aufhält, wird dieses spezielle Klima bald spüren. Im Leitbild heißt es dazu: eine Schule, in der sich „SchülerInnen, LehrerInnen, BetreuerInnen und Eltern wohlfühlen und in die Kompetenzen der jeweils anderen vertrauen." Dieses Selbstverständnis erscheint mir für das Gelingen einer Schulpartnerschaft besonders wichtig: einander zwar auf Augenhöhe zu begegnen, aber gleichzeitig anzuerkennen, dass die jeweiligen SchulpartnerInnen in unterschiedlichen Bereichen unterschiedlich kompetent sind.

Weit über den 20. Wiener Gemeindebezirk bekannt geworden ist diese Schule durch ihren Umgang mit Mehrsprachigkeit. Auf allen Ebenen der Schule wird darauf geachtet, was die Personen, die in der Schule arbeiten, an unterschiedlichen Fremdsprachenkenntnissen mitbringen, und zwar betrifft das nicht nur das Lehrpersonal, sondern das gesamte Personal. Es gibt FreizeitbetreuerInnen, die die Migrantensprachen sprechen. Das Allerwichtigste ist die Wertschätzung all dieser Sprachen. Die für den Sprachenschwerpunkt zuständige Lehrerin, Monika Kerschbaumer, drückt es so aus: „Es ist selbstverständlich, dass man bei uns in der Sprache spricht, in der man sprechen will." Es breche etwas auf in den Eltern, wenn sie merken, dass sie endlich ihre Sprache nicht mehr verstecken müssen. Diese Eltern haben internalisiert, dass ihre Sprachen schlecht sind. Diese Wertschätzung sei eine ganz elementare vertrauensbildende Maßnahme, und so kommt dem muttersprachlichen Unterricht auch eine sehr wichtige Rolle zu. Oft beherrschen die Kinder ihre Erstsprachen gar nicht mehr gut, und so werden etwa „Familienstammbäume" erstellt, in denen den Kindern die Sprachen ihrer Familie bewusst gemacht werden.

## Das „Sprachenkarussell"

Dieses Innovationsprojekt ist aus dem Wunsch der Kinder entstanden, die Sprachen ihrer Freunde zu lernen. Dieser Wunsch wurde auch im Schulrat, den es an der Schule gibt, geäußert. Und so ist das „Sprachenkarussell" entstanden, eine einzigartige Einrichtung, die nicht nur bei den Betroffenen – den Kindern und ihren Eltern –, sondern auch bei SprachwissenschaftlerInnen auf großes Interesse gestoßen ist. Der Kurs wird von den SchülerInnen und Schülern der 3. und 4. Klasse besucht. Im September wählt sich jedes Kind einen Sprachkurs aus, der regelmäßig einmal in der Woche stattfindet. Die neue Sprache wird ein Jahr lang auf einer einfachen Basis kennengelernt, im Jahr darauf folgt eine andere Sprache. Es handelt sich bei diesen Kursen ausdrücklich nicht um Erstsprachenunterricht, im Gegenteil: Ein Auswahlkriterium für die Anmeldung zu einem Kurs ist, dass die Kurssprache nicht mit der Erstsprache verwandt ist. Auch geht es gar nicht darum, eine Sprache gründlich zu erlernen, sondern das Ziel ist es, die Mehrsprachigkeit als Schatz zu erkennen sowie den Kindern zu vermitteln, dass alle Sprachen gleichwertig sind. Wer wie ich einen Vormittag dabei sein dufte, wird die Eindrücke aus diesen Sprachkursen nicht so schnell vergessen. Viele Kinder haben mir auch ungefragt, und mit viel Stolz, berichtet, wie viele Sprachen sie schon sprächen – fünf Sprachen sind da keine Seltenheit. Ein Drittklässler etwa kam bereits auf Russisch, Tschetschenisch, Deutsch, Englisch und Mandarin (das er soeben im Sprachenkarussell lernte). Die Begeisterung der Kinder ist in allen Kursen spürbar, der praktische Nutzen wird der Besucherin ebenfalls beim ersten Kennenlernen quasi nebenbei vor

Augen geführt: Die Kinder kommentieren von sich aus die Unterschiede im Artikelgebrauch im Deutschen, in ihren Erstsprachen und in der Sprache im Schnupperkurs. Angeboten werden derzeit Arabisch, Bosnisch-Kroatisch, Serbisch, Chinesisch, Englisch, Farsi, Französisch, Italienisch, Ivrit, Niederländisch, Polnisch, Romanes, Russisch, Spanisch, Tschechisch, Tschetschenisch, Türkisch und Urdu. Die Gruppengrößen betragen zwischen fünf und zehn Kindern. Wir können jedenfalls davon ausgehen, dass diese Kinder, die mit zehn Jahren ihre Volksschule verlassen, in ihrem weiteren Leben keine Vorurteile gegenüber anderen Sprachen mehr haben werden.

Eine Volksschule zeigt uns, wie es gehen kann, und es gibt zahlreiche weitere Beispiele von solchen Vorreiterschulen, in Wien wie auch in den Bundesländern. Benannt werden sollen aber die Begleiterscheinungen, die sich im Zuge eines solchen Prozesses einstellen können. Ein solcher Schwerpunkt ergibt sich nicht von selbst, und die Entwicklungsarbeit neben der an solchen Standorten ohnehin schon äußerst fordernden Unterrichts- und Erziehungsarbeit erfordert viel Kraft und Energien und vor allem auch viel Zeit. Leider gibt es dafür keine zusätzlichen Ressourcen, zum Beispiel in Form von Ermäßigung der Lehrpflicht, und so kommt es nicht selten vor, dass gerade unter den Engagiertesten die Burn-out-Gefahr besonders groß ist. Der Ganztagsbetrieb in beengten Räumlichkeiten fordert den Beteiligten auch mehr ab als der Einsatz im Halbtagsbetrieb. In der „Europaschule" sind bereits wesentlich mehr Klassen belegt als ursprünglich geplant waren, sodass die Schule zunehmend an Raumnot leidet. Nun soll ausgerechnet auf dem Grundstück dieser Schule eine weitere Schule gebaut werden. Es ist ein schlechtes Signal, an die Lehrerinnen und Lehrer der Schule ebenso wie hinsichtlich des Stellenwerts, der einer verschränkten Ganztagsschule in der Praxis zukommt, die doch in der Theorie immer so beworben wird. Gerade dieser Schule ist zu wünschen, dass die Schieflagen beseitigt werden können, sodass das engagierte Team weiterhin seiner Arbeit wie bisher nachgehen kann.

## Die „Klusemannstraße" in Graz

Die Preisträgerschule des „Österreichischen Schulpreises" 2013 liegt im Westen von Graz, das ehemalige Gewerbegebiet hat noch seine Spuren hinterlassen. Die Umgebung der Schule und somit ihr Einzugsgebiet stellt einen Mix aus Wohnsiedlungen und Einfamilienhäusern dar. Es handle sich um keine sogenannte „Brennpunktschule", wie Direktor Klaus Tasch meint, sondern die Eltern seiner SchülerInnen seien meist schon soziale Aufsteiger, Sprachprobleme aufgrund des Migrationshintergrunds hätten wenige. 10 bis 20 Prozent seiner SchülerInnen kämen aus der Oberschicht, und der so gegebene soziale Mix würde wesentlich zum Gelingen der Schule beitragen.

Montag, acht Uhr früh, es ist der erste Schultag nach den Semesterferien und der erste Tag der Anmeldungen für das nächste Schuljahr. Was mir, die ich selber 40 Jahre lang in der Schule tätig war, sofort auffällt, ist die Ruhe. Nichts lässt darauf schließen, dass sich hier soeben mehr als 800 Schülerinnen und Schüler eingefunden haben, um einen neuen Schultag zu beginnen. Diese entspannt-heitere Atmosphäre werde ich den ganzen Tag hindurch antreffen. Kurz bevor der Gong ertönt, sind die meisten Kinder schon in ihren Klassen, Klassentüren stehen offen und bleiben es auch während der Unterrichtsstunden. Das großzügig angelegte Gebäude, das mit seiner Glas-Stahl-Konstruktion und dem riesigen Flachdach von außen eher wie ein Schlachtschiff wirkt, besticht in seinem Inneren durch Helligkeit und großzügig angelegte Räumlichkeiten. Vor allem die Gangflächen laden zum Verweilen nicht nur in der Freizeit, sondern auch während der Unterrichtsstunde ein und werden auch dafür genutzt.

In der 1b steht „Soziales Lernen" auf dem Stundenplan. Im Sesselkreis wird die Ferienwoche reflektiert, eine neue Schülerin willkommen geheißen, den Geburtstagskindern der letzten Tage ein Ständchen gesungen. Die Arbeit am individuellen Stärkenportfolio, die sich an die Reflexionsrunde anschließt, fällt nicht allen leicht. Ein Mädchen etwa schafft es einfach nicht zu sagen, auf welchen

Gebieten sie gut ist, obwohl ihr Mitschülerinnen mit Vorschlägen zur Hilfe kommen. Selbstbewusstsein ist nicht allen Kindern von vornherein mitgegeben, manchen wurde es in der Familie nie vermittelt, manchen fällt es aufgrund ihrer Persönlichkeit schwer, sich selbst wertzuschätzen. Selbstbewusstsein kann aber gelernt werden, und dazu will diese Schule konsequent hinführen. Jede Schülerin und jeder Schüler verfügt über dieses Stärkenportfolio, in dem die persönlichen Stärken und Kenntnisse dokumentiert werden und an dem kontinuierlich weitergearbeitet wird. Die Akzeptanz und Wertschätzung der eigenen Stärken ist eine wichtige Basis für einen wertschätzenden Umgang mit anderen. Auch das wird in der Klusemannstraße gelernt – vier Jahre lang einmal pro Woche. Das Unterrichtsfach „Soziales Lernen" ist Pflichtfach mit einem eigenen Curriculum. „Wir betrachten das soziale Lernen als wesentliche Voraussetzung, um Lernen im Allgemeinen zu unterstützen, andererseits auch, um die Persönlichkeitsentwicklung positiv zu beeinflussen", heißt es dazu im Leitbild der Schule. Fünf Bildungsbereiche sollen durch das Unterrichtsfach „Soziales Lernen" profitieren: Sprache und Kommunikation, Mensch und Gesellschaft, Natur und Technik, Kreativität und Gestaltung, Gesundheit und Bewegung.

Zurück zur 1b. Die Zusammensetzung der Klasse spiegelt die Zusammensetzung der Schülerschaft der ganzen Schule wider: Von 25 SchülerInnen sprechen sieben zu Hause immer eine andere Erstsprache als Deutsch, zwei sprechen hin und wieder eine andere Erstsprache. Drei Kinder sind erst im Alter von acht beziehungsweise zehn Jahren nach Österreich gekommen, die anderen Kinder mit anderen Erstsprachen als Deutsch sind bereits hier geboren. Neben Deutsch finden sich Albanisch, Kroatisch, Türkisch, Serbisch, Hindu, Tschechisch und Arabisch. Der albanische Schüler nennt sich Toni, da das die deutsche Entsprechung seines albanischen Vornamens ist.

Die Kinder bringen auch leistungsmäßig unterschiedliche Voraussetzungen mit, nicht alle sind AHS-reif. Insgesamt sind es an der Schule pro Jahrgang 20 bis 25 Prozent der SchülerInnen, die die AHS-Empfehlung der Volksschule nicht erhalten haben. Eine ganze Reihe von ihnen wird es trotzdem zur Matura schaffen, wie die langjährige Erfahrung der Schule zeigt. Manche brauchen eben länger, manche sind schneller, manche können aber auch nicht zur Matura gelangen. Das ist auch nicht der Zugang, den man in der Klusemannstraße bei der Förderung des Einzelnen gewählt hat. Im Zentrum steht nicht ein abstraktes Ziel für alle, sondern das einzelne Kind mit seinen Stärken und Schwächen. Der Blick richtet sich darauf, jeder und jedem zur bestmöglichen Entfaltung aller Möglichkeiten zu verhelfen. In diesem Sinne ist das Schulleitbild und Schulprogramm angelegt, und es ergibt sich fast von selbst, dass an dieser Schule Inklusion gelebt wird: Jedes Jahr gibt es eine inklusiv geführte Klasse. Das erfordert noch mehr Kompetenz und Professionalität im Umgang mit Differenzierung als in den Klassen mit „Neuer Mittelschule". An der Universität habe sie in ihrer Ausbildung dazu gar nichts gelernt, meint dazu die Klassenlehrerin der 1b, die an der Universität Graz Mathematik und Philosophie studiert hat.

Wie ist die Schule zu dem geworden, was sie jetzt ist? Ende der 1980er-Jahre suchte der damalige steirische Landesschulratspräsident Bernd Schilcher vergeblich eine Grazer AHS, die bereit gewesen wäre, mit Hauptschulen gemeinsam eine Gesamtschule zu führen. Deshalb wurde 1991 ein Schulverbund gegründet, der „Schulverbund Graz West", bei dem es sich um ein aus insgesamt sechs Schulen bestehendes Schulnetz handelt, das auf verschiedenen Ebenen kooperiert und ursprünglich die Umsetzung des Schulversuchs „Kooperative Mittelschule" zur Zielsetzung hatte. Die „Kooperative Mittelschule" war ein Schulversuch, bei dem Hauptschulstandorte und AHS-Standorte mit verschränktem Lehrereinsatz zusammenarbeiteten, mit dem Ziel der Realisierung einer gemeinsamen Schule für alle 10- bis 14-Jährigen. Das dafür nötige Gymnasium wurde neu errichtet: in der Klusemannstraße im Grazer Gewerbegebiet. Die reformorientierte Schule kann inzwischen als eines der Flaggschiffe der österreichischen Schulentwicklung bezeichnet werden.

Heute ist die „Klusemannstraße" Neue Mittelschule, Gymnasium und Realgymnasium und wird von ca. 830 SchülerInnen besucht. 17 verschiedene Herkunftssprachen gibt es derzeit an der Schule. In der Oberstufe stehen drei Zweige zur Auswahl: ein Europazweig mit Schwerpunkt auf Sprachen und internationaler Kommunikation; ein „Kreativzweig" mit Schwerpunkt auf Medien und Kreativkompetenzen und ein Naturwissenschaftszweig mit unter anderem Chemie-, Physik- und Biologielabors. Dazu gibt es noch eine Expositur, das sogenannte KLEX, was für „Klusemann extern" steht. KLEX ist so etwas wie die Innovativschiene der ohnehin bereits recht fortschrittlichen Schule, wo sehr stark mit offenen Lernformen gearbeitet wird. Wie in der Stammschule gibt es natürlich auch im KLEX Teamteaching. Ein sehr wichtiger Faktor sind kleine Jahrgangsteams von Lehrerinnen, die mit möglichst vielen Stunden in der Klasse unterrichten und auf diese Weise eine gute und tragfähige Beziehung zu ihren SchülerInnen aufbauen können. KLEX ist eine verschränkt geführte Ganztagsschule und ist inzwischen bereits auf vier Jahrgänge mit insgesamt acht Klassen angewachsen. Leider gibt es aber ein großes Problem dabei, und das seien die Kosten, klagt der Direktor. Das Essen kostet 80 bis 90 Euro pro Monat, und das wird bei Bundesschulen nicht gefördert. So wird die Ganztagsschule gerade für jene nicht leistbar, die sie am meisten brauchen! Alle seine Bemühungen um Lösungen sind bislang an den Hürden der Ministerialbürokratie gescheitert. Ich habe da noch einen anderen Verdacht: Vielleicht soll es ein gefördertes Mittagessen in der AHS gar nicht geben? Vielleicht soll die AHS lieber Halbtagsschule bleiben? Zumindest unbewusst könnten solche Ängste durchaus mit einfließen.

Zurück in die Stammschule. Die zweite Unterrichtsstunde hat begonnen, für die 2b ist es die erste von einer Doppelstunde in Deutsch. Wie in der Neuen Mittelschule vorgesehen, unterrichten zwei LehrerInnen im Team. Für die Beobachterin interessant ist, dass die Leistungsunterschiede zwischen den Kindern erst dann sichtbar werden, wenn man sich ihnen persönlich zuwendet. Erst dann wird eine breite Streuung erkennbar. In der Großgruppe, im

Auftreten der Kinder, aber auch an ihrer Art sich auszudrücken könnte man keine Unterschiede festmachen. Gut so. Gelebtes Miteinander unterschiedlichster Menschen. Was so einfach vonstatten zu gehen scheint, braucht allerdings viel Erfahrung, viel Vorbereitung, viel Know-how zur Individualisierung, das bisher nicht Thema der Lehrerausbildung war, am wenigsten an den Universitäten. Und last, but not least: Die beiden TeamlehrerInnen müssen zusammenarbeiten können. Das Team der 2b scheint gut zu harmonisieren, die zwei nehmen wie selbstverständlich zu unterschiedlichen SchülerInnen Kontakt auf, unterstützen, erklären, fragen nach. Die Stunde ist zu Ende, doch, wie auch in der ersten Stunde, bleiben viele Kinder an ihren Tischen und arbeiten an ihren Aufgaben weiter.

Am Ende meines Schulbesuchs komme ich in einer Werkstunde in der 1d mit einer Gruppe von fünf Buben ins Gespräch. Einer von ihnen erzählt mir stolz und ungefragt, dass er bereits vier Sprachen spräche: Türkisch (Sprache des Vaters), Bosnisch (Sprache der Mutter), Deutsch und Englisch. Dazu käme noch ein wenig Chinesisch, weil es in seiner sehr großen Familie auch Chinesen gäbe. Ein Bub allerdings kann nur Deutsch- und Englischkenntnisse vorweisen, da wird er vom vielsprachigen Freund getröstet: „Dafür bist du der beste Bastler von der ganzen Klasse, auch schon in der Volksschule!" „Stimmt!", sagt der Angesprochene, „das kann ich wirklich gut, drum will ich ja auch einmal Architekt werden." Eine Weile kreist das Gespräch noch um die unterschiedlichen Sprachkenntnisse der vier Buben in der Gruppe, um die internationalen Verbindungen einiger von ihnen, und dann wendet sich die Aufmerksamkeit wieder den Werkstücken zu, die sie bearbeiten.

An dieser kleinen Szene lässt sich vieles über die Schule und ihren Umgang mit Vielfalt ablesen. Man darf sich nicht nur zu seiner Mehrsprachigkeit bekennen, sondern ist stolz darauf und schätzt sie als Wert. Die im Schulleitbild festgeschriebene Sozialkompetenz wird in der Praxis gelebt, wenn sich etwa der kleine Erstklässler bemüht, seinem Mitschüler Fähigkeiten aufzuzeigen, die dieser anstelle der Mehrsprachigkeit der anderen aufzuweisen hat. Und schließlich zeigt die Reaktion des guten Bastlers, dass er kein Problem damit hat zu sagen: „Ja, da bin ich gut!" Die 1d ist bunt zusammengesetzt: Von den insgesamt 29 Schülerinnen und Schülern haben 14 andere Erstsprachen als Deutsch. Sprachrückstände gäbe es nicht wirklich, die Eltern seien sehr am Lernfortschritt ihrer Kinder interessiert und kommen auch zu den Elternabenden der Schule. Insgesamt sei die Klasse sehr leistungsstark, im ersten Semester hat es zwölf ausgezeichnete Erfolge im Zeugnis gegeben und sechs gute Erfolge. Es gibt nach Einschätzung der Klassenvorständin keine Ebenen, auf denen die Tatsache, dass Deutsch nicht die Erstsprache ist, relevant wäre. „Migration ist kein relevanter Faktor", meint der Direktor im Gespräch. Wie kann das sein, wenn es doch eine erhebliche Anzahl an Kindern gibt, die eine andere Erstsprache als Deutsch haben?

Die Antwort hängt mit dem Erfolgsrezept der Schule insgesamt zusammen. Und erfolgreich ist sie nicht nur in dem Programm, das sie macht, sondern auch die Ergebnisse können sich sehen lassen. Die Ergebnisse der letzten Bildungsstandardtestungen waren besser als die der Grazer Gymnasien. Mehrere Faktoren tragen zum Gelingen dieser Schule bei und machen die Integration von Kindern aus Zuwandererfamilien leichter als an so manch anderen Schulstandorten. Zum einen hängt das natürlich damit zusammen, dass der sozioökonomische Hintergrund der Schülerschaft eine gute Mischung aus verschiedenen sozialen Milieus darstellt und die Kinder mit anderen Erstsprachen als Deutsch vielfach auch bereits aus Familien kommen, die an sozialem Aufstieg orientiert sind. Zum anderen beherrschen eine Reihe dieser Kinder die deutsche Sprache bereits ebenso gut wie ihre Erstsprache. Quereinsteiger gibt es auch, aber sie sind in der Minderheit. Dazu kommt die gemeinsame Schule, die alle mitnimmt bis zum Ende der 8. Schulstufe, und während der vier Jahre, die sie in der Unterstufe der „Klusemannstraße" verbringen, vielfältige Angebote erhalten, die sie dazu befähigen sollen, ihre individuellen Talente bestmöglich zur Entfaltung zu bringen. Wesentlich erscheint mir dabei, dass der Blick auf das einzelne Kind sich in dieser Schule nicht auf die Defizite richtet, sondern auf die

Stärken, und das ganze Schulprogramm ist daraufhin angelegt. Und auf dieser Folie wird der sogenannte Migrationshintergrund zu einem Aspekt unter anderem, unter dem die Kinder und Jugendlichen an dieser Schule lernen und heranwachsen.

## Die Neue Mittelschule Schopenhauerstraße in Wien-Währing

Der 18. Wiener Gemeindebezirk ist am Rand des Wienerwalds im Nordwesten Wiens gelegen. Neben Hietzing und Döbling gilt auch Währing als Wiener Nobelbezirk. In Gürtelnähe aber, im sogenannten „Kreuzgassenviertel", finden sich zahlreiche Gründerzeitquartiere, ehemalige Mietskasernen aus der Zeit der Industrialisierung im 19. Jahrhundert. Die Schopenhauerstraße, nach der die Schule benannt ist, liegt in der Nähe des Cottageviertels und des bekannten Türkenschanzparks. Im selben markanten Gründerzeitgebäude befindet sich auch noch eine Polytechnische Schule. Ebenfalls in unmittelbarer Nachbarschaft, quasi ums Eck, liegt das Gymnasium Klostergasse. Ein weiteres Gymnasium, das Realgymnasium in der Schopenhauerstraße, ist in guter Gehdistanz zu erreichen. Die Schülerpopulation des Gymnasiums in der Klostergasse und der Neuen Mittelschule sowie der Polytechnischen Schule in der Schopenhauerstraße könnte unterschiedlicher nicht sein. Die Neue Mittelschule sowie die Polytechnische Schule wird von den Kindern der BewohnerInnen aus den Gründerzeithäusern besucht, das Gymnasium in erster Linie von den Kindern aus den Nobelvierteln des Bezirks. Die Schülerschaft des Realgymnasiums in der Schopenhauerstraße wiederum weist eine größere Durchmischung auf, was vor allem auch mit dem Schultyp Realgymnasium zusammenhängen dürfte, während das klassische Gymnasium sich bis heute als traditionelle Schule des Bildungsbürgertums erhalten hat. Die ganze Problematik der österreichischen Schule, zumal in der Sekundarstufe, spiegelt sich an den benachbarten Schulen in der Schopenhauerstraße und Klostergasse wider. Wer geglaubt hat, die Neue Mittelschule wäre vom Angebot her so attraktiv, dass bald mehr Eltern ihre Kinder dorthin schicken werden als ins Gymnasium, möge sich hier umsehen.

Die Neue Mittelschule in der Schopenhauerstraße ist die einzige öffentliche Hauptschule im 18. Wiener Gemeindebezirk. Im Schuljahr 2013/14 haben mehr als 80 Prozent der SchülerInnen eine andere Erstsprache als Deutsch. Die Kinder mit deutscher Muttersprache kommen häufig aus zerrütteten Familien, nicht selten leben sie in betreuten Wohngemeinschaften. Alle Merkmale einer sogenannten „Brennpunktschule" also, könnte man meinen. Die Probleme, mit denen die Schule aufgrund der schwierigen Ausgangssituation zu kämpfen hat, werden von der Schulleiterin Erika Tiefenbacher auch gar nicht geleugnet, ebensowenig die Tatsache, dass sich manche ihrer LehrerInnen hart an der Grenze zum Burn-out befinden. Die Ursachen seien aber bei den schwierigen Rahmenbedingungen zu suchen und nicht schulintern begründet. Die Schule – Direktorin und Lehrerteam – treten trotz all dem selbstbewusst auf, und das Bestechende dabei ist: Sie beziehen ihr Selbstbewusstsein und ihre Stärke genau aus dem, was andere abschrecken würde, nämlich eine „Ausländerschule" zu sein. Das macht diese Schule so interessant – und gut! Wie geht das? Das wollen wir uns näher ansehen.

Wenn man die Schule betritt, fällt einem sofort die freundlich-entspannte Atmosphäre auf. An den Wänden befinden sich auf allen Stockwerken Bilder und Plakate von Projektarbeiten der SchülerInnen. Als jemand, die 40 Jahre in der Schule tätig war, kann man mir nichts vorspielen, ich erkenne recht bald die Signale, die etwa heißen: Disziplinprobleme, geringe Anforderung an Leistung, Vandalismus. Schon bei meinen früheren Besuchen an dieser Schule bemerkte ich nichts davon, und auch heute besticht mich die fröhliche Gelassenheit, die sich vor allem auch im Pausengeschehen bemerkbar macht, und das, obwohl wahrlich keine großen Pausenflächen zur Verfügung stehen. Meinen Schultag verbringe ich heute in der trilingualen Projektklasse, die inzwischen auch über Österreich hinaus Bekanntheit erlangt hat. In dieser dritten Klasse findet dreisprachiger Unterricht statt – Deutsch, BKS (Bosnisch/Kroatisch/Serbisch) und Türkisch. In den Englischstunden kommt noch eine vierte Sprache dazu.

In der ersten Stunde steht Deutsch auf dem Stundenplan, das Thema: Tiernamen in mehreren Sprachen. Als die Kinder in der ersten Klasse waren, konnte ich erstmals einen Vormittag lang diesen dreisprachigen Unterricht miterleben. Heute ist die BKS-Lehrerin grippehalber ausgefallen. Der Türkischlehrer, Göksel Yilmaz, schreibt eine Liste von türkischen Wörtern an die Tafel, und wer serbische, deutsche oder englische Bezeichnungen weiß, schreibt diese daneben. Ein Arbeitsblatt mit Tiernamen in drei Sprachen muss ausgefüllt werden. Innerhalb kürzester Zeit wird intensiv gearbeitet, es dürfen auch Sitzsäcke verwendet werden, manche verwenden auch ihre Smartphones zum Nachschlagen, was für diese Art von Tätigkeit explizit erlaubt ist. Die beiden LehrerInnen gehen in der Klasse umher und erklären, helfen nach, der Türkischlehrer immer wieder auf Türkisch. Kaum zu glauben, dass sich in dieser Klasse Kinder befinden, die mit zehn Jahren noch nicht alphabetisiert waren und die heute niemand unter den anderen Schülerinnen und Schülern der 3b ausmachen könnte, in der sich auch einige schwer traumatisierte Kinder befinden. Auch die Leistungsstarken und die Leistungsschwächeren sind von mir nicht so leicht zu orten.

Erst später, in der Englischstunde, in der für die bevorstehende Schularbeit Grammatik geübt wird, zieht sich Gerda Reissner, Klassenvorständin sowie Deutsch- und Englischlehrerin, mit den Schwächeren in den hinteren Teil der Klasse zurück, und die Leistungsunterschiede werden sichtbar. In der Geschichtsstunde steht die Französische Revolution auf dem Stundenplan, kein einfaches Thema. Die türkischsprachigen Kinder, von denen einige durchaus fließend Deutsch sprechen, bilden mit dem Türkischlehrer eine eigene Tischgruppe. Bei Bedarf wird auf Türkisch erklärt und ins Heft diktiert. Ergänzende Unterstützung gibt es durch ein zweisprachiges Schulbuch, das von Göksel Yilmaz verfasst wurde und in dem sich auf der linken Seite die Texte auf Türkisch befinden, rechts Erklärungen und Arbeitsaufgaben auf Deutsch. Das Buch wird zusätzlich zum deutschsprachigen Geschichtsbuch verwendet. In Gesprächen mit einigen Kindern der Klasse fällt mir nicht nur der entspannte Umgang mit ihrer Mehrsprachigkeit auf, sondern bei einigen auch der Stolz darauf – beides ein Resultat des wertschätzenden Umgangs der Schule damit. Ein Mädchen erzählt mir, sie spreche Deutsch, Englisch, Kasachisch und lerne jetzt Russisch. Auf meine Frage, was sie dazu motiviert habe, Russisch zu lernen, meint sie: „In Kasachstan spricht man auch Russisch, und daher möchte ich es jetzt lernen. Vielleicht brauche ich es später in meinem Beruf."

Die Schülerinnen und Schüler dieser Klasse stammen aus den unterschiedlichsten Herkunftsländern (Österreich, Serbien, Rumänien, Türkei, Afghanistan, Kasachstan, Sudan). Vier von ihnen haben Deutsch als Erstsprache, der Rest andere Erstsprachen. Fast alle Kinder stammen aus sozioökonomisch benachteiligten Familien, einige haben Asylstatus. In den Gegenständen Geschichte, Geografie, Biologie und Mathematik wird nach dem mit den Muttersprachenlehrerinnen des Klassenteams entwickelten und ständig weiterentwickelten „trilingualen Unterrichtskonzept" unterrichtet. Man kann sagen, dass sich die Zusammensetzung der Schülerschaft der gesamten Schule in dieser Klasse widerspiegelt und dass die Leitprinzipien der Schule Integration, Interkulturalität und Mehrsprachigkeit hier in besonders konzentrierter Form gelebt werden.

Die schöne Atmosphäre in der Projektklasse darf aber nicht darüber hinwegtäuschen, wie groß die Probleme sind, mit denen eine Schule wie die NMS Schopenhauerstraße zu kämpfen hat. In einer Parallelklasse etwa befinden sich 12 Kinder, die im Vorjahr ohne Deutschkenntnisse an die Schule kamen, dazu Kinder aus betreuten Wohngemeinschaften oder mit anderen Schwierigkeiten. Nur die erfahrensten LehrerInnen können hier zum Einsatz kommen, meint die Direktorin, und auch die bräuchten viel Unterstützung. Eine Supervision für das Team wurde zwar beantragt, doch erst für das Schuljahr 2014/15 in Aussicht gestellt. Herausforderungen, wie sie mit dieser Klasse gegeben sind, finden sich übrigens in den meisten Hauptschulen und Neuen Mittelschulen im städtischen Bereich, sei es in Wien, Linz oder in Graz. Die Kinder ohne jegliche Deutschkenntnisse kamen im letzten Drittel des vorigen Schuljahres, nach Ostern. Ein intensiver Deutschunterricht stand am Anfang. Heuer befinden sich in dieser Klasse auch noch RepetentInnen sowie SchülerInnen, die aus anderen Schulen ausgeschlossen wurden. Jede Woche gibt es eine Teamsitzung mit der Direktorin, bei der jedes Kind einzeln besprochen wird. Unvorstellbare Schicksale verbergen sich hinter den schwierigen Kindern, wird mir berichtet. Ein Schüler von der Elfenbeinküste, der sich durch besonders unkontrollierte Aggressivität auszeichnet, war vermutlich dort Kindersoldat. Ein Kind aus Ruanda musste mit ansehen, wie Bruder und Vater verbrannt wurden und wurde selbst dabei verletzt. Ein Mädchen aus Serbien wurde vom Vater völlig unerwartet, von einem Tag auf den anderen, nach Österreich geholt und will gar nicht hier sein. Die Liste ließe sich fortsetzen. In dieser Klasse setzt das Team auf wöchentliche Zielvereinbarungen, die sowohl für jeden Einzelnen als auch für die Klasse als Ganzes gemacht werden. Es steht natürlich außer Frage, dass die Kinder, die noch vor einem Jahr kein Wort Deutsch sprachen, in einem weiteren Jahr nicht in der Lage sein werden, die Bildungsstandards zu erfüllen.

Wer wissen will, warum vor allem Kinder mit sozial benachteiligtem Migrationshintergrund oder später hinzugekommene SchülerInnen am Ende der Schulpflicht Mindestanforderungen nicht erreichen, möge sich einmal an Hauptschulen und Neuen Mittelschulen in den Ballungszentren umsehen, es wäre heilsam. Vor allem konservativen PolitikerInnen würde ich das dringend empfehlen. Faktum ist: Selbst wenn sie sich noch so anstrengen, können das viele gar nicht schaffen. Umso bemerkenswerter ist für mich, dass sich die LehrerInnen an der NMS Schopenhauerstraße auch in der schwierigen Kooperationsklasse nicht entmutigen lassen. Sie werden die ihnen Anbefohlenen so weit bringen, so weit es ihnen in den nächsten eineinhalb Jahren möglich ist, und daran arbeiten sie intensiv im Team und mit der Direktorin.

Im Schuljahr 2013/14 sind insgesamt 49 LehrerInnen an der Schule, die auch über eine Expos120itur verfügt, tätig, darunter drei MuttersprachenlehrerInnen für Türkisch, BKS und Romanes. Ein Beratungslehrer ist mit zwölf Wochenstunden im Einsatz, ein

Schulsozialarbeiter mit zwanzig Wochenstunden. Für die fünf Integrationsklassen gibt es fünf IntegrationslehrerInnen. Schließlich unterrichten an der Schule noch drei Religionslehrer römisch-katholische, islamische und serbisch-orthodoxe Religion.

Wie kommt es aber, dass dieser Schule gelingt, was vielen anderen in vergleichbarer Situation nicht gelingt: nämlich trotz schwieriger Ausgangs- und Rahmenbedingungen motiviert zu bleiben und vor allem eine gute Schule zu machen? Wie immer liegt viel an der Schulleitung, dem Team, das über die Jahre in intensiver Personalentwicklungsarbeit aufgebaut wurde, aber auch an dem hohen Ausmaß an Vertrauen, das die Direktorin ihren Lehrerinnen und Lehrern entgegenbringt und das ihnen viel Autonomie in ihrer Tätigkeit ermöglicht.

Dabei war der Anfang alles andere als einfach. Als Erika Tiefenbacher 2002 die Schule übernahm, war an der Nachbarschule, der Polytechnischen Schule, ein Schüler im Zuge einer Rauferei von einem Mitschüler erstochen worden. Die beiden Schulen haben nichts miteinander zu tun, und doch überschatte dieses Unglück den Ruf der Schule ein wenig bis heute, zumindest Assoziationen dazu gäbe es noch. Die LehrerInnen an der benachbarten Hauptschule waren demotiviert, es herrschte eine allgemeine negative Grundstimmung vor. Die neue Direktorin nahm ihre LehrerInnen ernst und analysierte mit ihnen den Istzustand. Bald wurde eine Schulentwicklungsgruppe ins Leben gerufen, die aus etwa zehn Personen bestand und in einer Wochenendklausur eine „Zukunftswerkstatt" begründete. Für die Schulleiterin gab es in diesem Prozess zwei Leitprinzipien: Eines davon war die Botschaft an die LehrerInnen, dass sie GestalterInnen ihrer Schule seien und sie ihnen dafür den Freiraum einräumen würde, den sie dafür bräuchten. Einzige Bedingung: Die Schülerinnen und Schüler müssen mitreden können. Parallel dazu wurde der bislang recht herkömmliche Unterricht geändert und Projektunterricht eingeführt. Nur einmal im Jahr, an den gesamtschulischen Projekttagen, gibt die Direktorin das Thema vor, und dieses war im ersten Jahr „Unsere Schulordnung", im zweiten Jahr „Unsere Sprachen". Man sieht, es wurde an zwei zentralen Hebeln angesetzt: klare Regeln und Umgang mit Mehrsprachigkeit.

Zwölf Jahre später kann sich das Ergebnis sehen lassen. Eine Schulordnung, an der die Kinder mitgearbeitet haben und die nicht nur auf dem Papier vorhanden ist, sondern täglich gelebt wird. Das merkt die Besucherin, der man nichts vormachen kann, bald. „Wir SchülerInnen haben ein Recht auf ..." heißt es da, und „Wir Lehrer-Innen haben ein Recht auf ...". Die SchülerInnen haben ein Recht auf die Einhaltung der Kinderrechte, einen Schulalltag ohne Streit und Gewalt, aber auch auf einen geordneten Stundenbeginn, einen ordentlichen Arbeitsplatz oder erholsame und entspannte Pausen. Die LehrerInnnen wiederum haben das Recht auf Höflichkeit und Respekt, eine gewaltfreien Schulalltag, eigene Pausen und einen niedrigen Geräuschpegel. Raufen ist in jeder Form verboten, auch das „Spaßrufen" zählt dazu. Disziplinäre Maßnahmen werden in abgestufter Form vorgenommen. Rauchen kann zum Verweis von der Schule führen. Im Leitbild der Schule stehen Identität, Interkulturalität und Integration im Zentrum. Die Schule hat auf der Basis dessen, was sie ist, nämlich eine „Ausländerschule", ein Schulprogramm entwickelt, das sich sehen lassen kann und das inzwischen auch medial viel Beachtung gefunden hat. Angesichts sinkender Leistungen wurde sukzessive an neuen Lehr- und Lernmethoden gearbeitet, und so stellten sich nach und nach auch viele Erfolgsstorys ein. Ein wichtiger Erfolgsfaktor ist meines Erachtens der gelungene Mix aus klaren Regeln und einem Bekenntnis zu Disziplin einerseits sowie zur Wertschätzung jedes einzelnen Kindes und zu dessen bestmöglicher Förderung auf allen Ebenen der Persönlichkeit. Für ihre Leistungen wurde die Schule auch mehrfach ausgezeichnet, unter anderem mit dem Integrationspreis 2010.

Dennoch: Die Bedingungen, unter denen hier gearbeitet wird, sind alles andere als ideal. Das beginnt bereits damit, dass wie in allen Pflichtschulen weder eine Sekretariatskraft noch sonstige administrative Kräfte vorgesehen sind, eine österreichische Besonderheit, die allein schon diese Schulen gegenüber anderen Schultypen diskriminiert. An der NMS Schopenhauerstraße arbeitet eine junge Sekretariatskraft, die allerdings an einer Maßnahme des AMS (Arbeitsmarktservice) teilnimmt und keineswegs fix für die Schule vorgesehen ist. Die 49 LehrerInnen der Schule teilen sich einen Raum, der auch als größeres Wohnzimmer durchgehen könnte. Die Bewegungsräume der SchülerInnen sind sehr eingeschränkt, wobei gerade diese Klientel größtmögliche Bewegungsräume brauchen und verdienen würde. Es mangelt an Stützpersonal ebenso wie an mehr Stunden für den Sozialarbeiter, den sich die Schule mit einer anderen Schule im Bezirk teilen muss. Die dringend notwendige Supervision wurde nicht einmal für die schwierige „Kooperationsklasse" zur Verfügung gestellt.

Was wünscht sich Erika Tiefenbacher von der Politik? Die Antwort ist eindeutig: „Es sollte uns gar nicht geben! Eine gemeinsame Schule der 10- bis 14-Jährigen soll kommen." Und für sich und ihre Schule? Den „Österreichischen Schulpreis" zu gewinnen!

## Das Realgymnasium Schuhmeierplatz in Wien-Ottakring

Vor mehr als 100 Jahren wurde diese Schule im Wiener Arbeiterbezirk Ottakring gegründet. Der imposante Bau der derzeit im Umbau befindlichen Schule ist in die Jahre gekommen und entspricht natürlich nicht mehr den Anforderungen des 21. Jahrhunderts, doch beeindruckt er allemal auch heute noch durch seine massive Präsenz auf dem nach dem Arbeiterführer Franz Schuhmeier benannten Platz.

Die Schule ist wegen der Umbauarbeiten derzeit (2014) an einem anderen Standort in der Wiener Innenstadt untergebracht. Ich kenne diese Schule durch persönliche Freundschaften mit Lehrerinnen sowie mit der langjährigen Direktorin bereits, seit ich 1974 zu unterrichten begonnen hatte. Dennoch bemerkte ich bei der Verabschiedung von Direktorin Zeiler vor einem Jahr mit Erstaunen, dass sich die Schülerschaft in ihrer Zusammensetzung noch weitaus mehr gewandelt hatte, als mir das bis dahin bewusst gewesen war. Kinder mit sogenanntem Migrationshintergrund schienen bei Weitem in der Mehrzahl zu sein, was auch, wie sich inzwischen herausstellte, tatsächlich der Fall ist. Eine Schule, die es sich näher anzusehen lohnt, handelt es sich doch nicht um ein Oberstufenrealgymnasium, wo Kinder mit anderen Erstsprachen als Deutsch oft anzutreffen sind, sondern um eine AHS-Langform. Ein Gymnasium also, das in der Mehrzahl von Kindern und Jugendlichen besucht wird, die entweder selber nicht in Österreich geboren wurden oder deren Eltern zugewandert sind. Wiener Kinder und Jugendliche also, die hier zur Schule gehen, maturieren, weiterstudieren, oder auch nicht – wie in anderen Gymnasien auch. Ist hier der migrantische Alltag zur gelebten urbanen Schulrealität geworden? Können wir gar von gelebter Normalität sprechen? Wie ist es dazu gekommen, und wie ist die Schule mit den Veränderungen umgegangen? Gab es Unterstützung? Es ist interessant, sich die Schule unter diesen Aspekten näher anzusehen.

Ein Blick auf die Zusammensetzung der Schülerschaft im Lauf der letzten 20 Jahre zeigt, dass sie den Wandel der Bevölkerungsstruktur im Bezirk gut widerspiegelt. Als sie 1993 die Leitung der Schule übernommen habe, hätte es fast ausschließlich deutschsprachige SchülerInnen an der Schule gegeben, berichtet die ehemalige Direktorin, Verena Zeiler. Im Lauf der 1990er-Jahre kamen dann vor allem bosnische Kinder über die Volksschulen zu ihnen. Ab der Jahrtausendwende hatte sich allerdings die Situation völlig geändert. Zu jener Zeit fanden sich so gut wie gar keine Kinder mit Erstsprache Deutsch in den ersten Klassen, was unter anderem zur Folge hatte, dass die Schule damals im Bezirk sehr bald in den Ruf einer „Ausländerschule" geriet. Ein Blick in die Statistiken der Schule belegt diesen Wandel eindrucksvoll. Im Schuljahr 1995/96 besuchten insgesamt 677 Schülerinnen und Schüler das BRG 16 „Schuhmeierplatz", von ihnen hatten 78 Prozent Deutsch als Erstsprache, 23 unterschiedliche Sprachen waren an der Schule vertreten. Der Großteil der anderen Erstsprachen entfiel auf Polnisch sowie Bosnisch, Serbisch und Kroatisch. SchülerInnen mit Erstsprache Türkisch gab es damals insgesamt nur 16. Fünf Jahre später, im Schuljahr 1999/2000, war bereits eine deutliche Veränderung in der Zusammensetzung der Schülerschaft festzustellen: Die SchülerInnen mit Deutsch als Erstsprache stellten zwar noch eine deutliche Mehrheit dar, doch prozentuell kamen sie nur mehr auf 64 Prozent. Die insgesamt 661 Schülerinnen und Schüler sprachen 29 verschiedenen Erstsprachen, wobei wiederum Bosnisch, Serbisch und Kroatisch den weitaus größten Anteil unter all diesen Sprachen ausmachten, während es in der ganzen Schule nur elf SchülerInnen mit Erstsprache Türkisch gab. Bis zum Schuljahr 2004/05 war die Zahl der türkischsprachigen SchülerInnen auf 52 angewachsen, die deutschsprachigen SchülerInnen stellen bereits weniger als die Hälfte (48 Prozent) der insgesamt 578 SchülerInnen dar. Die größte Sprachgruppe machte nach wie vor Bosnisch, Kroatisch und Serbisch aus, doch war inzwischen die Zahl der an der Schule vertretenen Erstsprachen auf 32 angewachsen. Fast zehn Jahre später sind noch mehr Erstsprachen am „Schuhmeierplatz" vertreten, insgesamt 35. Die größte Sprachgruppe ist nach wie vor Bosnisch/Kroatisch/Serbisch, an vierter Stelle findet sich bereits Türkisch, gefolgt von Arabisch. Von den insgesamt 582 Schülerinnen und Schülern im Schuljahr 2013/14 haben nur mehr 14 Prozent Deutsch als Erstsprache. In den ersten Klassen machten in den letzten drei Schuljahren die Kinder mit Erstsprache Deutsch jeweils nicht mehr ganz 10 Prozent aus.

Ein beeindruckender Wandel, zweifellos. Was hier sichtbar wird, ist allerdings nichts anderes als die demografische Veränderung, die sich vor allem in den österreichischen Großstädten in den letzten Jahrzehnten vollzogen hat. Interessant scheint mir diese Schule unter anderem auch deshalb, weil hier die Kinder und zum Teil sogar schon die Enkelkinder der ersten ZuwandererInnen die AHS besuchen – für diese Kinder und Jugendlichen ein Bildungsweg, der nicht mehr die Ausnahme darstellt. Die Durchmischung ist allerdings noch nicht gelungen, meinen sowohl der derzeitige Direktor der Schule als auch die ehemalige Direktorin. Auch kritische Worte zum Umgang der österreichischen Schule mit diesen Kindern sind da zu vernehmen. Während der Zeit, als die Schule als „Ausländerschule" abqualifiziert wurde, hätten sie auch Kinder nehmen müssen, die keine AHS-Reife aufweisen konnten und Aufnahmsprüfungen ablegen mussten, um die ersten Klassen zu füllen. In den allermeisten Fällen wurde die Eignung für die AHS deshalb nicht ausgesprochen, weil die Deutschnote nur „Befriedigend" war und die mangelnden Deutschkenntnisse sich auch auf andere Gegenstände auswirkten. Der Großteil dieser Kinder konnte die Defizite nachholen, viele von ihnen legten die Reifeprüfung ab und absolvierten tertiäre Ausbildungsgänge. Die Hürde mit der Deutschnote hatte es nicht immer gegeben, bis 2006 lag es in der Kompetenz der SchulleiterInnen, zu entscheiden, ob sie Kinder, deren Deutsch- und Mathematiknoten „Befriedigend" waren, im Februar dennoch vorübergehend aufnahmen, bis zur endgültigen Eignungserklärung durch die VolksschullehrerInnen am Ende des Schuljahres. Damit ist es seither vorbei – ein großes Unrecht an den Kindern, deren Deutschkenntnisse mit zehn Jahren noch nicht für eine bessere Note ausreichten. Im Laufe meiner eigenen, fast 20-jährigen Tätigkeit als AHS-Direktorin habe ich über viele Jahre hinweg solchen Kindern eine Chance gegeben, und sehr oft haben sie sich gut entwickelt und konnten später die Matura ablegen. Die Ex-Direktorin des BRG 16 spricht sich vehement gegen dieses Unrecht aus, da sie aus jahrelanger Erfahrung mit diesen SchülerInnen weiß, dass sie eben mehr Zeit brauchen als Kinder, die mit zehn Jahren gute Kenntnisse in ihrer Erstsprache Deutsch haben.

Aber zurück zu unserem Gymnasium in Ottakring. Die Schule sah sich lange Zeit mit der veränderten Situation mehr oder wenig alleingelassen. Das österreichische Schulsystem hat bekanntlich als Ganzes sehr spät und halbherzig auf die großen demografischen Veränderungen der letzten Jahrzehnte reagiert, doch im Bereich der AHS geschah dies besonders zögerlich. Allmählich gab es zusätzliche Ressourcen für den Unterricht in Deutsch als Zweitsprache, diese seien aber viel zu spät gekommen. Davor war es oft engagierten Lehrerinnen und Lehrern überlassen, mit den nicht-deutschsprachigen Kindern Deutsch zu lernen. Erst allmählich gab es deutlich mehr Ressourcen zur Deutschförderung, wobei diese Ressourcen von der Anzahl der SchülerInnen mit nicht-deutscher Muttersprache abhängen. Im Schuljahr 2013/14 gibt es für drei Jahrgänge insgesamt 19 sogenannte „Werteinheiten" (Werteinheiten entsprechen in etwa Unterrichtsstunden). Im Wesentlichen bleibt es der Schule überlassen, wie sie diese zusätzlichen Stunden einsetzt. Jedenfalls ist es dem Engagement vieler Lehrerinnen und Lehrer zu danken, die über die Jahre hinweg trotz fehlender Ressourcen aus der Schule das gemacht haben, was sie jetzt ist: eine gute Schule! Das war die Schule auch vor den großen demografischen Änderungen, doch ohne die unverdrossene Arbeit der Mehrzahl der LehrerInnen hätte sie den Wandel nicht so gut gemeistert. Grundsätzlich herrsche an der Schule schon seit Langem ein sehr aufgeschlossenes, förderliches Grundethos, meint die frühere Direktorin, bei dem die einzelne Schülerin und der einzelne Schüler im Zentrum stehen. Mit einer anderen Haltung und in einem anderen Schulklima hätten sie die schwierigen Jahre der Umstellung nicht so gut bewältigen können.

Die international zusammengesetzte Schülerschaft kommt nach wie vor in erster Linie aus der Umgebung der Schule, für die meisten Eltern sind Schulnähe und Wohnnähe wichtige Kriterien für die Schulwahl. Inzwischen gäbe es ganze Familiendynastien, die diese Schule besucht hätten beziehungsweise derzeit besuchen, berichtet Direktor Werner Vorlen. Viele Kinder kommen aus bildungsfernen Schichten. Manche SchülerInnen haben auch Eltern, die in ihren Herkunftsländern ein akademisches Studium absolviert haben, aber hier in minderqualifizierten Berufen tätig sind – teils mangels Deutschkenntnissen, teils aber auch, weil ihre Abschlüsse nicht anerkannt werden.

Die Schule mit einer langen Tradition im naturwissenschaftlich-technischen Bereich hat sich im Lauf der Jahre besonders auch im Bereich des Sozialen Lernens profiliert. Es gibt Konfliktmediation, Soziales Lernen, Lernen im Team ebenso wie ein SOS-Team mit einer Beratungslehrerin, die für Kinder und Jugendliche mit Schwierigkeiten sofort zur Stelle ist. Interessant ist ein Blick auf die Homepage der Schule: Im Gegensatz zu vielen Schulen mit vergleichbar zusammengesetzter Schülerschaft wird die Vielfalt hier gar nicht erwähnt, und sie kommt auch im Schulprogramm kaum zum Ausdruck. Das sei schade, meint die Bezirkspolitikerin und Direktorin der VHS Ottakring, Ilkim Erdost, die aus einer türkischstämmigen Familie kommt und 1999 am BRG 16 Schuhmeierplatz die Matura ablegte. Eine Auseinandersetzung mit der kulturellen Vielfalt, die an der Schule vorherrschte, habe es zu ihrer Schulzeit nicht gegeben. Weder sei die spezielle Situation der Schule und die Zusammensetzung der Schülerschaft Thema gewesen, noch hätte es eine positive Umdeutung dazu gegeben. Themen aus den Herkunftsländern seien nicht behandelt worden, Umgang mit Mehrsprachigkeit habe es nicht gegeben. Sie sieht ihre Schulzeit sowie vor allem ihre Lehrerinnen und Lehrer im Rückblick dennoch recht positiv: „Ausländerfeindlichkeit habe ich überhaupt nie festgestellt." Es sei wirklich ein großes Bemühen der Lehrerschaft festzustellen gewesen, mit der neuen Situation umzugehen, ja, man könnte von einer pragmatisch-entspannten Haltung sprechen. Innerhalb der ethnischen Gruppen habe es nie Konflikte gegeben.

Wahrscheinlich wäre es von Lehrerinnen und Lehrern einer Schule, in der sich die Zusammensetzung der Schülerschaft in so kurzer Zeit so grundlegend verändert hat, auch zu viel verlangt gewesen, die neu entstandene Situation auch noch bewusst zu thematisieren und ins Schulprogramm aufzunehmen. Eine andere Frage wiederum ist, ob heute die Vielfalt der Schule hervorgehoben werden soll oder nicht. Es ist nicht (mehr) notwendig, denke ich, denn die Vielfalt ist dort Normalität, und deshalb ist das BRG 16 in Wien Ottakring ein so interessanter Fall. Obwohl dort derzeit nur mehr 14 Prozent Kinder Deutsch als Erstsprache haben, ist es natürlich keine „Ausländerschule", sondern ein Wiener Gymnasium, das die Bevölkerungsstruktur in einem Wiener Zuwandererbezirk abbildet. Warum also auf die Vielfalt extra hinweisen, wenn die Vielfalt die Norm ist? Was er sich für seine Schule am dringlichsten wünschen würde, frage ich den Direktor? „Eine bessere Durchmischung!", meint er. Es ist eine Frage der Sichtweise, meine ich.

# -SIEBEN-
# Ein Blick nach Norden:
# der Schulbezirk Örebro in Schweden

„Warum eigentlich ausgerechnet Schweden?", wurde ich häufig gefragt, als ich mich auf den Weg machte, um Recherchen zum Umgang mit neu Ankommenden im Bezirk durchzuführen. Warum nicht Finnland oder wenigstens Holland, dort gäbe es immerhin gute Schulen und dazu noch eine Migrationsgesellschaft. Aber Schweden? Mehr als doppelt so viele arbeitslose Jugendliche als in Österreich, jugendliche Migranten, die Häuser anzünden, Absturz bei PISA. Die Antwort mag zunächst verblüffen, aber gerade deshalb schien mir Schweden interessant. Ich wollte mir ansehen, wie ein Schulsystem, das lange Zeit als vorbildlich galt, mit Krisen umgeht. Ich kenne schwedische Schulen seit den späten 1980er-Jahren auch von innen sehr gut, durch Schulpartnerschaften in verschiedenen Landesteilen, zunächst als Lehrerin, später als Schulleiterin. Über die Jahrzehnte hinweg hatte sich mir das schwedische Schulsystem als wohltuend anders als das österreichische präsentiert, geprägt von einem egalitären Grundverständnis über die Parteigrenzen hinweg und gekennzeichnet von großer Professionalität auf allen Ebenen. Die Lehrerinnen und Lehrer haben hohe Ansprüche an ihre Arbeit und sind gesellschaftlich sehr angesehen.

Die Forschung ist sich darüber einig, dass die schockierend schlechten PISA-Resultate der jüngsten PISA-Studie eine Folge der Schulreform der 1990er-Jahre sind, die unter anderem die freie Schulwahl eingeführt hatte. Das führte über die Jahre zu ausgesprochenen „Schulgettos", in denen Kinder aus sozial benachteiligten Familien und Kinder mit Migrationshintergrund überproportional vertreten sind (vgl. dazu auch das Interview mit Barbara Herzog-Punzenberger auf S. 61). Auch Örebro ist davon betroffen, und den Umgang damit wollte ich mir ansehen, insbesondere, da immer mehr Wiener Hauptschulen / NMS eine vergleichbare Entwicklung nehmen. Auch nicht uninteressant: In den letzten zwei Jahrzehnten waren die Schulen mit größtmöglicher Autonomie ausgestattet worden, und genau diese autonome Schule war für mich im Zusammenhang mit meiner Themenstellung von Interesse. Kann ein Schulsystem, in dem nicht alles und jedes zentral geregelt ist, gezielter und somit längerfristig effizienter und nachhaltiger mit den verschärften Herausforderungen umgehen? Kann ein Schulsystem, das regional und schulautonom organisiert ist, auf regionaler Ebene gute Lösungen finden, auch wenn es auf nationaler Ebene gerade nicht so gut läuft? Dieser Fragestellung wollte ich am Beispiel von Kindern und Jugendlichen, die spät, beziehungsweise auch sehr spät in das schwedische Schulsystem einsteigen, nachgehen.

Also machte ich mich auf den Weg nach Örebro, einer Stadt von 140.000 EinwohnerInnen, in der derzeit 25 Prozent Menschen mit Migrationshintergrund leben. Zwar nur halb so viel wie in Wien, aber genug, um auf allen Ebenen der Kommune reagieren zu müssen. Die Migranten in Örebro kommen vielfach aus Kriegs- und Krisengebieten wie Afghanistan, Somalia, dem Sudan oder, aktuell, Syrien, und leben häufig auf engstem Raum in bestimmten Stadtteilen. Mein Interesse galt insbesondere der Frage, wie neu ankommende Kinder und Jugendliche in das Schulsystem integriert werden, die ja, wie auch in Österreich, die unterschiedlichsten schulischen Voraussetzungen mitbringen, von Vorbildung auf Gymnasialniveau bis zu gar keiner schulischen Bildung. Vor neun Jahren war ich zum ersten Mal in Örebro. Die Bevölkerungsstruktur unterschied sich damals noch deutlich von der des Jahres 2014, die große Zuwanderungswelle setzte aber bald danach ein.

Ich besuchte an der Universität Örebro ein Europaratsseminar für SchulleiterInnen, das dem Schwerpunkt Schulautonomie gewidmet war, und konnte in diesem Zusammenhang unterschiedliche Schulen in Örebro Stadt und Land kennenlernen. Besonders angetan hatte es mir in diesem Zusammenhang eine Schule in Kumla, einer Stadt in der Provinz Örebro, die zur Gänze sowohl inhaltlich als auch architektonisch von der lokalen Kommune in Kooperation mit der Schule selber geplant wurde und sich mit Fug und Recht als Modellschule bezeichnen konnte. Die damalige Schulleiterin Marie Holm ist seit einigen Jahren für das Bildungsressort in Örebro zuständig und war somit beim aktuellen Besuch auch meine wichtigste Ansprechperson.

Um zu verstehen, wie hier in Örebro gearbeitet wird, ist ein kurzer Blick auf das schwedische Schulsystem erforderlich. In Schweden beginnt die Schulpflicht mit sieben Jahren, davor gibt es die „Förskolan", den Kindergarten beziehungsweise die Vorschule, deren Besuch freiwillig und kostenlos ist und die von vielen in Anspruch genommen wird. Wenn Bedarf besteht, zum Beispiel weil die Eltern berufstätig sind oder studieren oder auch weil es für die Entwicklung eines Kindes förderlich erscheint, dann besteht ein Anrecht auf einen Platz in einer Förskolan ab dem Alter von einem Jahr. Daran schließt sich die einjährige Vorschulklasse an, deren Besuch ebenfalls freiwillig ist, aber fast durchgehend angenommen wird. Die Schulpflicht endet mit der 9. Schulstufe, und die gesamte Schulpflicht wird von allen Kindern in einer gemeinsamen Schule absolviert. Das trifft auch auf die Privatschulen zu. Die Grundschule umfasst drei bis vier Klassen, die Sekundarstufe I fünf oder sechs Klassen. Immer häufiger kommt es vor, dass Schulen alle Altersstufen von 6 bis 16 aufnehmen. Schulen gehen immer öfter auch zu einer Organisation in jahrgangsübergreifenden Klassen über, wie die Schule in Kumla, die ich bei meinem ersten Aufenthalt in Örebro kennengelernt hatte. Dort werden die Altersgruppen von 0–3, 3–6, 6–9, 9–12 und 12–15 in jahrgangsübergreifenden Verbänden unterrichtet.

Für den Besuch der Oberstufe (Gymnasium, Berufsbildende Schulen) sind gewisse Voraussetzungen erforderlich. Schwedisch oder Schwedisch als Zweitsprache, Englisch und Mathematik sowie fünf weitere Pflichtgegenstände müssen positiv sein, für das Gymnasium müssen es acht weitere Pflichtgegenstände sein. Interessant ist in Hinblick auf die österreichische Situation, dass ein positiver Pflichtschulabschluss in „Schwedisch als Zweitsprache" als Eingangsvoraussetzung für die Sekundarstufe II akzeptiert wird, bedeutet es doch, dass Jugendliche mit anderen Erstsprachen eine faire Chance erhalten, ihre Bildung auf einer höheren Schule fortzusetzen. Die 10. Schulstufe kann auf Wunsch und, wenn dies erforderlich ist, an der Pflichtschule absolviert werden, eine Möglichkeit, die viele Migrantinnen und Migranten gerne in Anspruch nehmen. Die schwedische Schule ist auf allen Schulstufen eine Ganztagsschule (ein Wort, das übrigens nicht bekannt ist und immer zu erheblichem Erklärungsaufwand führt), das Schulessen ist jedenfalls im Pflichtschulbereich gratis, in der Sekundarstufe II verlangen manche Gemeinden einen bescheidenen Essensbeitrag.

Hervorzuheben wäre auch, dass schwedischen Schulen ungleich mehr Unterstützungspersonal zur Verfügung steht als österreichischen Schulen. Das beginnt bei SchulsozialbeiterInnen und speziell ausgebildeten KrankenpflegerInnen, die im Regelfall an jeder Schule mit 40 Wochenstunden eingesetzt sind. Dazu kommen Förderlehrkräfte für unterschiedlichste Aufgabenbereiche und natürlich auch Küchenpersonal. Für Schulen in schwierigen Lagen beziehungsweise mit besonderem Bedarf gibt es erhebliche Zusatzressourcen, da Schweden die Ressourcen für Schulen auf Basis des Sozialindexes zuteilt. Nach dem Ende der Schulpflicht besteht für jede/n noch das Recht auf kostenlosen Schulbesuch bis 19 (20), was von einer großen Mehrheit von weit über 90 Prozent angenommen wird. Innerhalb der schulpflichtigen Zeit gibt es drei zentrale Prüfungen: in der 3. Schulstufe in Schwedisch und Mathematik; in der 6. Schulstufe in Schwedisch, Mathematik und Englisch. In der 9. Schulstufe wird noch einmal in denselben Fächern wie in der 6. Schulstufe getestet. Die Ergebnisse der Tests und der Standardüberprüfungen sind öffentlich zugänglich und stellen die Grundlage für den Vergleich mit anderen Schulen einerseits sowie für Verbesserungsmaßnahmen an den einzelnen Schulstandorten andererseits dar. Diese Transparenz zeichnet das gesamte Schulsystem aus und wird von den Schweden als Selbstverständlichkeit betrachtet. Zuständig für diese Überprüfungen ist, wie für das gesamte Schulsystem auf nationaler

Ebene, die „Nationalagentur für Bildung". Diese Tests werden in enger Zusammenarbeit mit Universitäten entwickelt – ein Modell, das für Österreich, besonders angesichts des aktuellen BIFIE-Debakels, zur Nachahmung empfohlen werden könnte.

In den frühen 1990er-Jahren fand eine ganz große Reorganisation des schwedischen Schulsystems statt, die mit den Stichworten Output-Orientierung und Dezentralisierung beschrieben werden kann. Der Staat (Parlament und Regierung) gibt seither nur die Bildungsziele sowie die Curricula vor und sorgt für Qualitätssicherung, die Nationalagentur für Bildung hat aktiv dafür zu sorgen, dass die nationalen Bildungsziele erreicht werden und ist für alle Altersstufen zuständig, also von 0 bis 20. Seit den 1990er-Jahren also liegt die Zuständigkeit für schulische und vorschulische Bildung zur Gänze bei den Gemeinden und an den einzelnen Schulen, die über ein sehr hohes Maß an Schulautonomie verfügen. Wie die nationalen Ziele erreicht werden, wie die Schulen intern organisiert sind, wie groß die Lerngruppen sind und ob jahrgangsübergreifend unterrichtet wird, das bleibt den Schulen überlassen, die das jeweils mit ihren zuständigen Gemeinden absprechen. Die Lehrerinnen und Lehrer werden von den Schulen angestellt, die in der Gemeinde angesiedelte lokale Bildungsdirektion stellt den Schulen je nach Bedarf einen Pool zur Auswahl zur Verfügung. Der Kontrast zu Österreich könnte größer nicht sein. Hierzulande wird sogar der Umgang mit dem Schulschwänzen bis ins minutiöseste Detail national geregelt, was wir 2013 erstaunt zur Kenntnis nehmen mussten. In diesem österreichischen Gegenbeispiel zum schwedischen Modell kommt übrigens besonders eindringlich zum Ausdruck, wie sich eine (Schul)Bürokratie verselbstständigt und ad absurdum geführt hat. Selbst der gesunde Hausverstand sagt einem, dass Dorfschulen in Tirol und Neue Mittelschulen in Wiener Bezirken mit einem hohen Anteil an ökonomisch schwachen Familien anders mit Schulabsentismus umgehen müssen. Ich vermute stark, dass die gegenwärtige Regelung nur in den wenigsten Fällen zur Anwendung kommt, nicht aus böser Absicht, sondern schlicht und einfach, weil sie nicht zu administrieren ist. Ein eigenes Buch ließe sich vermutlich über die österreichische Schulbürokratie und ihre seltsamen Auswüchse schreiben, doch zurück zu Schweden.

In einem Schulsystem, das so dezentralisiert ist, braucht es natürlich ein System der Qualitätskontrolle, um sicherzustellen, dass die nationalen Bildungsziele erreicht werden. Das sind zusätzlich zu den drei nationalen Überprüfungen jährliche Berichte, die von den Gemeinden zu verfassen sind und die von den Schulen freiwillig auch erstellt werden können. Seit 2001 gibt es das nationale Informationssystem SIRIS, in dem nicht nur diese Rechenschaftsberichte der Kommunen zu finden sind, sondern auch die Ergebnisse der zentralen Überprüfungen in der 9. Schulstufe aller Schulen aus ganz Schweden. Dazu werden auch die Ergebnisse der Abgangszeugnisse in der 9. und 12. Schulstufe öffentlich zugänglich gemacht, schulbezogen, nicht personenbezogen.

Auf der Website von SIRIS heißt es dazu: „Die Schlüsselrolle, die der Schule innewohnt, bringt mit sich, dass alle Bürger ein demokratisches Recht auf Zugang zu diesen Informationen haben ... Diese öffentliche Information ist so umfangreich wie möglich zu gestalten." Das schwedische Schulinspektorat schließlich ist eine nationale Einrichtung mit Supervisionsfunktion und von der Elementarpädagogik bis zur Erwachsenenbildung für alle Bildungseinrichtungen zuständig. Sie ist in der Nationalagentur für Bildung angesiedelt und überprüft regelmäßig alle Schulgemeinden auf ihre Leistungen und ist auch für alle schwedischen StaatsbürgerInnen Anlaufstelle für Beschwerden. Das Schulinspektorat gibt regelmäßig Berichte und Empfehlungen heraus, wie etwa jüngst zu den PISA-Ergebnissen oder zur Situation der neu in Schweden ankommenden Schülerinnen und Schüler.

Wie aber schaut es in der Praxis, im Schulalltag, aus? Wie wird diese Schulautonomie Tag für Tag gelebt? Können schwierige Herausforderungen in einem solchen dezentralisierten, autonomen System besser bewältigt werden als in einem streng zentralistisch ausgerichteten Schulsystem wie dem österreichischen? Mit diesen Fragestellungen machte ich mich auf den Weg in einige Schulen von Örebro, mit dem Fokus auf den Umgang mit neu ankommenden Schülerinnen und Schülern, einem Aufgabenbereich, der jede Schule vor ganz besondere Herausforderungen stellt, da diese Neuen mit den unterschiedlichsten Voraussetzungen „quer einsteigen", wie es bei uns in Österreich heißt.

## Schulalltag

### Engelbrektsskolan

In idyllischer Lage am Fluss und unweit des Örebroer Stadtparks befindet sich die Engelbrektsskolan, eine sehr beliebte Schule mit großem Zulauf. Insgesamt 850 Schülerinnen und Schüler besuchen diese Schule, darunter eine Reihe von Kindern und Jugendlichen aus migrantischen Familien, die aus einem anderen Stadtteil täglich hierher fahren. Der Direktor der Schule, die eine lange Warteliste hat, nimmt aus Prinzip gerne diese Schülerinnen und Schüler bei sich auf, da er von der Wichtigkeit sozialer Durchmischung überzeugt ist. Er legt in seiner Schule großen Wert auf das Einhalten von Regeln und wird als starke Führungspersönlichkeit beschrieben. In seiner Schule gibt es, kaum zu glauben, gratis Mittagessen für die Lehrerinnen und Lehrer. Das war ihm ein Anliegen, eine Geste für den großen Einsatz von vielen.

Die „nyanlända elever", die neu angekommenen Schülerinnen und Schüler, sind um 10 Uhr Vormittag bereits intensiv an der Arbeit. Es gibt in Schweden die unterschiedlichsten Modelle, wie neue Schülerinnen und Schüler, unsere „QuereinsteigerInnen", ins schwedische Schulsystem integriert werden. Eine zentrale Vorschrift, wie dies zu geschehen hat, gibt es nicht. Die Engelbrektsskolan hat sich für das Modell der altersgemischten Gruppe entschieden. Das Konzept sieht vor, dass sie zwei Wochen lang ausschließlich in dieser Klasse unterrichtet werden und danach sukzessive in die Klassen integriert werden, die ihrem Altersjahrgang entsprechen. Für manche Kinder kann das heißen, dass sie zunächst nur im Sport- und

Kunstunterricht mit ihrer Stammklasse zusammen sind, andere hingegen können aufgrund ihrer schulischen Vorbildung auch schon in anderen Fächern teilnehmen, beispielsweise in Englisch oder auch in Mathematik. Die betreuenden Lehrkräfte brauchen viel Know-how im Umgang mit der Erstellung von Lerndiagnosen ebenso wie mit der Arbeit im Team, aber auch der administrative Aufwand ist groß, denn schließlich hat jedes dieser Kinder einen individuellen Stundenplan. Der kann sich im Laufe eines Schuljahres immer wieder ändern, und zwar immer dann, wenn ein neues Fach dazukommt, das der betreffende Schüler oder die betreffende Schülerin in ihrer Altersklasse besuchen kann. Diese Kinder und Jugendlichen haben nur eines gemeinsam: Sie sind alle noch sehr kurz oder zumindest seit relativ kurzer Zeit in Schweden und lernen in dieser Klasse intensiv die Landessprache, die für manche die Zweitsprache, für andere schon die Drittsprache ist. Ansonsten sind die Unterschiede zwischen ihnen groß. Manche haben vor ihrer Ankunft noch nie eine Schule besucht, andere wiederum bringen eine hervorragende Vorbildung mit.

Heute ist eine Vorstellrunde für den Gast aus Österreich auf dem Programm, bevor es an den individualisierten Unterricht geht. Mit großem Hallo werde ich begrüßt, als ich sage, dass ich aus „Austria" komme. Noch nie zuvor war unser Land einer international zusammengesetzten Schülerschaft so ein Begriff wie dieser Tage. Das Geheimnis heißt: Conchita Wurst. Die Schülerinnen und Schüler sollen mir dann auf Schwedisch sagen, woher sie kommen und welche Sprachen sie sprechen. Zur Illustration können sie die Weltkarte verwenden, die an der Vorderseite der Klasse angebracht ist. Die Lehrerin ist selber mehrsprachig und gezielt für den Einsatz in dieser Klasse ausgewählt. Sie kommt aus Kurdistan und spricht insgesamt sechs Sprachen: Kurdisch, Türkisch, Arabisch, Englisch, Schwedisch und Französisch. Für diejenigen, deren Sprache sie nicht spricht, setzt sie verstärkt Tablets ein. Die – schulinternen – iPads seien eine große Hilfe für ihre Schülerinnen und Schüler, und alle, die es brauchen, können ein Tablet im Unterricht verwenden. Als Erste ist ein zwölfjähriges Mädchen aus Indien an der Reihe. Sie ist erst seit zwei Wochen im Lande und kann schon einige Sätze in Schwedisch sprechen. Englisch spricht sie perfekt, außerdem Hindi und Sanskrit. Ihr Vater arbeitet bei einem internationalen Konzern.

Kinder aus den unterschiedlichsten Ländern der Welt sind in dieser Klasse vertreten. Bemerkenswert sind auch ihre Schicksale. Einerseits das indische Mädchen aus gehobenem Mittelstand, andererseits drei Geschwister aus Somalia, die noch nie eine Schule besucht hatten. Dennoch sprechen sie fließend und akzentfrei Englisch und besuchen auch den Englischunterricht in der Regelklasse. Es stellt sich heraus, dass ein Somalier, der in Australien ein Studium begonnen hatte, aber zurückkehren musste, weil er es nicht mehr finanzieren konnte, in dem Dorf, in dem die Geschwister lebten, zwei Jahre lang täglich zwei Stunden diese Kinder unterrichtete. Mit dieser Grundlage kamen die beiden im Teenageralter nach Schweden. Boss, der Thai-Schüler, ist seit fünf Monaten in Schweden und sehr schüchtern. Die Lehrerin hat für ihn ein paar Wörter und Phrasen in Thai gelernt, weil das für die Motivation und Anerkennung sehr wichtig sei. Fahwad wiederum, der 16-jährige afghanische Schüler, ist seit einem Jahr in Schweden, hatte davor überhaupt keine Schule besucht und musste hier erst alphabetisiert werden. Er sei unglaublich motiviert, meint die Lehrerin und lerne Tag und Nacht. Er besucht die 8. Schulstufe und kann in diesem Schuljahr sogar in einigen Gegenständen benotet werden.

Dass in dieser Klasse Kinder und Jugendliche aus den unterschiedlichen sozialen Schichten zusammen lernen, ist kein Zufall, sondern Teil einer gezielten Strategie der Kommune Örebro. Einige von ihnen kommen aus Nivalla, einem besonders benachteiligten Stadtteil. Ihren Eltern wurde angeboten, die Kinder in besser durchmischte Schulen zu schicken – eine freiwillige Angelegenheit, die aber meist angenommen wird, berichtet mir Marie Holm, die Bildungsdirektorin der Gemeinde. Die Kosten für den Bus übernimmt die Gemeinde. Ich ertappe mich bei der Vorstellung, wie schön ein solches Angebot auch in Wien wäre, verwerfe die Idee aber gleich wieder, denn sie würde keinen Sinn ergeben. In Schweden, das eine gemeinsame Schule für alle bis zum Ende der Schulpflicht hat, macht es Sinn, wenn Kinder Schulen in gut situierten Wohn-gegenden besuchen. In Wien hingegen werden auch in den besten Wohnlagen die Hauptschulen und Neuen Mittelschulen bis zu 100 Prozent von Kindern mit sogenanntem Migrationshintergrund be-sucht. Das heißt, wenn ein Kind aus dem Arbeiterbezirk Favoriten eine Neue Mittelschule im vornehmen Währing besuchen würde, würde es dieselbe Zusammensetzung der Schülerschaft vorfinden wie in der „Schule ums Eck". Die Selektion mit zehn hat ihre Wir-kung getan. Schade, denn die Maßnahme ist insofern interessant, weil sie auf Freiwilligkeit seitens der Eltern beruht und mit dem „Bussing" aus den USA nichts gemeinsam hat.

Bei Pia Ridderby laufen alle Fäden zusammen, was „nyanlända elever" betrifft. Sie ist die Koordinatorin für „Perrongan", dem Pro-gramm für die neu Ankommenden für den Bezirk Örebro. Ihr Büro hat sie aber nicht im Rathaus, sondern hier an der Engelbrekts-skolan. Das Programm „Perrongan" gibt es seit 2009, und es wurde in Örebro als Reaktion auf die heftige Kritik des nationalen Schul-inspektorats auf den Umgang mit zugewanderten Kindern und Jugendlichen in Schweden insgesamt eingeführt. Davor arbeiteten in Örebro zwar 20 Vollzeitbeschäftigte mit Erwachsenen, aber nie-mand mit Kindern. Gleich nach ihrer Ankunft in Örebro werden die Eltern aller Schulpflichtigen kontaktiert und kommen zusam-men mit den Kindern zu ihr. Eine weitere Mitarbeiterin ist für die nicht mehr Schulpflichtigen zuständig, für die es ein identisches Procedere gibt. Im Erstgespräch geht es schwerpunktmäßig um die zwei unterschiedlichen Schulsysteme, das schwedische und das Schulsystem des Herkunftslandes. Bei diesem Gespräch sind immer Übersetzer dabei. Es gilt, so genau wie möglich festzustellen, was die Neuankömmlinge bisher gelernt haben. Nach diesem ersten Treffen erhält man bereits eine recht gute Vorstellung vom schulischen Hin-tergrund jedes Kindes. Der nächste Schritt ist die Schulwahl, die für Pia Ridderby von zentraler Bedeutung ist. Nicht jede Schule ist für jedes Kind gleich gut, da es verschiedene Einstiegsprogramme an den einzelnen Schulen gibt. So fließen viele Überlegungen in die gezielte Schulwahl, der Unterschied zu Österreich könnte größer nicht sein. Bei uns kommen Kinder, die „quer einsteigen", in die Hauptschule, fast automatisch. Theoretisch könnten sie auch als außerordentliche SchülerInnen in die AHS aufgenommen werden, doch kommt das selten vor.

## Navetskolan

Schauplatzwechsel. In der Navetskolan lernt eine Gruppe von somalischen Schülerinnen und Schülern der 9. Schulstufe, die allesamt erst kurz in Schweden sind, Biologie. Die meisten wohnen nicht in der Umgebung der Schule, sondern kommen aus Nivalla, dem Bezirk mit dem höchsten Anteil von MigrantInnen. Josefin Nilsson, die Schwedischlehrerin und Spezialistin für Schwedisch als Zweitsprache, sowie Mahdi Warsama, der Somalisch-Muttersprachenlehrer, unterstützen den Biologielehrer während der zwei Unterrichtsstunden. Mahdi ist seit 14 Jahren Sprachlehrer. Er arbeitet als Muttersprachenlehrer sowie als Stützlehrer an der Navetskolan. Er unterstützt Kinder in den unterschiedlichsten Gegenständen und arbeitet mit verschiedenen LehrerInnen zusammen. Josefin ist eine der Örebroer „Qualitätslehrkräfte". Die anwesenden Schülerinnen und Schüler besuchen unterschiedliche Klassen, doch im Schwedischunterricht, im Mathematik- und im Scienceunterricht sind sie zusammen. Die Idee hinter dem Konzept: diesen Jugendlichen zugleich mit dem Schwedischunterricht ein Gefühl der Geborgenheit zu vermitteln, zumal sie aus Kriegsgebieten kommen und oft schon traumatische Erfahrungen machen mussten. Mit 14 syrischen Schülerinnen und Schülern wird auf der gleichen Basis gearbeitet. Die Ausgangssituation sei allerdings eine andere, und daher kommen auch andere Methoden zum Einsatz, brächten doch die syrischen Schülerinnen und Schüler meist eine bessere schulische Bildung mit als die meisten somalischen. Die Herausforderung für die Lehrkräfte ist groß, doch die anfängliche Skepsis sei inzwischen großer Begeisterung gewichen, meint Josefin Nilsson. Die Strategie beschreibt sie so: *„Die Lehrerinnen und Lehrer müssen sich an die Schülerinnen und Schüler anpassen, und nicht umgekehrt."* Schöner könnte man eigentlich nicht beschreiben, was man unter individualisiertem Unterricht versteht.

Heute geht es um Tiere und deren Benennung. Die Tiere sind auf Kärtchen abgebildet, in einem ersten Arbeitsschritt müssen die schwedischen Bezeichnungen gefunden werden. Dafür können Notebooks, Tablets und auch Smartphones verwendet werden. Die schulischen Voraussetzungen innerhalb dieser Gruppe sind unterschiedlich. Manche haben eine solide Vorbildung mitgebracht, andere wiederum haben bis zu ihrer Ankunft in Schweden überhaupt noch nie eine Schule besucht. Die Idee dabei: Die Schülerinnen und Schüler helfen einander und bringen als Unterstützung ihre eigene Sprache ein. Gleich machen sich alle in Gruppen intensiv an die Arbeit. Außer Somalisch und Schwedisch ist auch Englisch zu hören. Das hängt damit zusammen, dass manche der Jugendlichen vor ihrer Ankunft in Schweden in Kenia lebten. In einem zweiten Arbeitsschritt sind die Tiere nach Gruppen zu ordnen. Wieder dürfen alle elektronischen Hilfsmittel verwendet werden. Die Übung stellt eine „Pre-Reading-Activity" dar. Ziel sei es , dass die SchülerInnen in einigen Wochen einen Text darüber schreiben können.

Wie es mit diesen Jugendlichen weitergeht, möchte ich von Josefin wissen. Ganz unterschiedlich, aber einige hätten gute Chancen, nach einem weiteren Jahr an der Grundschule auf das Gymnasium zu wechseln. Nasra ist eine von denen, die gute Chancen auf einen Besuch des Gymnasiums hat. Sie ist Somalierin und spricht zwar Somalisch, doch nicht sehr gut, da die Sprache verboten war. Englisch hingegen, die Amtssprache in Kenia, wo sie lebte, spricht sie perfekt, außerdem kann sie noch Suaheli. Im nächsten Schuljahr möchte sie Französisch lernen, da es schon lange ihr Traum gewesen sei, Paris zu besuchen. „Und hier, in dieser wunderbaren Schule, habe ich jetzt auch noch die Möglichkeit, meine Muttersprache richtig zu lernen."

In Örebro wird, ganz im Gegenteil zu Österreich, größter Wert darauf gelegt, auch die nicht mehr schulpflichtigen Migrantinnen und Migranten in das System zu integrieren. Auch sie kommen im Rahmen des „Perrongan"-Programms zu einem Einstufungsgespräch. Am Beginn steht ein Intensivkurs in Schwedisch, der an zwei Schulstandorten angeboten wird und zwei bis drei Monate dauert. Bereits auf dieser Stufe gibt es auch schon Fachunterricht. Wenn die Kompetenzstufe A 2 (GER) erreicht ist, geht es in einem Fortsetzungskurs weiter. Sobald sie die Voraussetzungen für einen nationalen Oberstufenzweig haben, können sie dorthin wechseln. Spätestens im Alter von 20 Jahren ist das möglich. Örebro hat dieses Modell entwickelt und ist sehr stolz darauf, zumal es in ganz Schweden Beachtung findet, berichtet mir Pia Ridderby.

## Vivallaskolan

Vivalla ist ein Wohnbezirk, der der Gemeinde große Sorgen bereitet. Von den 7000 Einwohnern haben 77 Prozent Migrationshintergrund, in Örebro insgesamt sind es 21 Prozent. 70 Prozent sind schwedische Staatsbürger, in Örebro insgesamt 95 Prozent. Das Durchschnittsalter wiederum ist in Vivalla mit 29 Jahren um zehn Jahre niedriger als im Örebroer Schnitt. Die Wohnverhältnisse sind teils katastrophal, erfahre ich bei einer Krisenbesprechung im Rathaus, drei Familien in zwei Räumen sind keine Seltenheit. Die Vivallaskolan wird zu fast 100 Prozent von Kindern und Jugendlichen aus Zuwandererfamilien besucht. Die Kinder aus schwedischen Familien wechselten bald nach der Ankunft der somalischen Flüchtlinge in andere Schulen.

Thomas Gustafsson hat sein Büro an der Schule. Er war Lehrer, dann Schuldirektor in Örebro, jetzt aber ist er ein „Lokalmanager" für Vivalla. Örebro war lange in 15 Bezirken verwaltet. Dann aber wurde zentralisiert, und im Rathaus sind die Agenden in verschiedenen Abteilungen gebündelt, von denen die größte die Bildungsabteilung ist. Vivalla allerdings hat einen Sonderstatus, und der steht direkt mit der Schule in Zusammenhang. Vor drei Jahren stellte sich nämlich heraus, dass die schulischen Leistungen hier sehr,

sehr niedrig waren, lediglich 23 Prozent hätten einen Abschluss in Schwedisch geschafft. Also entschloss man sich, in diesem Bezirk die Schul- und Sozialabteilung zusammenzulegen. Seither hat Vivalla einen Sonderstatus: „Partnerskip Vivalla." Thomas Gustafsson ist für vier Aufgabenfelder zuständig: Schule, Soziales, Kultur und Sport und für arbeitslose Erwachsene. Von zentraler Bedeutung sei es, Synergien zwischen diesen Aufgabenbereichen zu schaffen. Wenn neue Wohnungen gebaut werden, erhält etwa jene Firma den Auftrag, die Arbeitslose aus dem Bezirk dafür beschäftigt. Die Kooperation mit der Schule sei eng. Die Schulabschlussquoten seien ständig im Steigen, freut man sich hier. Ein gutes Beispiel für eine vernünftige Lösung einer schwierigen Herausforderung.

Linda Larsson unterrichtet eine 9. Klasse in Mathematik und Science. Seit drei Jahren wird diese Klasse unter ihrer Führung von einem kleinen Lehrerteam unterrichtet. Kernpunkte der Arbeit dieses Teams sind gemeinsame Planung und Teamteaching. Lange hatten hier die meisten Lehrerinnen und Lehrer isoliert gearbeitet, jetzt hat sich das alles geändert. Sie sei zwar mehr an der Schule als früher, daheim müsse sie hingegen jetzt weniger arbeiten. Es ist 15 Uhr nachmittags, als mich Linda mit einigen ihrer Schülerinnen und Schüler bekannt macht. Manche haben gerade eine Art Förderkurs in Mathematik, der sie befähigen soll, die bevorstehenden Abschlussprüfungen doch noch zu schaffen. Andere wiederum lernen für sich alleine. Die Jugendlichen in ihrer Klasse kommen aus allen Teilen der Welt, viele aber sind Somalis. Unisono finden sie ihre Schule großartig. Warum? Es seien die Lehrerinnen und Lehrer, die wunderbar seien, meinen alle. Und wenn man Probleme hat, seien sie auch außerhalb der Schule für einen da. In der Bibliothek findet zur gleichen Zeit eine Lernbetreuung durch StudentInnen der Universität statt. Das Projekt heißt „Linje 14", nach der Buslinie 14, die quer durch Örebro führt und die Universität mit dem Stadtteil Vivalla verbindet. Die Studentinnen und Studenten kommen aus den unterschiedlichsten Studienrichtungen. Warum er sich an diesem Projekt beteiligt, frage ich Linus, einen Lehramtsstudenten. Er will „Role Model" sein für diese Jugendlichen und dazu beitragen, dass der Weg zur höheren Bildung „entdramatisiert" wird, die Hürden abgebaut werden. Im Rahmen dieses Projekts wird es auch ein Sommerkolleg zum Thema „Demokratie und Partizipation" geben, an dem er sich auch beteiligt. Mit 25 Schülerinnen und Schülern wird er im Rahmen dieses Kollegs auch nach Stockholm fahren.

Was könnten wir aus Vivalla lernen? Vieles vermutlich, aber das Wichtigste scheint mir: Es kann sinnvoll sein, eine Schule mit schlechten Resultaten nicht nur auf der schulischen Ebene zu unterstützen, sondern ein breiteres Maßnahmenpaket zu schnüren, das verschiedene Ebenen in der Kommune mitberücksichtigt – Soziales, Wohnbau, Stadtplanung. In einigen Wiener Bezirken könnte man durchaus in dieselbe Richtung arbeiten, es wäre einen Versuch wert.

Ich verlasse Schweden zwar, ohne eine Erklärung für die hohe Jugendarbeitslosigkeit erhalten zu haben, aber ich gehe mit vielen positiven Eindrücken weg, von einem Schulsystem, das offen mit seinen Schwierigkeiten umgeht und das von hoher Professionalität gekennzeichnet ist. Ein großer Unterschied zu Österreich besteht im Umgang mit Defiziten und Problemen, es herrscht auf allen Ebenen der Schule eine andere Fehlerkultur als hierzulande. Während man bei uns eher dazu neigt, über Probleme entweder hinwegzusehen oder sie schönzureden, so nach dem Motto: „Wir lassen uns unsere Schule nicht schlechtreden", werden in Schweden im Zeichen größtmöglicher Transparenz schulische Ergebnisse öffentlich bekannt gemacht und Schwächen benannt. In einer Hinsicht haben es die Schweden allerdings erheblich leichter als wir: Ihr dezentralisiertes, hoch autonomes Schulsystem erlaubt es ihnen, schneller und flexibler auf veränderte Situationen zu reagieren und die Bedingungen von Schule situationsspezifisch immer wieder aufs Neue zu adaptieren. Was ich in Örebro an unterschiedlichen Maßnahmen zum Umgang mit migrantischen SchülerInnen erlebt habe, wäre bei uns nicht zu realisieren, da zentrale Regelungen dem entgegenstehen. Teilungszahlen für Sprachfächer? Für Musik? Für bildnerische Erziehung? Für Sport? Das wird bei uns auf nationaler Ebene geregelt, in Schweden hingegen ist das Sache der einzelnen Schule. Die erhält ein Globalbudget, für das sie auch verantwortlich ist und über dessen Einsatz jährlich Rechenschaft abzulegen ist.

Ein großer Unterschied zu Österreich besteht auch in den den Schulen zur Verfügung stehenden Ressourcen. LehrerInnen haben selbstverständlich Arbeitsplätze an ihren Schulen, es gibt wesentlich mehr Unterstützungspersonal als bei uns, die Schulen sind ganztägig geführt, und das kostenlose Mittagessen ist eine Selbstverständlichkeit, an der auch eine konservative Regierung nie zu rütteln wagen würde, wie mir ein hoher Örebroer Beamter versichert. Außerdem erhalten Schulen, die unter schwierigen Bedingungen arbeiten müssen, wesentlich mehr zusätzliche Ressourcen, deren Zuteilung nach dem Sozialindex erfolgt. Und was ist eigentlich aus den brennenden Schulen geworden? Wen immer ich darauf anspreche, ist höchst erstaunt, dass das Thema bei uns ein Jahr danach noch immer in den Medien aufscheint. In Schweden ist es zwar nicht vergessen, aber nicht präsent, da man Maßnahmen ergriffen habe, die zu greifen beginnen. In Husby jedenfalls, dem Zentrum der Jugendunruhen, beginne sich die Situation bereits sichtbar zu verbessern, nicht zuletzt durch die Unterstützung der Zivilgesellschaft. Und, ja, die Jugendarbeitslosigkeit, die für die Krawalle verantwortlich gemacht wird, die bereite Probleme und stimmt viele Lehrerinnen und Lehrer traurig.

*

# Fazit

Österreich ist ein Einwanderungsland, das ist nichts Neues. Seit Jahrzehnten kommen also an unsere Schulen zunehmend mehr Kinder und Jugendliche aus den unterschiedlichsten Ländern der Welt. Sie kommen, weil ihre Eltern hier Arbeit suchen, sie kommen, weil die Eltern schon da sind, oder sie kommen auf der Flucht vor Krieg und Verfolgung, immer öfter auch alleine, als „unbegleitete Flüchtlinge". Wenn sie nicht aus unserem Nachbarland Deutschland kommen, woher eine große Gruppe unserer ZuwandererInnen stammt, ist ihre Erstsprache eine andere als Deutsch. Viele aber wurden bereits in Österreich geboren und sind daher bereits in zweiter, immer öfter auch in dritter Generation hier. In den Städten, insbesondere in der Hauptstadt Wien, stellen Kinder mit anderen Erstsprachen als Deutsch bereits einen hohen Prozentsatz der Schülerschaft dar. Im Schuljahr 2012/13 war an Wiener Volksschulen die 50-Prozent-Marke überschritten. Eine Sachlage, die allseits bekannt ist.

Wenn man sich allerdings auf Spurensuche in österreichischen Schulen und Kindergärten begibt und sich kritisch umsieht, braucht es nicht lange, um zu erkennen, dass sich das Schulsystem auf diese – ganz und gar nicht neue – Situation bislang nicht eingestellt hat. Lange Zeit kamen zwar immer mehr Kinder aus Zuwandererfamilien ins Land, doch wurde dies im Grunde mehr oder weniger ignoriert. Sie saßen in unseren Schulklassen, besonders oft in den Sonderschulen, sie erhielten ein paar Stunden Deutschförderung oder auch nicht – je nachdem, wo sie gelandet waren. Und das war es dann meistens auch schon. Auf die sogenannte „zweite Generation", also die heute 25- bis 35-Jährigen, trifft dies besonders zu. Erst mit erheblicher Zeitverzögerung hat dann das System reagiert, allerdings immer nur mit punktuellen Maßnahmen wie Angeboten von SprachförderlehrerInnen, von MuttersprachenlehrerInnen, auch im Kindergarten, einem verpflichtenden Kindergartenjahr für alle, in letzter Zeit mit dem Einsatz von SchulsozialarbeiterInnen oder FörderlehrerInnen – hie und da, keineswegs flächendeckend.

Auch sind zahlreiche private Initiativen in ganz Österreich eingesprungen, um mit diesen Kindern und Jugendlichen, falls nötig, zu lernen, sie zu unterstützen. Das System als Ganzes, das noch immer von seinen Grundstrukturen her in den 1960er-Jahren stecken geblieben ist, hat sich der veränderten Situation bislang noch nicht angepasst. Dazu kommt, dass im internationalen Vergleich in Österreich die Bildungsungerechtigkeit besonders stark ausgeprägt ist. Diese unerfreuliche Tatsache bescheinigen uns alle internationalen Bildungsvergleichsstudien. Drei Faktoren beeinflussen hierzulande den künftigen Bildungsweg eines Kindes negativ: Bildungsferne des Elternhauses, ein schwacher sozioökonomischer Hintergrund der Eltern und der sogenannte Migrationshintergrund eines Kindes. Der Migrationshintergrund schlägt aber nur dann negativ zu Buche, wenn ein Kind dazu noch aus einer armen oder armutsgefährdeten und ungebildeten Familie kommt. Da in Österreich deren Anteil international gesehen recht hoch ist, sind besonders viele Kinder betroffen.

Die Schwachstellen unseres Schulsystems zeigen sich besonders an den Schnittstellen – beim Eintritt in den Kindergarten, beim Übertritt vom Kindergarten in die Volksschule, bei der Schnittstelle von der Volksschule in die Sekundarstufe I sowie schließlich an der Schnittstelle der 9. Schulstufe. Wir schaffen es ganz schlecht, Defizite, die die Kinder von zu Hause mitbringen, im Laufe ihrer Schulzeit auszugleichen. Im Gegenteil: Die Schere geht über die Jahre hinweg immer weiter auseinander. Sprachliche Defizite werden selten behoben und setzen sich bis zum Ende der Schulpflicht fort, mit der Folge, dass immer weniger Jugendliche am Ende der 9. Schulstufe über Grundkompetenzen im Lesen, Schreiben und Rechnen verfügen. Auch das haben uns Bildungsvergleichsstudien drastisch vor Augen geführt. Hauptschulen und Neue Mittelschulen in den Städten werden immer mehr zu Problemzonen; die Durchmischung fehlt. Daran konnte auch die neue Schulform NMS nichts ändern. Dass trotzdem mehr gelingt, als man unter den ungünstigen Voraussetzungen vermuten würde, liegt am unverdrossenen Einsatz vieler Lehrerinnen und Lehrer, Schulleiterinnen und Schulleiter sowie, nicht zu vergessen, KindergartenpädagogInnen in ganz Österreich.

Die Politik ist dringend gefordert, nötige Schritte zu unternehmen, um endlich unsere Schule den geänderten Voraussetzungen anzupassen. Einige davon seien hier – ohne jeden Anspruch auf Vollständigkeit – angeführt.

○ Alle (!) PädagogInnen, im Kindergarten wie in der Schule, müssen auf dem Gebiet der Mehrsprachigkeit ausgebildet, aber auch fortgebildet werden.

○ Die Erkenntnisse der Wissenschaft zum Zweitspracherwerb sind in alle schulpolitischen Maßnahmen einzubeziehen.

○ Wie in allen vergleichbaren Staaten muss die Ausbildung der ElementarpädagogInnen auf tertiärem Niveau erfolgen.

○ Kindergärten, die als Bildungsinstitutionen zu betrachten sind, sind flächendeckend in ganz Österreich anzubieten, ganztägig und kostenlos.

○ Die Schnittstellen im System (mit Beginn der Schulpflicht, fortgesetzt mit 10 und mit 15 Jahren) sind zu entschärfen und fließend zu gestalten.

○ Die Trennung mit zehn Jahren gehört ersatzlos gestrichen. Eine gemeinsame Schule – mit großer innerer Differenzierungsmöglichkeit und Fördermöglichkeiten an beiden Enden des Begabungsspektrums – umfasst alle Kinder und Jugendlichen von 6 bis 15.

○ Alle Schulen sind, wie international üblich, sukzessive auf Ganztagsschulen umzustellen. Das würde auch, aber nicht nur, Kindern und Jugendlichen aus sozial benachteiligten Familien zugute kommen.

○ Wie wir aus der OECD-Studie TALIS wissen, stehen wir im internationalen Vergleich an letzter Stelle, was Unterstützungspersonal an Schulen betrifft. Hier sind dringend und großzügig

Ressourcen zur Verfügung zu stellen, um das große Defizit an SchulpsychologInnen, SprachförderlehrerInnen, SchulsozialarbeiterInnen, FreizeitpädagogInnen, um nur einige zu nennen, auszugleichen.

◐ Neu hinzukommende SchülerInnen müssen das Recht auf eine gleichwertige Schulbildung wie autochthone Kinder erhalten, durch entsprechende Zusatzförderungen wie Intensivunterricht in der Bildungssprache Deutsch oder das Recht auf kostenlosen Schulbesuch bis 18.

◐ Der ganze Unterricht muss neu gedacht und gestaltet werden, und das muss in die Aus- und Fortbildung einfließen. LehrerInnen wie auch KindergartenpädagogInnen müssen Lernstandsdiagnosen erstellen können sowie individuelle Förderpläne entwickeln, die kontinuierlich dem jeweiligen Lernfortschritt angepasst werden. Der individuelle Lernfortschritt muss ins Zentrum gerückt werden, nicht eine punktuelle Überprüfung.

All das kann nur in einer Schule stattfinden, die dezentral organisiert ist und über ein hohes Ausmaß an Autonomie verfügt. Die Schulen erhalten Globalbudgets; wie die Ressourcen eingesetzt werden, entscheidet sich an den Standorten, in Absprache mit den lokalen Bildungsdirektionen, die nicht mit den Bundesländern identisch sind.

◐ Schulen in schwierigen Lagen oder mit besonderen Herausforderungen erhalten mehr Ressourcen; die Zuteilung erfolgt nach dem Sozialindex.

◐ Selbstverständlich soll es ein Lehramtsstudium für Türkisch geben, und selbstverständlich soll es ein Maturafach Türkisch geben.

Alle Maßnahmen – und es handelt sich wie gesagt um eine unvollständige Liste – lassen sich aber nur mittelfristig verwirklichen, manches nur längerfristig, denn eine Annäherung in der ideologisch schwer belasteten Frage der gemeinsamen Schule ist nicht in Sicht.

Nun haben wir aber *jetzt* Kinder in unseren Schulen, für die wir *jetzt* Lösungen finden müssen. Einige Maßnahmen, die auch kurzfristig umgesetzt werden könnten, wären:

- Einheitliche Bedingungen für Kindergärten sind in ganz Österreich zu schaffen; ein Bundesrahmengesetz wäre ein erster wichtiger Schritt. Es sollte anerkannt werden, dass der Kindergarten in erster Linie eine Bildungseinrichtung und erst in zweiter Linie eine Betreuungseinrichtung ist. Kindergärten als Teil des Bildungssystems sollten in die Kompetenz des Bildungsministeriums übergeführt werden.
- Kleinere Gruppen in den Kindergärten sind einzurichten.
- Das Recht auf den Besuch ganztägiger Schulen sollte es auch dann geben, wenn nicht beide Eltern berufstätig sind. Das würde gerade Kindern mit anderen Erstsprachen aus bildungsfernen Elternhäusern zugutekommen.
- Wir brauchen ein Recht auf kostenlose Bildung bis 18/19. Davon würden nicht nur sogenannte QuereinsteigerInnen profitieren, die erst spät in unser Schulsystem eintreten, sondern auch alle, die die Schule frühzeitig abgebrochen haben oder ohne Schulabschluss geblieben sind.
- Sprachförderlehrkräfte auf allen Ebenen der vorschulischen und schulischen Bildung gibt es viel zu wenig. Das Kontingent ist massiv aufzustocken.
- Wir brauchen ein zweites verpflichtendes Kindergartenjahr für alle.
- Speziell die Nahtstelle vom Kindergarten in die Volksschule könnte gleitend gestaltet werden, indem man Diagnosebögen weitergeben kann (ist jetzt nicht vorgesehen).
- Ein Paradigmenwechsel in der Zusammenarbeit würde heißen: die Eltern nicht „in die Pflicht zu nehmen", sondern sie ins Boot zu holen und ihnen auf gleicher Augenhöhe zu begegnen. Eltern sind ab sofort nicht mehr „ZuarbeiterInnen" der Schule.
- Die Richtlinien für die Schulbücher sind neu zu formulieren – Diversität und Mehrsprachigkeit sind als Kriterien für die Genehmigung aufzunehmen.

- Neu hinzugekommene SchülerInnen müssen mehr Zeit haben als zwei Jahre, um benotet zu werden. Zwei Jahre sind zu kurz. Eine Gesetzesänderung ist vorzunehmen.
- Für Kinder, die erst kurz vor oder während der Volksschulzeit Deutsch gelernt haben, darf die Deutschnote kein Kriterium für die Eignung für die AHS sein. Der Erwerb der Bildungssprache Deutsch dauert 5 bis 8 Jahre. Wenn schon die Schnittstelle mit zehn bleibt, müsste man die Kompetenzen der Erstsprache dieser Kinder als Eignungskriterium für die AHS heranziehen.
- Modellregionen mit Schulzentren, die schulautonom und mit Globalbudgets ausgestattet arbeiten, könnten sofort eingerichtet werden.
- Schulen mit besonders großen Hausforderungen erhalten mehr Mittel.

Es gibt also Maßnahmen, die kurzfristig umgesetzt werden könnten, und das sollte man auch in Angriff nehmen. Die massiven Defekte im System lassen sich dadurch nicht beheben, das muss jedem klar sein. Langfristig werden wir nicht umhin kommen, auch hierzulande Bildung von Grund auf neu zu denken. Von 0 bis 19. Warum gibt es keine Vision von Bildung? Wann wurde zuletzt über eine Legislaturperiode hinaus gedacht? Wir brauchen diese Vision, wir brauchen Strategien zu ihrer Umsetzung. Wir können es uns nicht leisten, länger zu warten.

„Sehr gut" oder „Nicht genügend?" Da ich von der Aussagekraft von Ziffernnoten wenig halte, überlasse ich das Urteil Ihnen, den Leserinnen und Lesern dieses Buches.

# Anhang

## Verwendete Literatur

Akbas, Melda: Warum fragt uns keiner? Was in der Schule falsch läuft. München 2013

Almendinger, Jutta: Schulaufgaben. Wie wir das Bildungssystem verändern müssen, um unseren Kindern gerecht zu werden. München 2012

Atac, Iker/Rosenberger, Sieglinde (Hg.): Politik der Inklusion und Exklusion. Wien 2013

Ates, Seyran: Wahlheimat. Warum ich Deutschland lieben möchte. Berlin 2013

Aydt, Sabine u.a.: Empfehlungen für eine diversitätsorientierte/interkulturelle Öffnung im Bildungsbereich. Wien 2013

Bachinger, Eva Maria/Schenk, Martin: Die Integrationslüge. Antworten in einer hysterisch geführten Auseinandersetzung. Wien 2012

Bäck, Gabriele/Hajszan, Michaela/Hartel, Birgit (Red.): Leitfaden zur sprachlichen Förderung am Übergang vom Kindergarten in die Grundschule. Charlotte Bühler Institut (www.charlotte-buehler-institut.at). Wien 2014

Bauer, Teresa: Bildungsungleichheit in Österreich. Maßgebliche Faktoren für eine erfolgreiche Übergangsphase in die Sekundarstufe I. Diplomarbeit der Universität Wien. Wien 2012

Bertelsmannstiftung (Hg.): Sustainable Governance in the OECD. April 2014

Biffl, Gudrun/Skrivanek, Isabella: Schule – Migration – Gender. Krems 2011

Bota, Alice/Khue, Pham/Topcu, Özlem: Wir neuen Deutschen. Was wir sind, was wir wollen. Reinbek bei Hamburg 2012

Brizic, Katharina: Das geheime Leben der Sprachen. Gesprochene und verschwiegene Sprachen und ihr Einfluss auf den Spracherwerb in der Migration. Münster/New York/München/Berlin 2007

Bruneforth, Michael/Lassnigg, Lorenz: Nationaler Bildungsbericht Österreich. Band 1. Das Schulsystem im Spiegel von Daten und Indikatoren. Graz 2012

Bruneforth, Michael/Herzog-Punzenberger, Barbara/Lassnigg, Lorenz: Nationaler Bildungsbericht Österreich 2012. Indikatoren und Themen im Überblick. Wien 2012

Buchholz, Barbara: Mehrsprachigkeit in der Grundschule. 2. Auflage. Eisenstadt 2012

Busch, Brigitta: Mehrsprachigkeit. Wien 2013

Buschkowsky, Heinz: Neukölln ist überall. 4. Auflage. Berlin 2012

Bude, Heinz: Bildungspanik. Was unsere Gesellschaft spaltet. München 2011

Datler, Wilfried/de Cillia, Rudolf/Garnitschnig, Ines/Sobczak, Ewelina/Studener-Kuras, Regina/Zell, Katrin: Forschungsprojekt Spracherwerb und lebensweltliche Mehrsprachigkeit im Kindergarten. Abschlussbericht. Wien 2012

Diehm, Isabell/Messerschmidt, Astrid (Hg.): Das Geschlecht der Migration. Bildungsprozesse in Ungleichverhältnisse. Opladen, Berlin & Toronto 2013

Dimmel, Nikolaus/Schenk, Martin/Stelzer-Orthofer, Christine (Hg.): Handbuch Armut in Österreich. 2., vollständig überarbeitete und erweiterte Auflage. Innsbruck 2014

Domisch, Rainer/Klein, Anne: Niemand wird zurückgelassen. Eine Schule für alle. München 2012

Dräger, Jörg/von Dohnanyi, Klaus: Dichter, Denker, Schulversager – Gute Schulen sind machbar – Wege aus der Bildungskrise. München 2011

Efeu (Hg.): Was brauchen muslimische Schülerinnen für ein gelingendes Leben? Dokumentation der Tagung vom 15. November 2013 an der Technischen Universität Wien. Wien 2014

El Masrar, Sineb: Muslim Girls. Wer wir sind, wie wir leben. Frankfurt am Main 2010

Erler, Ingolf Hg.): Keine Chance für Lisa Simpson? Soziale Ungleichheit im Bildungssystem. Wien 2007

Erziehung und Unterricht Heft 1–2/2014: Sozialchancen vs. Bildungschancen. Intersektionalität. Wien 2014

Faulstich-Wieland, Hannelore (Hg.): Umgang mit Heterogenität und Differenz. Hohengehren 2011

Gächter, August: Richtig über soziale Mobilität reden. Arbeitspapiere Migration und soziale Mobilität. Wien 2010

Glattauer, Niki: Der engagierte Lehrer und seine Feinde. Zur Lage an Österreichs Schulen. Wien 2010

Glattauer, Niki: Die Pisa-Lüge. Wie unsere Schule wirklich besser wird. Wien 2011

Gogolin, Ingrid/Lange, Imke: Durchgängige Sprachbildung. Eine Handreichung. Münster 2010 (FörMig Material 2)

Gombos, Georg (Hg.): Mehrsprachigkeit grenzüberschreitend. Modelle, Konzepte, Erfahrungen. Klagenfurt 2013

Güngör, Kenan/Perchinig, Bernhard: Urbane Integrationspolitiken in Europa – Wo stehen Wien und Interface? In: Im Auftrag der Zukunft. 5 Jahre Interface in Wien. Eine Festschrift. Wien 2013

Haider, Barbara (Hg.): Baustelle Mehrsprachigkeit. Herausforderung für Institutionen und Unternehmen. Edition Volkshochschule. Wien 2013

Herzog-Punzenberger (Hg.): Nationaler Bildungsbericht Österreich 2012. Band 2. Fokussierte Analysen bildungspolitischer Schwerpunktthemen. Graz 2012

Interface Wien (Hg.): Im Auftrag der Zukunft. 5 Jahre Interface Wien. Eine Festschrift. Wien o.J.

Kelek, Necla: Die fremde Braut. Ein Bericht aus dem Inneren des türkischen Lebens in Deutschland. München 2005

Kelek, Necla: Die verlorenen Söhne: Plädoyer für die Befreiung des türkisch-muslimischen Mannes. München 2007

Krumm, Hans-Jürgen: Elite- oder Armutsmehrsprachigkeit: Herausforderungen für das österreichische Bildungswesen. Vortrag gehalten am 1.3.2013 im Kleinen Festsaal der Universität Wien

Kuschej, Hermann/Schönpflug, Karin: Indikatoren bedarfsorientierter Mittelverteilung im österreichischen Pflichtschulwesen. Materialien zu Wirtschaft und Gesellschaft Nr. 128, Arbeiterkammer Wien. Wien 2014

Lachmayr, Norbert/Leitgöb, Heinz: Expertise zur sozialen Selektion beim Bildungszugang: Schwerpunkt Migration. Wien 2011

Migrant/innen-Organisationen in Österreich. Ein Überblick. ÖIF 2013

Möhring, Rubina: Die Asylfalle. Wie Österreich mit seiner Flüchtlingspolitik scheitert. Wien 2011

Muhr, Rudolf/Biffl, Gudrun (Hg.): Sprache – Bildung – Bildungsstandards – Migration. Chancen und Risiken der Neuorientierung des österreichischen Bildungssystems. Frankfurt am Main 2010

OECD-Länderprüfungen Migration und Bildung: Österreich. Veröffentlicht mit der Genehmigung der OECD vom Bundesministerium für Unterricht und Kunst. Wien 2010

Österreichischer Integrationsfonds (Hg.): Integrationsbericht. Vorschläge des Expertenrats für Integration. Wien 2011

Österreichischer Integrationsfonds (Hg.): Integration in Österreich. Textkommentar zu Gallup-Umfragen des Jahres 2012. Wien 2013

Österreichischer Integrationsfonds (Hg.): Integrationsszenarien der Zukunft. Integrationsherausforderungen in Österreich bis 2030. Wien 2013

Österreichischer Integrationsfonds (Hg.): Migration & Integration. Zahlen. Indikatoren 2013. Wien 2014

Österreichischer Integrationsfonds: Migration & Integration. Schwerpunkt: Bundesländer. Zahlen. Daten. Indikatoren 2013/14. Wien 2014

Österreichischer Integrationsfonds: Migration & Integration. Schwerpunkt: Jugend. Zahlen. Daten. Indikatoren 2013/14. Wien 2014

Österreichischer Integrationsfonds (Hg): Migrant/innen-Organisationen in Österreich. Ein Überblick. Wien 2013

Österreichischer Integrationsfonds (Hg.): ÖIF – Forschungsbericht. Integrationsszenarien der Zukunft. Integrationsherausforderungen in Österreich bis 2030. Wien 2013

Österreichischer Integrationsfonds (Hg.): ÖIF-Forschungsbericht. Potenziale durch die Integration von Migrant/innen in Arbeitsmarkt und Bildung. Eine wirtschaftssoziologische Analyse struktureller Integration. Wien 2013

Özkan, Duygu: Türkenbelagerung. Wien 2011

Potkanski, Monika: Integration im Klassenzimmer. ÖIF Wien 2011

Rangosch-Schneck, Elisabeth (Hg.): Lehrer. Lernen. Migration. Außen- und Innenperspektiven einer „interkulturellen Lehrerbildung". Hohengehren 2012

Reich, Hans H./Krumm, Hans-Jürgen: Sprachbildung und Mehrsprachigkeit. Ein Curriculum zur Wahrnehmung und Bewältigung sprachlicher Vielfalt. Münster/New York/München/Berlin 2013

Salcher, Andreas: Der talentierte Schüler und seine Feinde. Salzburg 2008

Schilcher, Bernd: Bildung nervt. Warum unsere Kinder den Politikern egal sind. Wien 2012

Schmiederer, Ernst (Hg.): We are from Austria. Berichte aus Oberösterreich. Unsere Wurzeln. Unser Leben. Jugend erzählt. Wien 2012

Schmiederer, Ernst (Hg.): Wir in Wien. Berichte aus Margareten und der Donaustadt. Heimat. Sprachen. Gegenwart. Wien 2013

Schmiederer, Ernst (Hg.): Wir schaffen das! Berichte aus Vorarlberger Berufsschulen. Wien 2013

Schwantner, Ursula/Toferer, Bettin/Schreiner, Claudia: PISA 2012. Internationaler Vergleich von Schülerleistungen. Erste Ergebnisse Mathematik, Lesen, Naturwissenschaft. Graz 2013

Sprachliche Bildung im Kindergarten. Lebensweltliche Mehrsprachigkeit und Spracherwerb. Perspektiven Nr. 1, Wien 2013

Stadtschulrat für Wien (Hg.): Weißbuch Migration. Wien. o.J.

Statistik Austria (Hg.): Bildung in Zahlen 2012/2013. Wien 2014

Statistik Austria (Hg.): Statistisches Jahrbuch Österreichs 2014. Wien 2014

Steiner, Mario: Abbruch und Schulversagen im österreichischen Schulsystem. Studie im Auftrag der Kammer für Arbeiter und Angestellte, Wien. IHS Wien, Wien 2014

Stuiber, Petra: Kopftuchfrauen. Ein Stück Stoff, das aufregt. Wien 2014

Szegin, Hilal (Hg.): Manifest der Vielen. Deutschland erfindet sich neu. Berlin 2011

Terkessidis, Mark: Interkultur. Berlin 2009

Weiss, Hilde (Hg.): Leben in zwei Welten. Zur sozialen Integration ausländischer Jugendlicher der zweiten Generation. Wiesbaden 2007

Wirtschafts- und sozialstatistisches Taschenbuch 2013. Bundeskammer für Arbeiter und Angestellte. Wien 2013

Yildiz, Erol: Die weltoffene Stadt. Wie Migration Globalisierung zum urbanen Alltag macht. Bielefeld 2013

# Abkürzungsverzeichnis

## *Bildungsstudien*

PIRLS („Progress in International Reading Literacy Study") ist eine international vergleichende Schulleistungsuntersuchung, die von der International Association for the Evaluation of Educational Achievement (IEA) alle fünf Jahre durchgeführt wird. Sie erfasst die Lesekompetenz von Schülerinnen und Schülern am Ende der Grundschulzeit. Der Fokus richtet sich dabei nicht nur auf die Schülerleistungen, sondern auch auf deren schulische und häusliche Bedingungsfaktoren.

PIAAC („Programme for the International Assessment of Adult Competencies"). Ähnlich wie bei PISA handelt es sich dabei um eine von der OECD in Auftrag gegebene internationale Vergleichsstudie zur Erfassung von grundlegenden Kompetenzen. Untersucht wird eine Stichprobe der erwachsenen Wohnbevölkerung im Alter von 16 bis 65 Jahren.

PISA („Programme for International Student Assessment"): Die PISA-Studien der OECD sind internationale Schulleistungsuntersuchungen, die seit dem Jahr 2000 in dreijährlichem Turnus in den meisten Mitgliedstaaten der OECD und einer zunehmenden Anzahl von Partnerstaaten durchgeführt werden und die zum Ziel haben, alltags- und berufsrelevante Kenntnisse und Fähigkeiten 15-Jähriger zu messen.

TALIS („Teaching and Learning International Survey"): OECD-Studie zu Lehrer/innen: Dabei werden aber nicht die Leistungen oder Kompetenzen der Pädagoginnen und Pädagogen getestet, sondern Arbeitsbedingungen, Unterrichtsmethoden, Einstellungen und Schulressourcen erhoben.

TIMSS („Trends in International Mathematics and Science Study") ist eine international vergleichende Schulleistungsuntersuchung, die seit 1995 im vierjährlichen Turnus von der International Association for the Evaluation of Educational Achievement (IEA) durchgeführt wird. TIMSS untersucht Mathematik- und Naturwissenschaftsleistungen in der Grundschule, in der Sekundarstufe I und II.

## Schulartenbezeichnungen

AHS      Allgemeinbildende höhere Schulen
ASO      Allgemeine Sonderschule
BAKIP    Bildungsanstalten für Kindergartenpädagogik
BHS      Berufsbildende höhere Schulen
BS       Berufsschule
BMS      Berufsbildende mittlere Schulen
HAK      Handelsakademien
HAS      Handelsschule
HTL      Höhere technische und gewerbliche Lehranstalt
HS       Hauptschule
NMS      Neue Mittelschule
ORG      Oberstufenrealgymnasium
PTS      Polytechnische Schule
VS       Volksschule

Impressum

ISBN 978-3-85485-327-5

**molden** verlag

Wien – Graz – Klagenfurt
© 2014 by Molden Verlag
in der Verlagsgruppe Styria GmbH & Co KG
Alle Rechte vorbehalten.


Bücher aus der Verlagsgruppe Styria gibt es
in jeder Buchhandlung und im Online-Shop

**styria**books.at


Lektorat: Elisabeth Wagner
Buch- und Covergestaltung: Maria Schuster
Coverfoto: Horazny Josef/CTK/picturedesk.com
Layout: Alfred Hoffmann

Druck und Bindung:
Druckerei Theiss GmbH, St. Stefan im Lavanttal
7 6 5 4 3 2 1
Printed in Austria